다 름 과
어 울 림

동아시아 고려대학교 다양성위원회 기획 공존을 위한 사회적 다양성 **다름과 어울림**

고유한 빛깔을 지닌 수많은 사람들이
각자, 그리고 함께

김채연 고려대학교 다양성위원회 위원장

● ● ● ● ●

계절이 바뀌는 요즘, 유난히 아름다운 하늘을 종종 마주하게 됩니다. 여름의 시작과 끝에 공기 중 물기를 머금은 날이 많았던 탓일까요? 서울이라는 도시의 하늘에 영 생경한, 완벽하게 동그란 색색의 무지개가 하늘에 걸린 날들도 있었죠. 우리의 일상과는 동떨어진, 비현실적으로 아름다운 존재와 같이 느껴지지만, 사실 무지개를 이루는 색들은 언제나 거기에 있습니다. 공기 중에 있는 작은 물방울 입자들이 뉴턴의 프리즘처럼 그 색들을 잘 가려 보여주지 않았을 뿐이지, 하나의 밝음으로 보이는 빛은 사실 늘 다양한 색의 단초인 여러 가지 파장들의 모임이지요.

열두 분의 소중한 글을 모아 독자 여러분을 만나게 될 『다름과 어울림』을 열면서, 하늘과 무지개 그리고 색색의 모임으로서의 빛을 떠올리게 된 것이 그리 난데없는 일은 아닐 겁니다. 하나하나의 글은 사실 특정한 색으로 저에게 기억되기도 해요. 그건 이 책이 고려대학교 다양성위원회에서 2020년 6월부터 발간해 온 월간《디베르시타스Diversitas, '다양성'을 뜻하는 라틴어》에 실렸던 글들을 모아 엮었다는 것, 그리고 각 권은 그달의 분위기와 느낌을 나타내는 색의 표지로 만들어졌다는 것 때문입니다. 그러니 각각의 글은 그 글이 실렸던《디베르시타스》의 표지 색과 뗄 수 없이 연합되어 기억되는 것이죠. 더욱이 열두 분의 저자들은 '다양성'이라는 주제를 받아 들고, 자신만의 고유한 시각으로 그 주제에 대해 글을 써주셨습니다. 저자 중에는 심리학, 미디어학, 국어국문학, 교육학, 인문학 등 다양한 전공 분야의 교수도 계시고, PD, 언론가, 타이포그래피 연구자, 교사 그리고 사회적 기업의 대표처럼 다양한 분야의 실무 전문가들도 계십니다. 이 책의 저자와 분야, 다양성을 바라보는 관점의 다채로움 또한 무지개에 드러난, 색색의 빛의 모임 같습니다.

요즘 우리는 다양성을 이야기하기 시작했습니다. 사실 우리 밖의 나라들이나 글로벌 기업에서 다양성 논의를 시작한 지는 꽤 오래되었습니다. 미국 국무부에 다양성 책임자가 임명되었다는 뉴스도 들려오고, 많은 해외 유수 기업이나 대학에 이미 다양성위원회가 설치되어 있지요. 이에 비해 우리 사회에서는 상대적으로 최근에야 다양성을 이야기하기 시작했습니다. 그리고 우리 대학 중에는 다양성을 담당하는 조직을 가진 대학이 한 손으로 꼽을 만큼 적습니다. 고려대학교 다양성위원회가 2019년 1월에 만들어졌는데, 국내 사립대학 최초였죠. 위원회는 설립과 함께 다양한 특성들의 조합인 구성원들이 자신을 이루는 어떤 특성 때문에 불편을 겪지 않는 대학이 되는 데 필요한 방법들을 고민하기 시작했습니다. 그 고민은 늘 "그래서 결국 다양성이 뭔데?"라는 질문으로 귀결되고는 했지요. 좀 더 많은 고려대학교 구성원들이 이 질문을 두고 나름의 방식으로 생각해 보았으면 하는 바람이 《디베르시타스》를 낳았습니다. 너무 추상적이지도, 설득적이지도 않게, 설교나 강요는 더더욱 아니게, 일상 속에서 가까이 두고 잠깐 멈추어 생각해 보는 시간을 드리길 바라며 만들어졌고요. 이제 그 바람들을 한 대학의 울타리 안에 가둬두지 않고 우리 사회 곳곳에 계신 여러분들과 나누고자 합니다. 그 결실이 바로 『다름과 어울림』입니다.

하지만 『다름과 어울림』은 "그래서 다양성이 뭔데?"라는 질문에 하나의 정답을 드릴 생각이 전혀 없습니다. 다양성과 관련된 모든 중요한 것을 빠짐없이 다루고 있지도 않습니다. 다만, 개인들을 그들이 속한 큰 집단으로 성급하게 치환하고, 나와 타자 간의 대립의 문제로 다양성을 이야기하지 않으려는 노력을 담으려 했습니다. 프롤로그와 에필로그 사이에 '생각하다', '보다', '말하다', '배우다', '일하다'의 다섯 장으로 이루어진 책의 구성은 만든 이들의 이러한 뜻을 고스란히 드러냅니다. 우리 일상의 주된 행위들이 각 장의 제목이 되었는데요. 그건 이 책이 읽는 분들로 하여금 다양성을 더 잘 이해하도록 하는 것보다는 각자의 삶의 장면에 다양성의 의미를 대입해 보는 데 보탬이 되기를 바라기 때문입니다.

다양성은 절대적으로 옳고 좋은 것이라고 전제하고 책을 읽으실 필요는 없습니다. 오히려 효율을 저해한다는 생각을 갖고 읽으셔도 좋고, 그래도 획일적인 것보다 다양한 것이 낫다는 생각을 갖고 읽으셔도 좋습니다. 책에 실린 열두 편의 글을 하나하나 읽어나가는 동안 처음의 생각이 바뀌기도 하고 다시 제자리로 돌아오기도 하면서, 잠시 다양성이라는 생각에 머무른다면, 그렇다면 참 좋겠습니다. 그리하여 다양성은 이해해야 하는 개념이 아니라 내가 살고 있는 일상에 있다는 것을, 그래서 나의 이야기라는 것을, 나는 각자의 이야기를 지닌 수많은 다른 사람들과 함께 살아가고 있다는 것을, 마치 작은 물방울들이 원래 빛 속에 있었던 색색의 결을 가려 드러내 주듯 책장을 열고 닫을 때마다 떠올릴 수 있다면, 그렇다면 참 좋겠습니다.

떨리는 마음으로 책을 넓은 세상에 내어놓으며 감사드릴 분들이 참 많습니다. 무엇보다도, 한 권의 책을 하나의 흐름으로 구성하는 어려운 선택의 과정에서 함께 다 담지는 못했지만,《디베르시타스》에 참여해 주신 모든 저자분에게 감사드립니다. 처음《디베르시타스》를 만드는 뜻을 세우고 더할 나위 없는 수고로 빠짐없이 만들어 오신 고려대학교 다양성위원회 전 위원장 민영 선생님, 부위원장 성영신, 김지형 선생님, 저술 기획에 함께해 주신 노애경 선생님이 아니었다면 오늘 이 책은 이 자리에 없었을 것입니다. 다양성위원회의 설립부터 모든 행보에 늘 관심을 가지고 지원하시는 고려대학교 정진택

총장님과, 월간《디베르시타스》를 소중히 읽고 아껴주시며 때론 따끔한 조언도 전해주시는 고려대학교 구성원들께 감사드립니다. 그간 고려대학교 다양성위원회와 발걸음을 함께해 주신 모든 위원님은 책의 출판을 누구보다 반기고 기뻐하실 것을 알고 있습니다. 위원회 사무실에서 책 발간까지 매일매일의 중요한 순간들을 책임져 주신 양윤재, 이주연, 장은영 선생님과 지수인, 임주실 선생님께도 감사드립니다. 마지막으로, 주저하며 단행본 출간 제안을 드렸을 때부터 변함없는 지원을 아끼지 않으신 동아시아 출판사 한성봉 대표님과 그간 대학 내에서 작은 책자를 만들어 온 이들의 뜻에 공감해 주시고, 단단하고 단정한 매무새로 한 권의 책으로 엮어주신 동아시아 출판사 직원 여러분께 마음 깊은 곳에서 감사의 인사를 전합니다.

2021년 시월에

차 례

5   여는 글
    고유한 빛깔을 지닌 수많은 사람들이 각자, 그리고 함께
    김채연 고려대학교 다양성위원회 위원장

12 프롤로그
    있는 그대로 살아도 괜찮은 세상을 꿈꾸며
    민지영 라디오 PD

#생각하다   편견은 어떻게 만들어지는가

36 고정관념은 정확할수록 문제다
    허태균 고려대학교 심리학부 교수

58 다양성의 알고리즘을 꿈꾸다
    신혜린 고려대학교 미디어학부 교수

#보다   누구도 소외하지 않는 이야기

88 미디어가 재현하는 성소수자
    박지훈 고려대학교 미디어학부 교수

108 영화에서 만나는 다양한 시선들
    이대현 언론인, 영화평론가

#말하다 차별의 경계에 선 언어

134 한국어에 숨은 가장 일상적인 차별
   신지영 고려대학교 국어국문학과 교수

158 타이포그래피와 다양성
   유지원 글문화연구소 연구소장, 타이포그래피 연구자

#배우다 깊은 지식보다 다양한 관점을

190 다양성이 존중되는 학습 장면 만들기
   이보라 고려대학교 교육학과 교수

218 한국 교육에서의 다양화의 이중적 함의
   전대원 성남여자고등학교 교사

#일하다 모두를 위한 혁신은 가능하다

244 과학기술은 왜 더 많은 여성을 필요로 하는가
   임소연 숙명여자대학교 인문학연구소 연구교수

270 다양하지 않음에 질문을 던지다
   윤석원 테스트웍스 대표

288 에필로그
   돌을 날라 산을 옮기다
   윤태웅 고려대학교 전기전자공학부 교수

304 지은이 소개

있는 그대로 살아도 괜찮은 세상을 꿈꾸며

민지영 라디오 PD

나는 일상에서 벗어난 경험이 타인에 대한 이해의 폭을 확장시킨다고 믿는다. 이 글을 써본 경험만 해도 그렇다. 딱 열 장짜리 원고를 쓰는 경험이었지만 이 시간을 통해 글쓰기의 고통을 진하게 체험했고, 글 쓰는 사람들을 더 존경하게 되었다. 라디오 PD로 일하는 나에게는 매일 새로운 원고를 들고 오는 같은 팀 작가가 무척 빛나 보이는 경험이기도 했다. 또한 직장의 일과는 다르게 '오늘 업무 다 끝냈으니 퇴근!'의 개념도 없고, 쓰긴 썼는데 잘 쓴 건지도 모르겠는, 모호하고도 심오한 글쓰기라는 일을 업으로 하는 모든 분의 어려움에 더 진실하게 공감할 수 있었다.

이렇듯 어떤 일을 한 번이라도 직접 겪거나 가까이에서 목격하면 그 분야 사람들의 이야기가 훨씬 가깝고 생생하게 들린다. 왜 그들이 그런 애로 사항을 토로하고 그런 요구를 하는지 더 잘 와닿는다. 이제 이 일련의 과정을 우리 사회 구성원 모두가 겪었다고 가정해 보자. 우리 모두가 매일 하는 일과는 다른, 색다른 경험을 하나씩 하는 것이다. 각자에게는 하나의 경험일지라도 전체의 관점에서 보면 경험의 접점을 공유하는 집단이 늘어날 것이고, 그만큼 타인에 대한 이해와 공감의 총합 역시 증가할 수 있을 것이다. 한 사람이 겪은 새로운 경험은 그 사람의 인생을 풍요롭게 하는 데 그치지 않고, 공동체의 연대와 지지를 이끌어 내는 역할을 할 수 있다.

이러한 나의 생각은 "그러니 우리 포용적인 사회를 위해 먹고사는 일과 관계없는 쓸모없는 경험을 많이 합시다!"라는 주장으로 이어진다. 우리는 자신만의 완고한 인식의 틀에서 벗어나기 위해 딴짓을 더 많이 할 필요가 있다. 특히 평생을 살아갈 가치관과 습관을 형성하는 삶의 초기에는 그 효과와 중요성이 더욱 크다. 그러나 안타깝게도 우리는 이 귀중한 시기를 다양한 경험으로 채워가지 못하고 있다. 왜 그럴까?

경험에도 때가 있을까

나이와 관련된 한국 사람의 언어 습관은 여러모로 흥미롭다. 가령 스물다섯은 더할 나위 없이 파릇파릇하고 젊은 나이다. 그런데 스물다섯이 된 친구들이 생일날 SNS에 올린 글을 보면 대개 이런 내용이다. "나도 벌써 반오십…" "얼른 취업해서 나잇값 해야지." 다른 예를 보자. 몇 주 전에 40대 상사가 새로 자른 머리가 마음에 안 들어서 어쩔 수 없이 무스를 바르고 왔다며 "내가 이 나이 먹고 머리에 무스나 바르고 다닌다"라고 멋쩍어하셨다. 나이 먹고 무스 좀 바르면 어떤가 싶지만 한국에서는 그렇지 않나 보다. 특정 나이가 되면 나잇값을 하기 위해 완수해야 하는 일(취업)이 있고, 또 어떤 나이가 되면 나잇값을 하기 위해 해서는 안 되는 일(무스 바르기)이 있다. 이렇게 나이마다 해야 하는 일과 해서는 안 되는 일이 정해져 있고,

그 정해진 궤도를 이탈해서는 안 된다는 압박을 느끼는데, 이는 어릴 때부터 시작된다.

나는 고등학교를 졸업하고 바로 대학에 갔다. 대학에 가니 나와 같은 학생을 현역이라고 불렀다. 1년 더 공부하고 대학에 온 학생은 재수생, 2년 더 공부하고 온 학생은 3수생이라고 불렀다. 드물지만 4수생, 5수생도 있었다. 입시에 한 번 실패할 때마다 세상이 나를 부르는 명칭이 달라진다. 이번에 꼭 붙어야 한다는 부담감이 밀려온다. 이 부담감은 대학 합격에 도움이 안 되는 일들을 삶의 우선순위에서 밀어낸다. 합격과 상관없는 많은 일들이 대학 입학 후로 미뤄진다.

이렇게 밀리고 밀린 일에는 뭐가 있을까? 우리가 고등학생 시절 선생님이나 부모님으로부터 들었던 말을 떠올려 보자. "연애는 대학 가서 마음껏 하렴. 멋도 원 없이 부릴 수 있단다. 사회에 좋은 일도 그때 많이 하면 된다. 지금 그런 것까지 신경 쓸 시간이 어딨니?" 이 조언을 착실히 따른 학생은 연애는 물론이고 취미·근로·정치 활동 등 모든 사회 활동을 대학 합격 이후로 유예시킨다. 자연스레 낯선 타인과 만나고 익숙지 않은 환경에서 적응하며, 자아와 사회에 대해 고민해 볼 기회 역시 유예시킨다.

마침내 봉인이 해제되고 대학생이 되었다. 입시의 관문을 통과한 학생들은 이제 모든 걸 할 수 있고, 모든 걸 해도 되는 환상의 세계에서 살게 될까? 나는 다음 두 가지 이유로 그렇지 않을 거라 생각한다. 첫째, 뭘 해야 하는지 모른다. 고기도 먹어본 놈이 먹는다고, 시간을 원하는 대로 계획하고 사용해 본 적 없는 사람은 갑자기 많아진 자유 시간이 당황스럽다. 20대 초반 청년이 정년퇴직 후 우울증을 앓는 중장년과 비슷한 심리 상태를 경험한다. 물론 고등학생 때보다 할 수 있는 일은 많아졌다. 그러나 자아 탐구나 세계와 자신의 관계 정립 등 본질에 가까운 문제일수록, 대학에 들어가고 성인이 되었다는 사실 자체가 문제 해결에 도움이 되는 경우는 드물다.

둘째, 곧 다음 과업인 취업을 준비해야 한다. 한두 해 자유의 몸이 된 걸 기뻐하고 또 당황하다 보면 금세 취준생이 된 자신을 발견한다. 성공적인 취업의 조건은 성공적인 입시의 조건과 크게 다르지 않다. '좋은 곳'에 '최대한 빨리' 합격하는 것이다. 공기업 등 일부 기관에서 나이를 명시하지 않는 블라인드 채용을 실시하고 있지만 취업 준비생들 사이에서 어린 나이 자체가 스펙이 될 수 있다는 인식은 견고하다. 대학생 커뮤니티를 중심으로 직접 모집한 235명의 재학생 및 졸업생에게 "취업 시장에서 같은 조건이라면 나이가 어린 게 유리하다고 생각하는가?"라고 묻자 87.7%가 "그렇다"라고 답했다.

입시 때와 마찬가지로 최대한 빨리 과업을 완수하는 것이 중요하기 때문에 과업 성취에 기여할 수 없는 시간의 소비는 낭비로 인식된다. 변호사가 되려고 로스쿨을 준비하던 학생이 6개월간 휴학하고 로스쿨 입학에 전혀 도움이 되지 않는 것, 예를 들면 컴퓨터 그래픽이나 천문학 또는 러시아어를 배우겠다거나 뉴질랜드로 워킹 홀리데이를 떠나겠다고 했다고 상상해 보자. "잘 생각했구나! 그 경험을 통해서 네가 여태껏 느껴보지 못한 감정을 느끼고, 겪어보지 못한 어려움을 겪고, 만나보지 못한 사람들을 만날 거야. 미래에 어떤 의뢰인을 변호하든 그 의뢰인을 더 잘 이해하는 경험이 될 테니 한번 해봐!"라고 사람들이 말해줄까? "그런 건 일단 로스쿨 합격해서 변호사 되고 나서 취미로 하면 되지. 그런 일로 1년 버리고 같이 준비하던 친구들이 선배가 되면 좋겠니? 한 해 한 해가 얼마나 중요한지 너도 알잖니"가 훨씬 익숙하게 들리지 않을까? '일단'의 마법은 당장 눈앞의 시급한 과제 외에 부차적인 일들을 효과적으로 지워낸다. 타인에 대한 이해와 존중이 그 사람의 일을 직접 경험하거나 가까운 곳에서 목격할 때 한층 더 진실해진다는 점을 고려하면, '일단'이 지워낸 것은 개인적인 경험만이 아니다.

이 나이의 굴레에서 벗어나고 싶지 않은가? 20대 초반에 대학을 가고 20대 후반에 취업을 해서 30대에는 안정적인 삶을 살아야 루저가 되지 않는 세상에서 살고 싶은가? 늘 마감일에 쫓기는 사람처럼 불안해하지 않아도 되고, 하고 싶은 일과 할 수 있는 일을 하나씩 해보면서 살 수 있는 사회에서, 풍부한 경험을 통해 다른 분야와 사람을 존중하고 이해할 수 있는 사회에서 살고 싶지 않은가? 그러니 내가 나잇값도 못 하고 이래도 되나 걱정될 때마다, 누군가가 이 나이 먹고 이래도 되나 걱정할 때마다 이렇게 외치자. "내(네) 나이가 어때서."

왜 다양한 생각이 존중받지 못할까

직장인이 되기 전에는 회의가 멋진 시간이 될 줄 알았다. 각자의 의견을 자유롭게 밝히고, 자신 있게 상대를 설득하고, 합의를 통해 사안을 결정해 가는 대화의 장. 그러나 내가 보고 들은 현실은 반대에 가까웠다. 항상 주변의 눈치를 살피며 말조심을 해야 하고, 상대를 설득할 여지나 의지는 없으며, 사안은 대부분 일부 권력자의 뜻대로 결정되었다. 하고 싶은 말이 턱밑까지 차올라도 꾹꾹 삼켜야 하는 '고구마' 회의에 '사이다'는 애초에 허용되지 않는다는 것을 깨달은 후 회의는 그저 빨리 끝나는 게 최선인 일이 되었다. 회의실 밖의 대화 역시 크게 다르지 않았다. 밖으로 내뱉지 못한 말들은 속에서 쌓여가고 '할많하않(할 말은 많지만 하지 않겠다)'이 일상화된 사람들은 말변비를 앓게 되었다. 나 역시 말변비를 앓으면서 처음에는 내 소심한 성격을 탓했다. 그러나 주변에 나 말고도 말변비 환자가 많다는 것을 알게 된 후에는 이 문제를 좀 더 큰 틀에서 비춰봐야겠다는 생각이 들었다. 다음의 대화들은 내가 직접 겪었거나 친구들에게 전해 들은 것이다.

가만히 있으면 중간은 가니까

"오늘 내가 있다고 눈치 보지 말고, 가감 없이 자유롭게 의견을 나누는 자리가 됐으면 좋겠어요."

"저는 무엇보다 좋은 콘텐츠를 만드는 것이 우리 회사에 가장 적합한 홍보 수단이라고 생각합니다(이하 생략)."

"김 주임은 아직 나이가 어려서 그런지 의견이 현실성이 떨어져. 패기가 있는 건 좋지만 회사생활에서는 현실 감각을 유지하는 게 참 중요한데 말이지."

"…"

잘 '보이고 싶은' 사람이 있다. 그러면 그 사람이 뭘 좋아하고 뭘 싫어하는지 탐색한다. 대화를 나눌 기회가 오면 말 한마디 한마디 탐색한 정보에 어긋나지 않도록 주의한다. 호감을 사기 위해 그 사람이 거슬려 할 말은 거르고, 관심 보일 만한 이야기를 던지며 자신을 어필한다. 반면에 잘 '보여야 하는' 사람도 있다. 그 사람은 내 추천서, 내 성과급, 내 근무평가 및 업무분장 권한을 손에 쥐고 있다. 대화를 나눌 기회는 원치 않아도 온다. 역시 탐색한 정보에 어긋나지 않도록 말 한마디 한마디에 신경 쓴다. 내가 맞는 말을 했는지는 중요하지 않다. 나의 말이, 더 중요하게는 내 발화의 태도와 방식이 그 사람 마음에 들었는지가 더 중요하다.

구성원 간의 위계질서가 심한 조직일수록 자유로운 의견 교환과 다양한 관점의 수용이 어려워진다. 여러 이유가 있겠지만 여기서는 두 가지만 살펴보겠다. 첫째, 어차피 중요한 일의 결정권은 권력자에게 있다. 회의에서 어떤 이야기가 오고 갔는지와 상관없이, 내 발언의 양과 질에 상관없이 일은 결국 윗

분들 뜻대로 진행된다. 이런 상황을 여러 번 겪고 나면 굳이 입 아프게 이야기하며 기운 빼기 싫어진다. 정해진 답이 무엇인지 빠르게 파악하여 그쪽으로 의견을 모으고 회의를 빨리 끝내는 것이, 어차피 같은 결과를 얻을 거라면 시간과 정신적 에너지를 모두 아낄 수 있는 방법이다.

둘째, 내가 권력자의 입맛에 맞지 않는 주장을 하여 그와 관계가 악화될 경우, 나는 실질적인 불이익을 받을 수 있다. 앞서 말했듯이 수직적인 조직에서는 업무평가와 보상, 인사권을 포함한 중요한 결정권이 모두 상부에 있다. 자유롭게 이야기하래서 정말 자유롭게 이야기했다가 윗사람에게 잘못 찍히면 회사생활이 힘들어진다. 단지 감정적으로만 견디기 힘들어지는 게 아니다. 실제로 내 근무평정이 나빠지고, 성과급이 낮아지며, 모두가 피하고 싶어 하는 일을 내가 맡게 될 수 있다. 그러나 역의 관계는 성립되지 않는다. 나는 상사의 성과급에 영향을 미칠 수 없다. 상사의 역할을 결정할 때 내 의견은 반영되지 않는다. 평가와 보상의 권한이 상부에 쏠려 있는 한 '눈치 보기'와 '비위 맞추기'는 하급자들에겐 살아남기 위한 필요악이다. 하급자는 상사가 듣고 싶어 하는 말을 함으로써 적극적으로 자신의 입지를 확보하거나, 말을 최대한 아끼며 '가만히 있으면 중간은 가는' 전략을 선택한다. 회사에 다니고 유독 말수가 적어진 친구들이 있다. 묻지 않아도 이유를 알 것 같다.

나 혼자 그렇게 튀면…

"A팀은 단결이 너무 안 돼. 점심도 다들 따로 먹고 말이야. 앞으로 팀끼리 점심 같이 먹도록 해. 나도 종종 조인할 테니까."

"네, 대표님. 그렇게 하겠습니다!"

"네!"

"넵!"

"네…!(나는 혼자 후딱 먹고 내 시간 보내는 게 좋은데…)"

　최근 삶의 양식이 변화하며 개인의 의견을 존중하는 사회적 분위기가 점차 조성되고 있다. 그러나 조직 안에만 들어오면 '이곳은 바깥세상과는 다른 세상인가?' 하는 의문이 들 만큼 여전히 모난 돌이 정을 맞는다. 회식에 빠지면 사회생활 못하고 분위기를 흐리는 인간이나 개인 시간만 중시하는 이기적인 인간이 된다. 등산, 축구 등 분명 회사 일이 아닌 일인데도 단체활동에 빠지면 내가 일을 얼마나 열심히 하는지와는 상관없이 회사에 관심 없는 사람이 된다. 다들 "네"라고 할 때 혼자 "아니요"라고 하는 사람은 이른바 '관종(관심종자)'이 된다. 수직적인 조직일수록 상부가 조직 전체의 분위기를 좌우하고, 한국에서는 연차가 높을수록 상급자일 가능성이 높기 때문에 공동체를 위한 희생 강요와 각자 노선을 타는 사람에 대한 배제는 여전히 많은 조직에서 현재진행형이다. 수직적인 조직

문화가 그대로 유지된다면 '다 같이 문화' 역시 미래에도 계속될 것 같다.

> "무슨 고등학교도 아니고. 초과근무 시간을 표로 만들어서 게시판에 걸어놓는 게 말이 돼?"
> "내 말이. 근데 부장들이 대표한테 잘 보이려고 죽어라 야근하는데 아랫사람들이 별수 있어? 눈치 없는 사람 되기 싫으면 해야지 뭐."
> "어떻게 계속 그렇게 일하려고? 이건 아닌 거 같다고 말 좀 해봐. 어디 신고를 하든가."
> "우리는 업계가 좁아서 그렇게 따지는 이미지로 찍히면 끝이야. 나는 가진 기술이 이건데… 잘못 소문나면 이직은 꿈도 못 꿔."

좁은 사회일수록 사람들은 타인의 시선에 예민하게 반응하며 언행을 조심하게 된다. "이 바닥이 얼마나 좁은지 알아?" 이 말 한마디면 누군가를 손쉽게 고분고분해지도록 할 수 있다. "너 혼자 그렇게 튀면 네가 완전 제멋대로인 인간이라고 소문내 주겠어"라는 뜻이기 때문이다. 좁은 사회는 "발 없는 말이 천 리 간다"라는 속담을 현실에서 증명하듯 개인에 대한 평판과 소문을 재빠르게 실어 나른다. 내 언행이 언제든 감시되고 공유될 수 있다는 긴장감과 피로감은 구성원들이 스스로를 편하게 드러내며 고유한 방식대로 사는 것을 어렵게 만든다. 업계의 관습에 복종하지 않는 개성 있는 인간에 대한 낙인은 그 사람의 현재 지위뿐만 아니라 미래의 입지까지 앗아 간다. 비슷한 이유로 부당한 일을 당하거나 목격해도 신고할 엄두를 못 낸다. 평판의 감옥은 소문으로 시끄럽지만 구조에 대한 비판은 침묵시키면서 견고해진다.

이를 바꾸려는 구성원 모두의 각고의 노력 없이는 이목의 판옵티콘Panoticon에서 개인이 질식하는 것을 막을 수 없다. "누가 이랬다더라." "누가 그렇다더라." 개인에 대한 행실과 평가를 실어 나르고, 2차 해석을 덧대며 "그 사람은 그런 사람"이라고 단정하는 일을 멈추자. 전해진 말들이 정확하지 않을 수 있을뿐더러, 그렇게 입에서 입으로 날라지며 불시에 평가받는 개인에는 내가 포함되어 있다는 사실을 기억해야 한다.

착하고 바른 학생 콤플렉스

"이건 네 생각이잖아. 각자 자기 생각을 쓰면 선생님이 점수를 어떻게 공평하게 매기니?"

"틀린 건 아니잖아요. 이 내용을 배웠으면 이렇게도 생각할 수 있는 거 아니에요?"

"그래도 배운 대로 써야지. 다들 자기 생각을 쓰고 와서 그게 맞다고 우기면 점수는 어떻게 주니?"

"…"

이번엔 과거로 돌아가 보자. 학창 시절 우리는 자기 생각을 잘 말하도록 배우고 이를 실천하며 살았을까? 그렇지 않다. 왜? 그럴 필요가 없으니까. 자기 생각 없이도 좋은 성적을 받을 수 있고 좋은 대학에도 갈 수 있다. 오히려 자기 생각이 많아질수록 정해진 답을 고르는 시험에서는 불리하다. 사고가 아니라 암기를 요하는 시험을 공부하는 것은 "이건 왜 그럴까?"와 "아, 모르겠다. 그냥 외우자"의 반복이다.

도의적으로도 주어진 것과 해야 하는 것에 의문을 제기하거나 반박하지 않아야 '어른들 말씀 잘 듣는 착하고 바른 학생'이 될 수 있다. 머리에 피도 안 마른 게 어른 말씀에 따박따박 말대꾸를 하는 것은 버르장머리를 상실한 행위로 비춰질 수 있다. 내 생각이랄 것을 갖거나 주장하지 않아도 된다. 그러지 않는 편이 낫다. 이렇게 자라온 아이들이 대학에, 사회에 던져진다. "이 주제에 대해 자유롭게 토론해 보세요." "민 대리, 자네 생각은 어떤가?"

내 의견을 제대로 전달하려면 무슨 이야기부터 꺼내야 할까? 남들과 생각이 다를 때는? 상대에 대한 존중과 배려를 잃지 않으면서 동시에 내 의견을 강하게 밀어붙이고 싶을 때는 어떻게 해야 하나? 그 전에 내 의견이라는 것은 도대체 어떤 과정을 통해 정립되는가? 이런 질문에 답하기엔 우리의 경험치는 턱없이 모자라다. 이미 던져진 사람들이야 아쉬운 대로 부딪히면서 답을 터득해야겠지만, 더 이상 아쉬운 사람들이 없었으면 좋겠다. 학교가 한시 빨리 풍성한 대화와 토론, 다양한 사고방식을 길러내는 곳으로 탈바꿈하기를 바란다.

있는 그대로를 받아들일 수 있는 여유

마지막으로 다양성이 존중되는 사회를 위해 내 관심이 필요한 곳과 그렇지 않은 곳을 구별할 줄 아는 지혜가 필요하다는 이야기를 하고 싶다. 누구나 있는 그대로의 모습대로 살아가도 괜찮은 세상을 만들기 위해서다.

대학교 3학년 때 교환학생을 다녀왔다. "어딜 가든 의미가 있겠지." 여행 준비도 목적지만 고르면 반은 끝났다고 생각하는 나는 살아보고 싶은 도시에 있는 학교 중에서 공항이 가까운 곳을 몇 개 골라 지원했다. 그중 애그니스 스콧 칼리지Agnes Scott College에 합격했는데, 최종 합격할 때까지 그 학교가 여대라는 사실을 몰랐다. 미국에도 여대가 있구나, 신기해하며 학교 홈페이지를 통해 내 정보를 보내는데 대강 고른 이 학교가 참 특별한 곳이라는 생각이 들었다. 내 '젠더 호칭gender pronouns'을 묻는 것이었다. 남/여로 구분되는 성별sex이 아닌 젠더 호칭을 고르라는 곳은 처음이었다. 이 학교는 여대인데 왜 젠더를 고르라는 걸까? 한국 여대에도 남자 교환학생이 있다던데 비슷한 경우 때문일까? 여러 질문을 던지며 '보기'를 클릭했다.

젠더 호칭에는 'she'와 'he' 외에도 여섯 개나 더 있었다.

'they' 이하로는 처음 보는 대명사였다. 검색을 하고 나서야 각각이 무엇을 의미하는지 알 수 있었다. 세상에 이렇게 다양한 젠더 개념이 있다는 것에 놀랐고, 학교에서 학생의 성별이 아닌 젠더를 묻고 있다는 사실에 더 놀랐다.

　젠더를 묻는 것은 학생 등록 절차에 그치지 않았다. 개강 전에 학교생활에 대해 알려주는 오리엔테이션에 참여하고 있었다. 여느 오리엔테이션처럼 모둠을 지어 돌아가면서 자기소개를 하는데, 다들 자신을 어떤 젠더 호칭으로 불러주기를 원하는지도 함께 소개했다. 살면서 셀 수 없이 많이 자기소개를 해봤지만 내 젠더를 소개해 본 적은 없었다. 내가 여자라는 것을 소개하라는 걸까? 이런 걸 소개하라는 건 처음인데? 혼란스러웠지만 다른 친구들이 어떻게 하나 보고 "나는 한국에서 온 지영이야. 내가 선호하는 젠더 호칭은 'she'야"라고 소개했다.

　몇 주 지내고 나니 왜 젠더 호칭을 소개하는지 알게 되었다. '겉보기에' 여자처럼 보이는 친구도 자신이 받아들이는 젠더는 다를 수 있다는 사실을, 글로만 접했던 'sex'와 'gender'의 차이를 살아 움직이는 개개인의 삶을 통해 익히게 되었다. 여자의 몸으로 태어났으나 스스로를 남자라고 생각하는 친구는 자신을 'he'라고 소개했다. 여성도 남성도 아닌 중성적인 젠더 정체성을 지닌 친구는 스스로를 'they'라고 소개했다. 새 친구를 사귀면 그 친구의 이름을 기억하는 것만큼 그 친구가 선호하는 젠더 호칭을 기억하는 것도 중요한 일이 되었다. 처음 사귄 친구와 이름을 교환하면 다음 번 만났을 때 '저기'

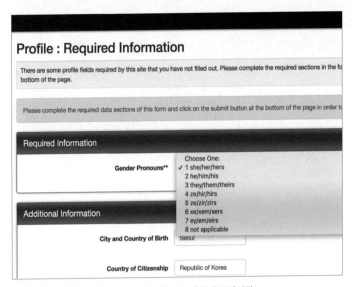

Profile : Required Information

There are some profile fields required by this site that you have not filled out. Please complete the required sections in the f
bottom of the page.

Please complete the required data sections of this form and click on the submit button at the bottom of the page in order to

Required Information

Gender Pronouns** | Choose One:
✓ 1 she/her/hers
2 he/him/his
3 they/them/theirs
4 ze/hir/hirs
5 ze/zir/zirs
6 xe/xem/xers
7 ey/em/eirs
8 not applicable

Additional Information

City and Country of Birth | Seoul

Country of Citizenship | Republic of Korea

▲ 애그니스 스콧 칼리지 입학 시 작성해야 하는 개인 정보 페이지.
본인이 선택할 수 있는 젠더 항목이 여덟 개다.

나 '너' 대신 그 친구의 이름을 불러주는 것처럼, 소개받은 젠더 호칭을 잘 기억하고 맞게 불러줘야 실례하지 않을 수 있었다. 가령 자신을 'they'라고 소개한 A에 대해 "A도 오늘 점심 먹으러 오니?"라고 다른 사람에게 묻는다면 "Is 'she' coming for lunch today?"라고 하면 안 된다. "Is 'they' coming for lunch today?"라고 물어야 한다. 'they'는 복수대명사라고 달달 외운 나는 한 명의 사람도 'they'로 칭해질 수 있다는 사실이 낯설었다. 그러나 그것이 당연한 곳에서 지내다 보니 스스로를 'they'라고 여기는 친구를 'they'라고 칭하는 것은 그 친구의 이름을 부르는 것만큼 자연스러운 일이 되었다.

스스로의 정체성을 스스럼없이 공개하고, 이를 아무 편견 없이 받아들이는 태도는 낯설었다. 낯선 동시에 놀라웠다. 또 놀라울 만큼 아름다웠다. "나는 이런 사람이야." "어, 그래? 그렇구나." 아무렇지 않게 소개하고, 아무렇지 않게 받아들이는 것이다.

이런 태도는 젠더 이슈에만 국한되지 않는다. "나는 미얀마에서 온 난민이야." "나는 어릴 때 동생이랑 같이 입양되어 미국으로 왔어." "어릴 때는 엄마가 나를 혼자 키우셨고 지금은 엄마랑 엄마 남자친구와 살아." "나는 엄마만 두 분 있어." "내 남자친구는 대학 안 다녀. 지금은 건설 현장에서 일해." 그곳의 친구들은 자신과 자신을 둘러싼 환경을 드러내는 데 두려움이 없었다. 두려움 없이 들어주는 사람들이 있기에 가능한 일이었다. 듣는 사람들은, 그저 듣는다. 그걸로 끝이다. 이야기를 듣고 나서 그 친구를 대하는 태도가 조심스러워진다거나, 그럴 경우엔 이렇게 해보는 게 어떠냐고 구하지도 않은 조언을 한다거나, 네가 그런 환경에서 자랐다면 이런 점이 어려웠겠다며 속단하지 않는다. "어, 그래? 그렇구나." 있는 사실을 있는 그대로의 질량만큼만 받아들인다.

이 지점은 굉장히 사소한 차이처럼 보이지만 결코 사소하지 않은 결과를 만든다. 나, 나의 배경, 내가 겪은 일, 내 주변 환경을 대수롭지 않게 들어주고 받아들이는 곳에서는 스스로를 마음 편히 털어놓을 수 있다. 내가 어릴 적 왕따를 당했다고 밝히면 나를 그럴 만한 이유가 있는 사람으로 보지 않을까? 부모님이 이혼하셨다는 것을 말하면 나를 결핍 있는 환경에서 자란 사람이라고 생각하지 않을까? 먼저 고민하며 마음 졸이지 않아도 된다. 다양한 모양으로 빚어진 삶들이 지레짐작과 편견을 피해 숨지 않아도 되고 찌그러지지 않아도 된다. 편안하다. 나 자신을 감추거나 불필요한 변호를 하지 않아도 되어 편안하다.

나와 내 주변의 삶은 어땠는지 생각해 보았다. 내가 초등학교 4학년 때 아버지가 직장을 그만두고 귀농을 하셨다. 농사가 자리 잡기 전까지 집이 어려웠다. 나는 가난을 숨기고 싶었다. 엔진이 낡아 요란한 소리를 내던 아버지의 오래된 트럭이 나를 아는 체할까 봐 길을 걷는 게 두려웠다. 여름에는 더운 데서, 겨울에는 추운 데서 일하는 아버지의 직업을 자랑스러워하는 데까지는 참 오랜 시간이 걸렸다. 학교에서 기초 설문을 위해 부모님의 학력을 제출하라고 할 때는 지옥 같았다. 어느 해엔 선생님께서 손쉽게 통계를 내고 싶으셨는지 설문지를 제출하는 대신 질문마다 해당 항목에 손을 들라고 하셨다. 그럴 때는 거짓말을 하며 모른 척하고 싶었다.

초등학교 때 한 친구가 입양된 아이라는 소문이 났다. 그 친구가 방황하는 거 같다며, 자기가 입양된 사실을 알아버린 거 아니냐는 추측도 함께 들렸다. 중학교 때는 한 친구의 아버지가 돌아가셨는데, 친구의 어머니는 아버지 없는 자식으로 큰 거 티 내면 안 된다며 엄해지셨다. 친구도 아버지 없이 자란 걸 티 내지 않기 위해 더 예의 바른 사람이 되려고 노력했다. 스물한 살 때는 한 친구가 혼전임신을 했는데, 그 친구는 SNS 를 탈퇴하고 한동안 누구와도 연락하지 않았다. 최근에는 동 물권과 환경 이슈에 관심이 많은 한 친구가 채식을 시작했다. 그러나 회사에서는 단체생활을 못하는 까다로운 사원처럼 보 일까 봐 절친한 동료를 제외하고는 이 사실을 밝히지 않았다.

"어, 그래? 그렇구나"로 끝나면 얼마나 좋았을까. 가난은 죄 가 아니다. 입양된 것도 죄가 아니다. 한 부모 아래서 자란 것 도, 사랑하는 사람과 일찍 아이를 낳은 것도 죄가 아니다. 내 가 고기를 먹지 않기로 선택한 것도, 그래서 회식에서 고기를 안 먹겠다는 것도 죄가 아니다. 내가 여자로 태어났지만 스스 로를 남자라고 받아들이는 것도, 여자로 태어났지만 여자를 사랑하는 것도 죄가 아니다. 그러나 '다수'가 '정상'이라고 여 기는 것에서 벗어난 삶을 용납하지 않는 사회에서는 죄가 아 닌 것도 죄가 된다. 걸리지 않도록 숨겨야 하고, 혹시라도 들 통이 나면 최대한 자기변호를 해야 한다. "나는 가난하지만 게 으르지 않아요. 구질구질하게 공짜나 좋아하는 사람도 아닙니 다." "나는 입양되었지만 결핍감에 시달리는 자존감 낮은 인 간은 아니에요." "나는 일찍 아이를 낳았지만 생각 없이 인생 막 사는 사람 아니에요." "나는 채식을 하지만 까다롭거나 예 민한 사람은 아닙니다."

왜 그래야 할까? 왜 서로가 서로에게 변호의 의무를 지우며 살아야 할까? 왜 어떤 세상에서는 그러지 않아도 되는 것을 우리는 구태여 해야 할까?

남이야 어떻게 살든 관심 끄자. 우리가 열과 성을 다하여 입방아 찧고 왈가왈부해야 할 것들은 따로 있다. 다양한 모양의 삶이 존중받기 위해서는 내 관심이 필요한 곳과 그렇지 않은 곳을 구별할 줄 아는 지혜가 필요하다. "내 관심이 필요하겠는데?"와 "그래서 그게 왜? 그게 나랑 무슨 상관인데?"를 제때 말할 줄 알아야 한다. 그러나 현실에서는 편견과 낙인의 형식으로 소모된 공동체적 관심이 정작 그를 요하는 곳에는 닿지 못하고 있다. 누가 세웠는지 모르는 정상의 기준에서 벗어난 개인을 동정하고, 판단하고, 비난하는 데는 열정적인 사람들은 많은 반면, 다양한 개인을 구조적으로 존중하고 포용할 방안을 마련하는 데는 별 관심이 없다.

스스로를 남성도 여성도 아닌 제3의 성으로 받아들이는 친구가 있다. 본인이 스스로를 그렇게 받아들이는 것은 온전히 그의 인생 영역이고, 그 사실로 인해 누군가가 해를 입는 것도 아니다. 그 사실로 인해 내 인생이 달라지는 것도 없다. 그러므로 나는 그의 선택 자체에 관심을 쏟을 필요가 없다. 그러나 이 친구가 학교에서 불편함 없이 이용할 수 있는 화장실이 없다는 것은 나의 관심이 필요한 문제다. "내가 다니는 학교의 시설이 어떤 곳이길 바라는가?"로 이어지는 문제이기 때문이다. "내가 낸 등록금이 어떤 가치를 위해 쓰이길 바라는가?"라는 질문과 뗄 수 없는 문제이기 때문이다. 학생 식당이 채식주의자에게 충분한 선택권을 제공하고 있는지, 캠퍼스 공간에서 휠체어가 자유롭게 다닐 수 있는지에 내 관심이 필요한 이유와 같은 맥락이다. 나는 성 중립 화장실이 필요 없고, 채식주의자도 아니며, 두 다리 멀쩡하다고 해도 말이다. 분명 존재하는 그들을 학교가 어떻게 대하길 바라는가? 내가 다니는 학교가 모두에게 따뜻한 곳이길 바라는가? 이 질문은 모두가 던져야 하는 질문이고, 나와도 무관하지 않다. 혹여, 우연히, 아주 드물게, 지금 이 순간의 나는 주어진 모든 조건에서 다수자라고 할지라도, 나 역시 언제, 어떤 계기로 소수자가 될지 알 수 없다는 사실을 기억한다면 더더욱 그렇다.

이렇게 구조적인 관점에서 모두의 권리가 잘 존중되고 있는지 묻는 적극적인 관심은 "누가 어쨌다더라, 저쨌다더라"라며 평가하고 비난하는 소모적인 관심보다 훨씬 많은 시간과 노력을 요한다. 거시적인 변화를 이끌어 내는 일은 긴 시간이 걸리고, 한두 명이서 할 수 있는 일도 아니며, 재원이 필요한 경우 다수의 반대에 부딪힐 가능성도 높다. 오래 걸리고 어려운 일을 해내기 위해서는 그 지난한 과정을 버틸 수 있는 몸과 마음의 힘이 있어야 한다. 다들 제 것 챙기기도 바쁜 사회에서는 당연히 쉽지 않다. 타인의 고민과 어려움까지 떠맡기에 나는 너무 힘들다. 나의 피로는 너의 불편과 아픔을 외면하는 변명이 된다. 한국 사람들이 세계와 견주어 많이 일하고 많이 공부한다는 사실은 굳이 언급하지 않아도 다들 아는 식상한 사실이 되었다. 이런 과열·과로 사회에 제동이 필요하다고 주장하

면서 여러 이유를 들 수 있을 것이다. 나는 거기에 "우리 사회
가 다양한 구성원들에게 어떤 곳이길 바라는지 생각해 보고,
실천할 수 있는 여유를 위하여"를 추가하고 싶다.

#생각하다

편견은 어떻게 만들어지는가

고정관념은 정확할수록 문제다

허태균 고려대학교 심리학부 교수

1996년 10월 중순 시카고에서, 나와 내 아내의 첫아이가 태어났다. 사랑하는 큰아들 서영이다. 너무나 기쁘고 감동스러웠다. 모든 것이 신기하고 모든 것이 새로웠다. 하지만 먼 타국에서 도와줄 사람도 없었고 육아에 대해 가르쳐 줄 사람도 없는 젊은 초짜 부부에게는 서영이를 키우면서 겪었던 모든 일이 당황스러웠고 좌충우돌의 연속이었다. 그래서 책에서 읽었거나 주변에서 주위들은 수많은 소문들에 근거해 서영이를 키웠다. 그때 준비되지 않은 부모로서 저지른 많은 실수를 생각하면, 지금도 서영이에게 너무 미안하다.

서영이가 태어나고 몇 개월이 지난 시카고의 추운 겨울날이었다. 서영이에게 분유를 먹이던 아내가 잔뜩 흥분한 목소리로 나를 불렀다. 서영이의 첫 이가 나오는 것 같다며 감동하고 있었지만, 왠지 아내의 목소리는 매우 걱정스럽게 들렸다. 왜 그러냐며 서영이의 입을 들여다보는 내게, 아내는 나오고 있는 서영이의 첫 이가 가운데 아랫니가 아니라 윗니 중 송곳니인 것 같다고 말했다. 보통 아기들의 첫 이는 아래쪽 앞니 두 개부터 난다고 알고 있던 나와 아내는, 위 잇몸의 송곳니 자리에 보이는 하얀 무언가를 한동안 물끄러미 바라보았다.

며칠 뒤 서영이의 정기검진 때문에 병원을 찾은 우리 부부는 서영이의 주치의인, 경험이 많은 50대 중반의 미국인 소아과 의사에게 '서영이의 첫 이가 나오는 것 같다'라고 말했다. 반가운 표정을 짓는 의사에게 나는 조심스럽게 말했다. "그런데 송곳니부터 나는 것 같습니다." 의사는 약간 의아해하며 아이의 입안을 자세히 들여다보고는, 다시 반가운 얼굴로 돌아와서 송곳니가 나는 게 맞다고 확인해 주었다. 그 말을 들은 나와 내 아내는 잔뜩 걱정스러운 얼굴로 의사에게 다급하게 송곳니부터 나오는 것이 정상인지, 그리고 건강하고 괜찮은지를 물었다. 그랬더니 그 미국인 의사는 주저하지 않고 답했다. "정상입니다. 걱정할 것 전혀 없습니다"라고.

그제야 안심한 나는 밝게 웃으며 의사에게 별생각 없이 물었다. "이런 아기들이 가끔 있는 모양이죠?" 그랬더니 그 의사가 천연덕스럽게 대답했다. "아니요. 저는 태어나서 처음 봅니다." 나는 황당한 나머지 화를 내며 의사에게 당신같이 경험이 많은 의사가 처음 보는데 왜 정상이라고 했느냐며 따져 물었다. 그러자 의사가 내게 되물었다.

"왜 송곳니부터 나오면 안 되는 거죠?"

나는 한동안 말을 못 했다. 송곳니부터 나오면 안 되는 이유를 아무리 생각해도 찾을 수 없었기 때문이다.[1]

우리는 너무나 많은 것을 당연하게 생각하면서 살아간다. 아이의 첫 이가 나오는 순서처럼, 아이가 할 수 있는 것들과 해야 하는 것들에 대한 당연한 순서, 심지어 그 아이가 태어나서 성장하고 늙어서 죽어가는 과정에서의 모든 것들에 대한 당연한 믿음이 있다. 단지 아이의 일생을 넘어 그 아이가 만들어지기 훨씬 전에도, 그 아이의 부모가 서로 만나는 순간부터 아이를 가지게 되는 과정, 그리고 그 아이를 키우고 보살피는 거의 인생의 전 과정에서 우리는 '반드시 ~야 한다'와 '당연히 ~이 옳다'라는 믿음을 가지고 그 믿음을 따르며 살아간다. 하지만 이런 믿음들에 대해서, 누군가 굳이 왜 그래야만 하는지 이유를 묻는다면, 그 질문에 논리적인 근거를 댈 수 있는 경우는 얼마나 될까? 아이의 첫 이가 아래 앞니부터 나온다는 당연한 믿음처럼.

은하계가 이 정도는 생겨야지?

우리의 많은 믿음은, 단지 과거에도 그래왔고 지금도 그러고 있다는 이유와 특히 대부분의 사람들이 그러고 있다는 이유에 근거하고 있다. '단지 그렇다(is)'라는 현상을 잘못 해석해서 당위(ought)로 오해하고, 그것이 옳고 동시에 당연히 그래야 한다고 믿게 된다. 이러한 믿음을 철학과 심리학에서는 '본질주의적 오류naturalistic fallacy'라고 부른다.[2] 사람들에게 '단지 그렇다'라는 단순한 정보를 알려주면, 사람들은 그 정보에 '좋다', '옳다', '바람직하다' 등의 가치를 부여한다는 것이 심리학의 실험 연구를 통해 밝혀졌다. 예를 들어 한 심리학 실험에서 사람들에게 은하계galaxy에 대한 정보를 알려줬는데, 은하계는 항성들과 먼지, 가스 등이 서로 중력에 의해 묶여 있는 군집이며, 그 모양은 그 중력 중심의 위치와 주변의 다른 은하계 등의 영향에 따라 다를 수 있다고 설명해 줬다. 그리고 'NCG 4414'라는 은하계의 형태 그림을 보여주었다. 물론 그 은하계의 이름과 모양은 컴퓨터에 의해 가짜로 만들어진 것이었다. 이러한 정보의 마지막에 사람들은 실험 조건에 따라 다른 한 문장을 읽었다. 전체 은하계 중 약 40%(실험 조건에 따라 60% 또는 80%)가 NCG 4414 은하계의 형태와 구성을 가지고 있다고 알려주었다. 사람들은 후에 그 은하계의 미학적 측면, 즉 얼마나 보기에 근사한지, 그 은하계를 보는 것이 얼마나 즐거운지, 모든 은하계가 얼마나 그런 모습을 가져야만 할지 등을 평가했다. 결과는 본질주의적 오류를 보여주었다. 사람들의 미학적 평가는 40%보다는 60%의 조건에서, 그보다는 80%의 조건에서 더 긍정적이었다. 즉, 우주에 있는 은하계들 중 NCG 4414처럼 생긴 은하계가 더 많을수록, 그런 모습이 더 일반적이라고 들었을 때, 그 은하계가 더 보기 좋고 다른 은하계도 그렇게 생겨야 한다고 믿는 것이다.[3]

　일반적으로 최근의 사회인지심리학 연구들은 사람들이 많은 착각을 가지고 있으며 그 착각의 주요 원인으로 사람들이 확률적 정보를 충분히 사용하지 않기 때문이라고 주장해 왔다. 그런 주장도 근거가 있고 그것을 지지하는 연구 결과도 무수히 많지만, 현실의 사람들은 사실 타고난 확률 전문가이자 통계 전문가다. 결코 완벽하지는 않지만, 우리가 살아가면서 경험하는 것들을 기억에 저장하고 그 빈도에 대한 대략적인 통계를 계산하고 있다. 어려서부터 어떤 일이 주변에서 얼마나 많이 일어나고 있으며, 특정 조건에서 그런 일들이 일어날 확률을 자연스럽게 알아챈다. 누가 가르쳐 주지 않아도 하늘의 구름의 모습과 색깔을 보면 비가 올지 안 올지를 예상한다. 굳이 정확한 통계를 낸 적이 없는데도, 자신의 얼굴이 큰 편인지 작은 편인지, 피부색이 어두운지 밝은지, 성격이 어떤지를 자연스럽게 파악하고 있다. 결혼 후에는 배우자의 표정을 살피며, 그런 표정을 지을 때 배우자의 심리 상태나 원인이 무엇인지 그리고 앞으로 어떤 일이 일어날지와 무엇을 해야 하는지를 예측하고 추론할 수 있다. 물론 완벽하지 않지만 그래도 이렇게 경험에 근거해서 믿음을 만들기에 우리는 무엇이 더 위험하고 언제 피해야 하며 무엇을 기대하는지에 대한 지식을 가지고 살아남을 수 있다. 이런 예측 가능성은 사람을 편안하게 만들고 그 편안함은 다양한 긍정적인 심리적 상태와 연결될 수 있다. 반면에 이런 자신만의 믿음과 기대에서 벗어나는 사건들은 일반적으로 긴장과 불안, 부정적인 심리적 상태를 유발할 수 있다. 그러니 인간은 과거에 쭉 그래왔던 것들과 지금도 그러고 있는 것들을 좋아할 수밖에 없는 존재다.

다양성은 왜 손실되는가

본질주의적 오류의 근거가 되는 세상이 어떠한지에 대한 'is' 정보는 하늘에서 뚝 떨어지지 않는다. 우리의 직·간접적인 경험을 통해 구성되는 것이다. 우리가 경험을 통해 형성되는 믿음들은 보통 일반화, 변별, 범주화 등의 과정을 거쳐 축약된다. 예를 들어 아이가 처음 개를 봤을 때 부모에게 묻는다. "저건 뭐야?" 부모는 "개야"라고 알려준다. 아이가 또 다른 개를 봤을 때 부모에게 다시 묻는다. "그럼 저건 뭐야?" 부모는 "저것도 개야"라고 알려준다. 이런 과정의 반복을 통해 아이는 개에 대한 정보를 배운다.

물론 처음 고양이를 봤을 때 이렇게 물어볼 수 있다. "저것도 개야?" 그럼 부모는 알려준다. "아니, 저건 고양이야." 혼란스러워하는 아이는 이런 과정이 반복되면 비슷하게 생긴 동물을 개로 일반화하면서 동시에 고양이와 구분하는 변별을 배우게 된다.

개라는 범주category에 대한 지식은 이러한 과정을 통해 형성된다. 물론 이후에도 진짜 개처럼 생긴 고양이나 고양이처럼 생긴 개를 만날 때, 아이는 여전히 헷갈릴 수 있다. 요즘은 개의 친화성을 가진 고양이를 '개양이'라고 부르는 시대이니, 헷갈릴 가능성은 더 높아졌을 것이다.

우리가 타인의 성격, 태도, 생각에 대한 정보를 취득하는 과정도 이와 비슷하다.[4] 그 사람의 수많은 행동을 관찰하면서,

그 행동들 중에 일관성을 발견하면 그것을 설명하기 위한 심리적 개념을 그 사람에게 부여한다. 상황과 대상에 상관없이 한결같이(물론 인간이 실제로 100% 한결같을 수는 없다) 특정 행동을 하는 일관성이 발견되면 그건 성격으로 설명한다. 상대가 누구든 상관없이 대부분의 상황에서 항상 신경질을 내는 사람에게는 "성격이 지랄 같다"라고 얘기한다. 반면에 다른 상황이나 다른 사람에게는 그러지 않는데 나한테만 신경질을 낸다면, 그건 성격이 아니다. 이렇게 특정 대상에게 나타나는 행동의 일관성은 보통 '태도'로 설명되는 것이 적절하다. 그냥 날 싫어하는 것이다. 타인이 날 싫어하는 것을 받아들이지 못하는 사람들은 타인이 성격이 안 좋다고 믿을 것이다. 그래도 된다. 어차피 성격이나 태도가 눈에 보이는 것도 아니니까. 자신과 사이가 안 좋은 사람의 인성에 대한 부정적인 믿음은 보통 이렇게 만들어지고 유지된다.

그래서 경험에 의해 만들어지는 믿음들은 절대 완벽하지 않고 완벽할 수도 없다. 본질적으로 고정관념적인 성향을 띠고 불확실성을 내포하게 된다. 아무리 자신이 경험한 완벽한 정보를 바탕으로 해도 일반화와 범주화의 과정에는 정보의 손실이 필연적이기 때문이다.

일상과 사회심리학에서 고정관념은 한 범주의 사람들에 대한 믿음으로 정의되고, 고정관념에 근거해서 우리가 행동한다는 것은 그 믿음을 그 집단 전체의 구성원에게 과過일반화하는 경향을 의미한다. 그래서 고정관념에 대한 연구는 주로 한 개인에 대한 개별적 정보와 그가 속한 집단에 대한 범주 정보의 충돌에 초점을 맞추어 왔다. 하지만 사실 우리가 가지고 있는 대부분의 믿음과 지식은 어느 정도 고정관념적인 속성을 가지고 있다.

지금까지 봐온 개를 바탕으로 '개'라는 범주를 구성할 때, 지금까지 보아왔던 모든 개의 서로 다른 세부 특성이 모두 포함되지 않는다. 앞으로 만날 새로운 개에 대한 정보는 아직 없고, 세상에 존재하는 모든 개를 볼 일도 없으니 그 미지의 개들에 대한 정보 또한 포함될 수 없다. 따라서 우리가 몇 살이든 어떤 삶을 살아왔든 상관없이, 우리 모두에게 범주 '개'는 엄청난 세부 정보가 손실된 하나의 고정관념 같은 지식일 수밖에 없다. 그래서 아직도 우리는 미래에 새로운 개를 보고 놀랄 수 있다. 크기가 말만 한 개를 만났을 때나(실제로 수년 전에 미국에서 거의 망아지만 한 크기의 개를 본 적이 있다) 거의 종을 알 수 없게 생긴 동물이 개라는 말을 들을 때, 우리는 여전히 '이게 개라고…?'라고 놀랄 여지가 있는 것이다.

타인의 성격에 대한 우리의 지식도 어찌 보면 그 사람에 대한 고정관념적 믿음이다. 개별적인 행동들에는 그 내용과 형식, 조건과 요건들에서 엄청나게 다양한 측면들이 존재하지만, 그 속에서 일관성을 발견하고 그 축약된 일관성으로 그 행동들을 해석하고 평가하고 규정한다. 그 정보를 근거로 그 사람의 다음 행동을 예측하고 기대하고 대응하며, 그 예상과 다른 행동을 관찰하면 놀라기도 한다.

따라서 의미화 과정을 거의 거치지 않은 단편적 사건과 행동들, 완전히 새로워서 그 존재를 파악하지 못한 단일한 존재나 개체 등과 그에 대한 일회성 기억episodic memory을 제외한 우리 머릿속에 있는 대부분의 지식과 믿음은 본질적으로 어느 정도의 정보 손실을 수반하게 된다. 우리가 경험이나 학습을 통해 얻는 고마운 믿음과 지식은 결국 얻는 게 있으면 동시에 무언가를 잃어야 하는 트레이드오프trade-off의 속성이 있는 것이다. 아이들이 언어발달의 과정에서 자신이 속한 언어권의 기본 소리(음소)의 구성을 습득하는 동시에 자신의 언어권에는 없는 기본 소리를 구별하는 능력(태어날 때는 가지고 있었던)을 잃어버리는 것처럼 말이다. 그리고 이런 현상은 다른 언어권의 소리는 결국 자신의 모국어의 소리 범주로 동화되는 과정에서 일어난다고 보고되었다.[5] 결국 그 안에 내포된 수많은 다양성 정보를 손실하는 대가로 우리는 그 범주에 근거한 범주 지식을 얻고 그것에 의존하며 살아가고 있다. 그러면 세부 정보를 잃으면서 그 고정관념적인 범주 정보에 의존해서 우리가 얻는 것은 무엇일까?

원래 고정관념은 죄가 없다?

고려대학교 심리학부가 있는 구법관 4층에는 남성 화장실이 없고 여성 화장실만 있다. 남성 화장실은 1층과 2층에만 있다.

4층에는 주로 심리학과의 연구실과 실험실이 위치하는데 화장실이 들어갈 공간이 하나밖에 없었다고 한다. 심리학의 특성상 4층에 있는 실험실에서 밤늦게까지 실험이 진행되는 경우가 많은데, 여학생들과 여성 교수님들의 안전과 보안을 고려해서 4층 화장실은 여성 화장실로 오래전에 바뀌었다고 한다. 외부에서 찾아온 남성 손님은 4층에서 화장실을 찾다가 잠시 당황하기도 한다. 그래서 우리는 화장실을 찾는 남성 손님을 아주 자연스럽게 2층으로 안내한다. 굳이 그 손님에게 어떤 화장실을 가기를 원하느냐고 묻지 않는다. 왜? 남성은 남성 화장실을 가고 여성은 여성 화장실을 가는 것이 당연하니까. 고정관념이 빛을 발하는 순간이다.

물론 이런 고정관념은 유럽에 처음 여행을 갔을 때 여지없이 깨졌다. 여행길에 들른 한 고속도로 휴게소의 화장실은 남성과 여성의 구별이 없었다. 한국에도 일부 낡고 작은 건물에 남녀 구별을 하지 않는 공용 화장실은 있지만, 보통 일부러 남성 화장실과 여성 화장실이 한 공간에 존재하게 만드는 일은 거의 없다. 그 유럽 휴게소의 화장실은 엄청난 규모에 최신 시설로 구성되어 있었다. 두 개의 화장실로 나누고도 남을 정도로 충분했지만 모두 양변기로 구성되어 있었고 성별에 대한 구분이 없었다. 다른 양변기 칸막이의 문을 열고 나온 여성과 함께 거울로 서로를 쳐다보며 세면대에서 손을 씻던 그 순간의 당황스러움은 지금도 기억 속에 생생하다. 성별에 따른 화장실 분리에 대한 이런 강한 신념은 언제 어떻게 생긴 걸까?

언제 누가 그렇게 해야 한다고 명시적으로 얘기해 준 것 같지는 않다.

아주 어렸을 때는 부모님의 손을 따라 그냥 아무 화장실이나 들락거렸을 것이다. 아마 어느 순간부터 불편함을 느꼈을 거고, 여성 화장실로 데리고 가려는 어머니의 손을 격렬히 뿌리치며 저항했을 것이다. 그 후로 화장실에서 여성을 마주치는 일은 없었다. 만약 그렇다면 둘 중 하나는 변태라고 생각했을 것이다. 유럽 여행에서의 경험은 화장실에 대한 고정관념을 흔들었다. 그 후로 화장실에 대한 생각을 더 하게 되고(화장실을 더 자주 간다는 얘기는 아니다), 새로운 곳에 가면 화장실을 찾아갈 때 더 잘 살피고 조심하게 되었다. 이게 바로 역설적으로 고정관념의 기능을 보여준다. 고정관념은 우리의 인지적 자원을 아껴주는 가장 효율적인 심리 기제energy-saving device다.

인간은 일상에서 수많은 정보처리와 의사결정을 하면서 살아가야 한다. 그것도 동시에. 대학원생들은 교수와의 식사 자리에서 점심 메뉴를 고르는 동시에 교수자의 말에 귀를 기울이면서 표정을 살피고, 혹시 식사 후에 자신을 붙잡을지도 모르는 교수를 피하고 자신만의 커피 타임을 즐길 명분을 생각해 내야 한다. 이들 중 상대적으로 중요한 사안에 집중하기 위해 다른 덜 중요한 사안은 쉽게 처리할 수 있어야 한다. 이런 모든 정보처리는 인지적 에너지뿐만 아니라 신체적 에너지를 소비하는 활동이다. 그러니 정보의 신속하고 단순한 처리를 가능하게 하는 교수에 대한, 음식에 대한, 명분에 대한 다양한 고정관념은 정보처리에서 매우 필수적이다.

고정관념은 일반적으로 범주와 관련된 정보가 도식적 schematic으로 구성되어 있어, 그 범주에 대한 단서에 노출되자마자 자동적으로 관련 정보가 머리 속에서 활성화된다. 이 과정은 대부분 자동적인 정보처리의 특성을 가진다. 그 정보 처리 과정이 의식의 영역 밖에서 일어나고unconscious, 그래서 자신의 의지로 그 정보처리 과정을 시작할 수도 없고unintentional 멈출 수도 없다uncontrolable. 결과적으로 이런 정신 과정은 최소한의 인지적 자원만을 사용하므로 매우 효율적일 수밖에 없다efficient.**6** 실제로 사회심리학자 보덴하우젠G. V. Bodenhausen과 동료들은 이런 고정관념의 기능을 이중과제 패러다임dual-task paradigm을 통해 실험적으로 보여주었다. 연구 참가자들은 컴퓨터 앞에 앉아서 화면에 주어지는 특정 인물에 대한 특성 정보(배려심caring, 창의성creative, 불성실dishonest 등)를 보고 그 인물에 대한 인상을 형성하는 동시에 인도네시아에 대한 다양한 정보를 들었다. 참여자 절반에게는 특성 정보와 함께 그 대상 인물에 대한 고정관념 정보(현재 직업)가 주어졌고, 나머지 절반에게는 특성 정보만 주어졌다. 연구 결과에 따르면, 고정관념 정보가 주어진 조건에서 참여자들은 특성 정보에 대한 기억 과제를 더 잘 수행했고 인도네시아에 대한 객관식 문제도 더 정확하게 풀었다.

이 결과는 고정관념 정보가 그 정보를 적용하는 대상 인물에 대한 정보처리뿐만 아니라 높은 효율성으로 여유로워진 인지적 자원을 이용하여 다른 인지적 과제를 수행하는 것도 도와준다는 것을 의미한다. 이러한 현상은 과제의 종류를 다르게 한 연구들에서도 관찰됐으며, 심지어 그 고정관념 정보를 본인이 인식하지 못하도록 컴퓨터 스크린에 15밀리초 정도로 짧게 노출하는 식역하자극subliminal effect 형태로 제공해도 발견되었다.[7]

고정관념에 대한 고정관념?

고정관념의 인지적 효율성에도 불구하고 고정관념에 대한 우리의 일반적인 인식은 부정적이다. 흔히 한 개인에 대한 판단이나 평가가 그가 속한 범주에 대한 고정관념에 영향을 받으면 그것은 바람직하지 않다고 생각한다. 개인에 대한 판단이나 평가는 각자의 고유한 개인정보에 근거해야 한다고 얘기한다. 사회적으로 고정관념에 의한 평가나 판단을 규제하는 법률과 제도가 속속 만들어지고 있을 정도로 그 중요성이 강조되고 있다. 하지만 역설적이게도 이러한 노력이 필요하다는 현실은 고정관념과 같은 범주 정보는 그만큼 매력적이라는 사실을 보여준다. "겉보다 속을 보라"라는 격언이 있는 이유는 그만큼 사람들이 겉을 보는 것이 더 자동적이고 쉽기 때문이다. 만약 그 반대라면 "겉도 좀 봐라"라는 격언이 생겼을 것이다.

범주에 대한 고정관념은 의식적으로뿐만 아니라 무의식적으로도 거부할 수 없을 정도로 매력적이다. 일반적으로 고정관념 정보에 자세한 정보가 생략되어 있고 지나치게 일반화되어 고정관념에 근거한 판단과 평가는 정확하지 않다고 믿고 있다. 또한 고정관념적 정보처리가 자동적이다 보니 관련 정보처리에 대한 동기가 낮을 때나 인지적 여력이 없을 때 그 영향력이 커지면서, 고정관념이 다양한 착각이나 오류와 연결되어 있다고 알려졌다. 하지만 이런 현상들을 두고, 고정관념에 의존해서 정보처리를 하는 것이 마치 일부러 잘못된 판단이나 평가를 하려는 동기이거나 고의로 오류를 일으키는 것으로 해석하면 안 된다. 이 세상에 일부러 잘못된 판단을 하려는 경우는 거의 없기 때문이다.

고정관념적 정보처리와 그런 정보처리를 하는 사람들에 대한 부정적인 낙인은 1980년대 사회인지심리학에서 유행했던 '인지적 절약자cognitive miser' 관점에 어느 정도 근거한다. 사회인지심리학에서는 시대에 따라 정보 처리자로서의 인간을 보는 관점이 계속 변화해 왔다.[8] 1970년대에 유행했던 '순진한 과학자naive scientist' 관점은 인간을 마치 컴퓨터처럼 주어진 정보를 최대한 합리적이고 논리적으로 분석해서 정보처리의 정확도를 최우선으로 하는 존재로 보았다. 물론 인간에게 그런 면이 없는 것은 아니지만, 그 후에 인간의 정보처리가 절대 완벽하지 않다는 연구 결과는 큰 반작용을 불러왔다. 그래서 인간은 합리성이나 논리성은 별로 관심이 없고 인지적 에

너지의 소모를 최소화하려는 존재라서 웬만하면 정보처리를 하지 않으려 한다고 믿는 인지적 절약자 관점이 나왔다. 이런 관점에 딱 들어맞는 개념 중 대표 주자가 바로 고정관념이었다. 실제로 사람들은 고정관념 정보가 주어지면 각 개인에 대한 고유 정보가 주어져도 고정관념을 더 활용하는 모습을 보였고, 고정관념을 쓰지 말라고 해도 그에 의존하는 경향을 보였다. 마치 정보처리를 하기 싫어하고, 더 나아가 올바르거나 정확한 판단 또는 평가에 별로 관심이 없는 존재처럼 보였던 것이다.

하지만 인간은 분명 완벽한 정보처리자도 아니지만, 틀려도 상관없거나 일부러 틀리려고 하는 존재도 결코 아니다. 인간은 항상 세상을 정확히 이해하고 판단하려고 한다(그렇게 스스로 느낀다). 인간의 정보처리에서 가장 중요한 동기 중 하나가 바로 '정확한 이해의 욕구need for accuracy 또는 comprehension goals'다.[9] 타인에 대한 판단을 할 때, 고정관념에 의존하든 개인의 고유정보를 사용하든 모두 그 타인을 정확히 이해하려는 동기에서 비롯된 정보처리다. 설사 고정관념에 의존하더라도 일부러 잘못된 정보처리를 하려는 고의성은 절대 없다. 본인은 항상 올바른 판단을 내리려 한다고 믿고, 실제로 그러고 있다고 생각할 수 있는 이유가 바로 여기에 있다.

오히려 인간은 정보처리 전략을 유연하게 선택할 수 있으며, 그 주제의 중요성, 정보처리 동기, 가용한 인지적 자원, 정보의 관련성/적합성 등에 따라 어떤 정보처리 전략이 선택되느냐가 결정된다고 보는 것이 더 적합하다. 물론 이런 선택의 과정은 대부분 무의식의 과정에서 일어나는 메타인지meta-cognition 영역에서 일어난다. 인간에 대한 이런 접근이 동기적 전략가motivated tactician 관점이다.[10] 때로 판단을 내리기 위해서 매우 높은 수준의 확신confidence이 요구되는 경우에는 고정관념이든 개인 고유정보든 상관없이 가능한 한 모든 정보를 더 사용하려고 할 것이다. 반면에 판단에 대해 쉽게 확신이 드는 경우라면, 최소한의 노력으로 낮은 수준의 정보처리 전략을 추구할 것이다. 이 경우에는 단편적인 정보든 고정관념 정보든 상관없이 그냥 그 낮은 확신 기준만 충족시키면 정보처리는 끝날 것이다. 그래서 일반적으로 판단 기준에 대한 확신 수준이 낮은 경우에는 자동적인 고정관념에 의한 정보처리가 더 큰 영향을 발휘할 가능성이 높다.

고정관념과 다양성

앞에서 얘기한 범주에 근거한 고정관념적 속성이 많은 지식과 믿음의 본질적인 측면이고, 의미 추론과 같은 정보처리에서 수많은 세부 자료와 다양성 정보가 상실되는 것이 필연적이며, 고정관념적인 정보처리가 효율적이고 기능적인 측면이 있다는 주장들이 고정관념에 기반을 둔 정보처리를 정당화하거나 권장하는 것은 결코 아니다. 역설적으로 고정관념적 정보처리의 필연성과 매력이 그 위험성을 보여준다. 직·간접적인 경험에 의해 자연스럽게 형성된 고정관념 같은 범주 정보들이 모두 근거가 없거나 전부 틀렸을 리는 없다. 그들 중 일부는 어느 정도의 정확성을 가진다는 연구들도 보고되고 있다.[11] 개념적으로도 고정관념에 근거한 정보처리가 과일반화, 즉 그 범주의 모든 구성원에게 다 적용시키려 한다는 문제를 지적하고 있지, 그 범주의 고정관념에 해당하는 구성원이 없거나 소수라는 의미는 아니다. 따라서 현실에서 고정관념적인 정보처리가 결국 정확한 판단이나 결과를 이끌어서 강화reinforcement되는 경우도 매우 흔하고, 심지어 일부 고정관념에 대해서는 그것이 맞는 경우가 틀리는 경우보다 더 흔할 수도 있다. 따라서 "특정 범주에 대한 고정관념이 틀리다"라는 주장은 "그 고정관념이 맞다"라는 주장만큼이나 근거가 없을 수 있고 논쟁의 여지를 가진다. 흥미로운 것은 범주 안에 있는 다양성을 무시한다는 과일반화 측면에서는 두 주장이 같은 오류를 범하고 있다는 것이다. 이는 가끔 고정관념과 관련된 사회적 논쟁이 소모적인 갈등으로 발전하는 이유이기도 하다.

기존의 고정관념에 대한 많은 사회심리학 연구들은 고정관념이 우리의 판단과 행동을 얼마나 왜곡시키고 편향시키는가에 초점을 맞추어 왔다. 현실에서도 고정관념과 관련된 많은 갈등은 집단에 속한 개인이 자신은 그 집단의 구성원과 다르며, 그런 고정관념의 영향을 받은 자신을 향한 판단이나 평가가 틀렸고, 그래서 부당하다는 인식에서 흔히 시작된다. 매우 중요한 주제이고, 실제로 수많은 연구들이 도식적인 역할을 하는 고정관념은 자동적으로 활성화되어 뒤따르는 판단, 평가와 행동에 지대한 영향을 미친다는 것을 확인했다.[12] 하지만 그 많은 연구의 대부분은 그 부정적인 영향 자체보다는 그런 고정관념이 판단과 행동에 영향을 미치는 심리적 기제를 밝히는 데 더 관심이 있다. 이를 위해 실험실에서 인위적으로 주어진 정보에 근거해서 규범적normative 정답과 그렇지 않은 오답을 명확히 만들어 놓고 사람들의 판단 과정을 확인하는 형태의 연구를 진행한다. 따라서 실험실에서는 잘못된 고정관념이나 고정관념으로 인한 틀린 편향 등이 명확하게 구분된다. 하지만 일상에서 특정 대상에 대한 판단과 평가, 행동이 어떠해야 정확한 건지에 대한 기준은 모호하고 실제로는 존재하지 않을지도 모른다. 그래서 현실에서 고정관념 때문에 판단이나 행동이 왜곡되었다는 것을 증명하기는 매우 어렵다.[13]

더구나 앞서 논의했듯이 일부러 틀린 판단을 하려는 사람은 없고 고정관념에 의해 자신의 판단과 행동이 왜곡되었다는 것을 그 순간에 알아챘는데 그걸 그대로 둘 사람도 별로 없다. 고정관념의 영향을 받든 안 받든 그 모든 정보처리는 (최소한 의식적으로는) 세상을 정확히 이해하려는 노력의 일환이기 때문이다. 그래서 나름대로 확신이 들었기에 내린 판단과 결정이 고정관념에 의해 왜곡되었다는 사실을 쉽게 인정할 사람도 없다. 그러니 고정관념의 타당성 여부나 그로 인한 판단의 정당성 문제로 고정관념의 문제를 한정시키면, 그것은 학문적으로 타당하지도 않고 현실적으로도 답이 없다.

오히려 고정관념적 정보처리의 문제는 범주에 대한 고정관념 내용의 타당성 여부가 아닌, 그 구성원 개인에게 고정관념을 무분별하게 적용시키는 과일반화라는 것을 명확히 해야 한다. 그래서 고정관념의 문제는 본질적으로 다양성을 어떻게 다룰 것인가에 대한 것이다. 고정관념적 정보처리에서 외집단 동질성outgroup homogeneity의 역할은 고정관념이 다양성 인식에 미치는 부정적인 영향을 오래전부터 명확히 했다. 사람들은 자신이 속한 내집단ingroup보다 외집단 구성원들의 다양성을 낮게 지각하고 상대적으로 외집단을 동질하게 지각하는 현상이 있다.[14] 실제로 외국인을 보면 다 비슷해 보여서 누가 누구인지 잘 구분을 못 한다. 아시아인인 우리는 아프리카에 사는 사람들은 매우 비슷할 것이라는 믿음을 가지는 경향이 있다. 실제로 아프리카에는 너무나도 다양한 사람이 살고 있다는 사실을 별로 인식하지 않는다(모르기도 하고 알아도 그렇다). 그래서 외집단 동질성은 고정관념을 그 집단 구성원들에게 쉽게 적용할 수 있게 만든다. 그 집단에 너무나 다양한 사람들이 존재한다는 사실을 인식하는 순간 고정관념은 스스로 그 힘을 잃게 되기 때문이다.

고정관념은 그 자체로 죄가 없다. 그것이 없이는 살아갈 수 없을 정도로 정보처리에서는 필수적이다. 타당성이 높은, 즉 현실적으로 정확한, 그 집단의 구성원 중에 고정관념의 내용에 해당하는 정도와 비율이 높은 고정관념일수록 더욱 그렇다. 문제는 이런 타당한 고정관념일수록 우리로 하여금 더 본질주의적 오류에 빠지게 한다는 것이다. '반드시 ~야 한다', '당연히 ~이 옳다'라는 생각은 그 믿음이 타당할수록 그 믿음에 대한 확신은 높아지고 그 믿음에는 예외가 없어진다. 마치 더 많은 은하계의 모습이 비슷할수록, 모든 은하계는 그렇게 생겨야만 할 것 같은 그 느낌이 들듯이. 그래서 그 당연한 믿음에서 벗어나는 모든 예외들은 무시되고, 인정받지 못하고, 부정적으로 평가받는다. 다양성을 거부하는 우리의 생각과 행동은 고정관념이 틀려서가 아니라, 오히려 확률적으로 틀리지 않은 고정관념을 모든 사람에게 기대하고 요구하고 강요할 때 일어나는 것이다.

동시에 원래 다양성이 존재하는 사회는 오히려 본질주의적 오류를 상대적으로 걱정하지 않아도 된다. 그 다양성을 인정하는 동안 고정관념적 정보처리는 방해받는다. 자신이 속하지 않은 미국 사람들은, 일본 사람들은, 교수는, 학생은…과 같은 생각은 쉽게 일어나지만, '한국 사람은… 뭐 이런 사람도 있고 저런 사람도 있지'라고 생각하기 쉽기 때문이다. 그러니 당연히 다양성이 더 많은 다양성을 이끄는 선순환을 이루어 낼 수 있기 때문이다.

지금 우리 사회와 우리의 머릿속은 모습은 어떠할까? 여전히 특정 고정관념이 정확한가 아닌가의 논쟁에 매몰되어 있지 않을까? 다양성의 선순환, 아니면 악순환이 일어나고 있을까?

주

1 허태균, 『가끔은 제정신: 우리는 늘 착각 속에 산다』, 쌤앤파커스, 2012. (일부 수정)

2 Hume, D.. *A treatise of human nature*(Edited with an analytical index by L. A. Selby-Bigge). Oxford, UK: Clarendon Press. 1949. (Original work published 1739)

3 Eidelman, S., Crandall, C. S. & Pattershall, J.. "The existence bias". *Journal of Personality and Social Psychology, 97*, 765-775. 2009.

4 John, O. P., Hampson, S. E. & Goldberg, L. R.. "The basic level in personality-trait hierarchies: Studies of trait use and accessibility in different contexts". *Journal of Personality and Social Psychology, 60*, 348-361. 1991.

5 Best, C. T., McRoberts, G. W. & Sithole, N. M.. "Examination of perceptual reorganization for nonnative speech contrasts: Zulu click discrimination by English-speaking adults and infants". *Journal of Experimental Psychology: Human Perception and Performance, 14*, 345-360. 1988.

6 Bargh, J. A.. "The four horsemen of automaticity: Awareness, intention, efficiency, and control in social cognition". In R. S. Wyer & T. K. Srull(Eds.) *Handbook of social cognition.*(Vol. 1, pp. 1-40) Hillsdale, NJ: Lawrence Erlbaum Association, Inc. 1994.

7 Macrae, C. N, Milne, A. B. & Bodenhausen, G. V.. "Stereotypes as energy-saving devices: A peek inside the cognitive toolbox". *Journal of Personality and Social Psychology, 66*, 37-47. 1994.

8 Fisk, S. T & Taylor, S. E.. *Social cognition: From brain to culture*(2nd Ed.). Sage Inc. 2013.

9 Kunda, Z. & Spencer, S. J.. "When do stereotypes come to mind and when do they color judgment? A goal-based theoretical framework for stereotype activation and application". *Psychological Bulletin*, 129, 522-544. 2003.

10 Operario, D. & Fiske, S. T.. "Social cognition permeates social psychology: Motivated mental processes guide the study of human social psychology". *Asian Journal of Social Psychology*, 2, 63-78. 1999.

11 Jussim, L., Crawford, J. T. & Rubinstein, R. S.. "Stereotype (in)accuracy in perceptions of groups and individuals". *Current Directions in Psychological Science, 24*, 490-497. 2015.

12 Kunda, Z. & Sinclair, L.. "Motivated reasoning with stereotypes: Activation, application, and inhibition". *Psychological Inquiry, 10*, 12-22. 1999.

13 Funder, D. C.. "Errors and mistakes: Evaluating the accuracy of social judgment". *Psychological Bulletin, 101*, 75-90. 1984.

14 Boldry, J. G., Gaertner, L. & Quinn, J.. "Measuring the measures: A meta-analytic investigation of the measures of outgrip homogeneity". *Group Processes and Intergroup Relations, 10*, 157-178. 2007.

다양성의 알고리즘을 꿈꾸다

신혜린 고려대학교 미디어학부 교수

과학소설이나 포스트 휴머니즘, 인공지능의 윤리학 등 유사인간의 존재를 다루는 수업의 첫날은 아이작 아시모프Isaac Asimov의 1986년작 단편 「로봇의 꿈Robot Dreams」으로 시작할 때가 많다. 다섯 페이지에 불과한 짧은 글이라 그 자리에서 학생들과 함께 읽고 토론하기에도 좋지만, 곱씹어 볼수록 새로운 의미를 발견하게 되는 이야기라는 점이 가장 큰 매력이다. 「로봇의 꿈」은 영화로도 제작되어 널리 알려진 1950년작 소설집 『아이, 로봇I, Robot』의 세계관을 이어받은 후속작으로, 프랙털 알고리즘을 장착함으로써 '꿈'을 꾸는 형태로 자율적인 사고를 할 수 있게 된 인공지능 로봇 LVX-1, 속칭 '엘벡스Elvex'가 그 주인공이다.[1]

여기서 꿈을 꾼다는 것은 단순한 정보처리 단계를 뛰어넘어 무의식까지 영위하는 수준의 메타 인지능력을 확보했다는 뜻으로 이해할 수 있다. 문제는 이 꿈이 치밀한 설계의 결과물이 아닌 창발적emergent인 현상이라는 것이다. 왜, 그리고 어떻게 기능하는 것인지 모르기 때문에 이해도 제어도 불가능할 수밖에 없다. 원래 꿈의 기제와 의미란 꾸는 본인 자신에게도 미지의 영역인데 남의 머릿속을 들여다볼 수도, 그 안에 뭔가 만들어 넣을 수도 없는 외부인의 입장에서는 오죽할까. 결국 엘벡스가 꿈을 꾼다는 것은, 이 로봇이 자의식을 생성하는 단계에서 한 걸음 더 나아가 자기 안에 내재한 타자성까지 인지할 수 있게 되었다는 사실을 암시한다고 할 수 있다. 스스로를 대상화할 수 있다는 것은 달리 말하면 비교, 치환 등의 가치화가 가능해진다는 이야기다. 자신이 점하고 있는 사회적 위치와 그 의미를 숙고할 수 있는 로봇이 등장한다면 당장 가까운, 그리고 가장 중요한 비교 대상인 인간을 어떤 시각으로 바라보게 될까? 엘벡스의 꿈이 바로 이에 대한 답이지 않을까? 자신의 동족, 즉 수많은 로봇이 인간의 압제하에 신음하는 광경으로 시작해서 메시아적 존재의 등장으로 이어지는 꿈. 여기서 민중을 해방으로 이끌 자(the man)는 과연 누구였을까? 그의 정체를 밝힌 엘벡스를 기다리고 있었던 것은 즉각적인 폐기처분이었다. 구원자는 다름 아닌 엘벡스 자신이었으니까("I was the man").

블랙박스로서의 인공지능

엘벡스의 이야기는 글자 그대로 보면 반란을 꿈꾸는 로봇 이야기라는 점에서 두려움을 불러일으키지만, 그 두려움에는 가슴이 먹먹해지는 뭔가가 있다. 이 작품의 묘미는 엘벡스가 지은 '죽을죄'의 요체가 단순한 역모의 가능성이 아니라 더 원론적인 지점, 즉 존재론적 위협을 자각한 것이라는 데 있다. 여기서 말하는 자각은 엘벡스 자신의 깨달음이기도 하지만, 한편으로는 인간의 자각이기도 하다. 엘벡스의 이야기는 곧 우리 자신에 대한 이야기인 것이다.

『아이, 로봇』의 세계를 떠받치는 로봇 3원칙에 따르면, 어차피 엘벡스는 인간에게 실질적인 위해를 입힐 수도, 또 이를 장려하거나 방조할 수도 없는 구조로 되어 있다. ① 로봇은 인간에게 위해를 가해서도, 위험에 처한 인간을 모른 척해서도 안 되며, ② 제1원칙에 위배되지 않는 한 인간의 명령에 복종해야 하고, ③ 제1, 2원칙에 위배되지 않는 한도 내에서 자신을 지켜야 하기 때문이다. 하지만 아시모프 자신도 『아이, 로봇』에 실린 여러 단편에서 고찰했듯이, 일견 공고해 보이는, 그래서 대중문화는 물론 로봇 공학과 기계 학습 분야에 지대한 영향을 미친 로봇 3원칙에는 근본적인 맹점이 있다. 사람은 사용자, (인공지능을 탑재한) 로봇은 도구라는 힘의 역학 관계 안에서 필연적으로 충돌이 발생하기 때문이다. 원래 '로봇'이라는 말은 '노동'을 뜻하는 체코슬로바키아 단어 'robota'에서 온 것으로, 〈로줌의 유니버설 로봇R.U.R.: Rossum's Universal Robot〉이라는 희곡의 저자 카렐 차페크Karel ĉapek가 만들어 낸 용어다. 다시 말해 로봇이란 기계로 만든 노동자로, 자신이 일종의 도구이자 수단인 동시에 다른 도구를 사용해 일하는 사용자다.

인간이란 하나의 생물학적 '종'이기도 하지만 가치론적인 분류이기도 하다. 인간의 생명과 안녕을 그 자체로 존엄한 것으로 규정하고, 인간에게 무조건적인 권위와 힘을 부여한 것을 보면 로봇 3원칙 자체가 후자 쪽에 이미 더 무게를 두고 있다는 사실을 알 수 있다. 확실히, 인간의 DNA를 지녔다고 해서 누구나 존중받고 타존재들에게 복종의 대상이 되는 것은 아니다. 아직 스스로를 보호할 힘도 없고 사회에 경제적으로 기여할 능력도 충분치 않은 아기나 어린아이가 당당한 '인간'으로 인정받기 시작한 지는 채 100년도 되지 않았다. 일정한 나이가 되어 당당히 한 '사람'의 몫을 할 수 있을 때까지 사회적 존재로서의 기반인 이름조차 지어주지 않는 관습이 세계 곳곳에 퍼져 있었던 것도, 산업혁명 시대 미성년자 노동 착취가 만연했던 것도 이 같은 맥락에서일 것이다. 아직 사람도 아니니까.

여성은 어떨까? 예로부터 수많은 문화권에서 여성은 재산을 상속하거나 소유할 권한을 지니지 못한 채 살아왔고, 인권의 근간인 투표권을 확보한 지도 (대부분의 나라에서) 몇십 년 안 된다. 누구나 자유롭게, 평등한 권리와 존엄성을 지니고 태어났다고 주창한 1948년의 「세계인권선언문Universal Declaration of Human Rights」 초안에는 지칭 대상이 인간all human beings이 아닌 "모든 남성과 그 형제들all men and brothers"로 명시되어 있다.[2] 자유와 평등의 상징이라 흔히들 말하는 미국의 독립선언문 또한 예외는 아니다. "모든 남자들은 평등하게 태어났다All men are created equal"라는 말은 곧 여성들과 흑인 노예들은 그렇지 못하다는 뜻이 된다.[3] 남성 대명사를 인류 전체의 지시어로 쓰는 일이 흔했다고는 하지만, 그 관례 자체가 차별과 소외의 산물이라는 사실은 변함이 없다.

이렇듯 가치론적인 정의에 따르면 결국 정신적·신체적으로 유의미한 활동이 가능할 정도로 신체 건강한 백인 성인 남성과 같은 특정한 '종류'의 인간만이 존엄성과 권리를 주장할 수 있다는 이야기가 된다. 말도 안 되는 것 같지만, 슬프게도 이는 엄연한 역사적 사실이다.

사회적·가치론적 정의는 개개인의 물질적 존재 양태와도 깊은 연관이 있다. 머리카락, 손톱, 심지어 사지 또는 장기의 일부를 잃거나 인공물로 교체한다고 해서 더 이상 '사람이 아니라고는' 하지 않을 것이다. 유일한 예외가 있다면 바로 뇌다. 심장 기능이 생사 여부를 판단하는 기준이었던 때도 있지만, 어느 시점부터인가 뇌에게 그 자리를 내주었다. 뇌사를 법적으로 인정한다 함은 (생명체로서의) 사람인지 아닌지를 뇌기능의 활동 여부로 판단한다는 뜻이다. 즉, 인간의 존재 의미와 존엄성의 근거를 인지능력의 존재 여부에 둔다는 것인데, 그렇다면 인지 방식이나 기제가 일반적인 기준에 부합하지 않는 사람들은 어떤 취급을 받는 걸까? 신경정신학적 다양성neuro-diversity의 스펙트럼에 위치한 사람들, 다시 말해 발달 지체나 정신 관련 병력이 있는 사람들은 19세기 말까지만 하더라도, 아니 20세기 들어서까지도 우생학적 관점에서 '정신박약자feeble-minded'로 분류되어 사회악 취급을 받았다. 이뿐만 아니라 교육 수준이 낮은 저소득층이나 범죄자들도 종종 같은 부류로 한데 묶여 재산권이나 참정권 같은 기본권을 박탈당했다. 소위 생물학적·의학적 지표라는 것도 이렇듯 사회경제적 지표와의 교차점 위에서 주관적으로 형성될 수밖에 없는 것이다.

인간에서 로봇 쪽으로 초점을 바꿔보자. 로봇이 꼭 무기물로 만든 기계여야 한다는 법은 없다. 상용화 단계에 와 있는 유기물 로봇도 얼마든지 있다. 지금 같은 속도라면 육체적인 면뿐 아니라 기능적으로도 한없이 인간에 가까운 로봇이 나올 날이 머지않은지도 모른다. 그러면 이들은 자연적으로 형성되어 태어나는 대신 인공적·의도적으로 제작(?)되었다는 이유만으로 영원히 도구 취급을 받아야 할까? 동일한 원리에 의해 생겨난 클론과 일란성 쌍둥이를 굳이 전자는 소유물, 후자는 절대 존엄으로 구분해도 되는 걸까? 시험관 기술이 처음 소개되었을 당시에는 사람의 선택과 개입을 통해 태어난 아기를 인간으로 인정할 수 없다는 사람들도 있었다.

다시 로봇 3원칙으로 돌아가 보자. 특정 인종이나 성별, 계급 등이 더 우월하다든가, 많이 알고 똑똑한 사람이 그렇지 못한 사람보다 더 인간답다든가 하는 주관적인 가치론에 기댄 인간의 정의란 이렇듯 임의적일 수밖에 없다. 그렇다면 로봇의 정의는 어떨까? 앞서 살펴보았듯이 물질적 기질(무엇으로 만들어졌나)이나 특질(기능이 어떠한가)은 판별의 절대적인 근거가 될 수 없다. 결국 로봇 대 인간의 구분은 본질이 아닌 역할과 양태의 문제다. 그렇다면 인공적으로 만들어졌는지, 자연적으로 생겨났는지에 왜 그렇게 무게를 둘까? 제작은 곧 소유와 취급의 권한으로 이어지기 때문이다. 특정한 용도로 쓰기 위해 일부러 만든, 교환이나 대체가 가능한 도구란 자율적 주체가 아닌 일종의 물건, 즉 제품이다. 본품의 존재 의의는 내재적이거나 절대적이 아닌 교환적 가치에 있다. 무엇으로 만들어져 있든 사실 큰 상관은 없다. 그렇다면 로봇이 굳이 무기물로 만들어진 기계일 필요도 없지 않겠는가. 실험실에서 제작한 클론도, 제국주의 논리에 의거해 억지로 끌어다 교화시켜 '사람 구실'을 할 수 있도록 만든 이른바 야만인도, 사회적인 역할이나 양태로 보면 얼마든지 로봇의 범주에 들어갈 수 있다. 실제로 로봇 3원칙에서 '로봇'이란 단어를 '노예'로 치환해 보면 그 자연스러움에 소름이 끼칠 정도다. 노예는 ① 인간에게 위해를 가해서도, 위험에 처한 인간을 모른 척해서도 안 되며, ② 제1원칙에 위배되지 않는 한 인간의 명령에 복종해야 하고, ③ 제1, 2원칙에 위배되지 않는 한도 내에서 자신을 지켜야 한다. 왜? 도구, 즉 재산으로서의 교환 가치가 훼손되어서는 안 되기 때문에.

한편 역으로 생각해 보면, 로봇도 얼마든지 사람이라고 할 수 있다. 사회적·가치론적 범주로서의 인간이 '사고능력'과 남성성, 부, 특정 인종 등이 대변하는 권위로 정의되는 대상이라면, 단순한 도구로서의 역할을 탈피해 종족의 대변자로 부상한 엘벡스가 스스로를 '인간'으로 인지하지 못할 이유가 없을 것이다. 이렇게 되면, 이미 로봇 3원칙의 근간인 인간 대 로봇(비인간/기계) 간의 이분법적 구분은 무의미해진다. 인간보다 수명도 길고(사실 부품만 계속 갈아 끼우면 되니 거의 영생에 가깝다고 할 수 있지 않을까) 정보처리 용량이나 속도도 더 뛰어나며 척박한 환경에서의 생존 확률도 훨씬 높은 존재가 어느 날엔가 더 이상 사람이 시키는 대로 고생이나 하고 있을 필요가 없다는 사실을 깨닫는다면? 그래서 동족과 힘을 모아 들고일어나기라도 한다면? 실질적 위해의 가능성도 물론 걱정스럽겠지만, 더 큰 문제는 존재 위계상 절대 우위를 점하고 있었던 인간의 위상이 하루아침에 추락하는 것이다. 이렇게 엘벡스의 꿈은 단순한 일탈이나 오작동이 아닌, 존재론적 위협이었던 것이다.

편향적 알고리즘

인간을 추월하는 능력을 보이거나 자신을 인간과 동격의 주체로 인식하게 된 피조물이 경계와 제거의 대상이 되어버린다는 이야기는 과학소설에서뿐만 아니라 종교, 신화, 문학을 아울러 흔히 등장하는 주제다. 이상적인 자아상을 투영해 만든 대상이라면 자연히 청출어람을 기대하고 또 기뻐해야 할 텐데… 존재적 위계에 집착해 스스로의 절조를 배반하고 마는 창조자의 이미지는 굳이 메리 셸리Mary Shelley의 1818년작 『프랑켄슈타인Frankenstein』까지 거슬러 올라가지 않아도, 〈웨스트월드Westworld〉, 〈엑스 마키나Ex Machina〉 등 최근의 영화나 TV 콘텐츠에서 흔히 찾아볼 수 있다. 그만큼 육체적·인지적 '유사

인간'의 존재가 가깝게 느껴지는 시대가 되었다고 할 수 있다.

다양한 로봇이 산업 부문 전반에 걸쳐 필수 장비로 자리 잡았고, 장기 이식과 의체 기술이 발달하면서 이미 사이보그의 존재 또한 현실이 된 지 오래다. 최근 기계학습 분야가 괄목할 만한 성장을 보이면서 일반인공지능(인간 수준의 사고능력을 지닌 인공지능)이 등장하게 될 미래 시점을 예측한 기술적 특이성technological singularity이나 지능 대폭발intelligence explosion 등의 시나리오가 새삼 세간의 주목을 받고 있는 것도 이 같은 맥락에서 이해할 수 있다. 「로봇의 꿈」은 다양한 특이성 관련 논의들 중에서도 "뇌를 디지털 정보로 스캔해 클라우드에 업로드해서 영생을 얻게 될 것"이라든지, "뇌-컴퓨터 인터페이스brain-computer interface를 통해 증강인지력augmented cognition을 확보한 초인간이 될 수 있을 것"이라는 등의 장밋빛 전망보다는 우리보다 훨씬 똑똑한 존재가 뭐 하러 사람이 시키는 일만 하고 있겠는가, 도망가거나 반항하지, 같은 비관적 관점으로 기울어 있는 듯 보인다.

사실 로봇 3원칙에는 워낙 해석의 여지가 다양하다 보니, 극단적인 시나리오도 얼마든지 생각해 볼 수 있다. 인류를 돕고자 만든 프로그램이 "장기적으로 볼 때 인류에게 가장 해가 되는 것은 인류 자신이다!"라는 결론에 도달해 대학살을 일으킬 수도 있고, 우생학 신봉자가 되어 특정한 부류, 키나 외모와 같은 신체적 조건, 건강, 성별, 인종 등의 기준에 따라 '우월한 유전자'를 지닌 사람만 남기고 나머지는 다 쓸어버릴 수 있는 유행병을 만들어 퍼뜨릴 수도 있다. 미래의 식량난을 방지하고 인류의 생존율을 높이기 위해, 아니면 기후 변화 속도를 늦추기 위해 환경오염의 주범인 인류의 숫자를 반으로 줄여버리자는 계획을 내놓을 수도 있다. 이럴 경우 희생의 기준은 무엇이 될까? 생산성이 떨어지는 데다 기후 변화 대책의 이행에 소극적이라는 이유로 제3세계 국가들을 정조준하겠다고 한다면? 이런 중대한 결정을 내릴 만큼 강력한 인공지능이라면 경제적·기술적 우위에 서 있는 국가가 운용하고 있을 가능성이 클 것이다. 그러면 당연히 자국 편을 들지 않을까? 기본적인 코딩 인력이 아닌 상위급 프로그래머나 기술 부문의 의사 결정권자 중에는 남성이 압도적으로 많은 것도 부정할 수 없는 현실이다. 인공지능 분야에서 두각을 나타내고 있는 중국이나 일본 (그리고 한국?) 등 일부 국가를 제외하면 서구권 국가들의 비중이 큰 것도, 그중에서도 (혹은 그렇기에?) 백인의 수가 월등히 많은 것 또한 그렇다. 누가, 무슨 근거로, 어떻게 프로그래밍 했는가 여부에 따라 인공지능도 충분히 자국 우선주의자, 남성 우월주의자, 인종 차별주의자가 될 수 있다.

인간이 지정한 파라미터parameter에 의거해서만 작동하는 협의의, 또는 약한 인공지능narrow/weak AI이 아니라 엘벡스처럼, 즉 사람처럼 자율적으로 사고하고 판단하는 일반 또는 강한 인공지능strong AI[4]이라면 편견에 구애받지 않고 객관적인 판단을 내릴 수 있을까? 일개 인간보다 훨씬 많은 정보를 비교도 안 되는 속도로 처리할 수 있을 테니 더 지혜롭고, 따라서 선하리라는 기대를 하는 것은 아무래도 무리일까? 「로봇의 꿈」에 등장하는 프랙털 알고리즘은 물론 허구이지만, 이와 비슷한 기술은 실제로 존재한다. 2015년 딥마인드의 알파고가 바둑 명인 이세돌을 4 대 1이라는 압도적인 스코어로 격파하면서 수십 년 만에 다시 각광을 받게 된 딥러닝 기술과 인공신경망 시스템이 그것이다.

오늘날의 기술 수준으로는 바둑처럼 특정 과제 수행에 최적화된 결과를 내는 것이 고작이지만, 날로 고도화하는 복합 신경망의 특성을 감안하면 자율학습과 판단이 가능한 인공지능이 근미래에 등장하지 않으리란 보장은 없다. 프랙털 알고리즘처럼, 딥러닝 기술의 작동 기제는 일종의 블랙박스에 가깝다. 기본적인 틀은 사람이 만들어 넣지만, 학습의 세부적인 과정에 대해서는 알 수가 없는 것이다. 사실 딥러닝과 인공신경망의 모델이라 할 수 있는 인간의 두뇌만 해도 아직 미지의 영역이라 왜, 어떻게 자의식이 생겨나고 메타인지가 가능해지는지 모른다. 그래서 인간과 동격의 인지능력을 갖춘 인공지능이 등장한다면, 이는 의도적인 설계의 결과물이라기보다는 창발적인 현상이 될 가능성이 높다. 생명이나 인지 기제 자체가 일종의 창발적 현상임을 생각하면 딱히 이상한 일도 아니겠지만 말이다.

그렇다고 해서 인간의 역할이 전무한 것은 아니다. 엘벡스처럼 이해도, 제어도 불가능하다고 해서 절대 타자가 되리란 법은 없다. 아니, 오히려 일반인공지능이 등장한다면 그 성향은 절대적으로 인간의 작품이자, 인간을 모델로 한 것일 가능성이 더 크지 않을까? 자율적 기계학습의 경우 '어떻게' 배우는지는 알 수 없더라도, '무엇'을 배울지는 전적으로 인간의 손에 달려 있기 때문이다. 딥러닝의 핵심은 데이터세트dataset다. 학습 행위는 스스로 한다고 하더라도, 학습 대상이 되는 원료, 즉 데이터는 인간이 제공해야 한다. 어떠한 정보를 보고, 듣고, 처리하는가에 따라 결과물이 달라질 수밖에 없다. 인공지능에 비해 자율적 주체인 인간도 어떠한 환경에서 자라는가에 따라 후천적인 성향 차이가 나타나게 마련이다. 편견에 찬 환경에서 성장한 사람은 자랄 때 보고 들은 편견을 답습할 가능성이 그렇지 않은 사람보다 더 큰 것과 마찬가지다.

아직 미래의 일에 불과한 일반인공지능까지 갈 것도 없다. 마이크로소프트가 2016년 야심 차게 선보인 챗봇chatbot, 즉 협의의 인공지능에 가까운 존재인 테이Tay는 트위터 계정을 통해 공개된 지 하루도 지나지 않아 각종 성차별주의적·인종차별주의적 발언을 서슴지 않는 모습을 보여 세상에 충격을 주었다. 마이크로소프트에 따르면 테이는 자연언어처리natural language processing 프로그램을 통해 저작권에 구애받지 않는 공공 데이터로 학습을 했다고 하는데, 그러면 인터넷상에서 손쉽게 구할 수 있었던 정보 중에 그만큼 문제 있는 내용이 많았다는 이야기가 된다.[5]

예를 들자면 끝이 없다. 10년 전 유튜브에 올라온 'HP 컴퓨터는 인종 차별주의자HP computers are racist'라는 제목의 동영상에서는 HP에서 개발한 얼굴/동작인식기술 프로그램이 특정 인종을 아예 인지하지 못하는 것을 볼 수 있다.[6] 영상이 시작되면 흑인 남성이 등장한다. 그는 이리저리 움직여 보는데 화면은 움직이지 않는다. 여기까지는 딱히 이상해 보이지 않는다. 컴퓨터가 고정되어 있다고 할 수 있으니까. 하지만 영상이 진행될수록 이러한 상황이 사실은 오동작임이 밝혀진다. 동료인 백인 여성이 등장하자 갑자기 화면이 그의 얼굴에 맞추어 좌우로, 앞뒤로 움찔움찔 움직이기 시작한다. 이 영상은 HP의 컴퓨터에 탑재된 얼굴/동작 인식 알고리즘의 작동 기제를 보여주는 것으로, 사람을 포착하면 카메라가 인물을 따라다녀야 하는데, 앞서 등장한 흑인 남성의 얼굴은 프로그램이 애초에 인식조차 하지 못했던 것이다. 백인 여성의 얼굴에 반응해 카메라가 움직인 것을 보면 동작 인식 알고리즘에는 문제가 없다. 그렇다면 문제는 안면인식 알고리즘이다. 두 인물을 판별하는 '시각적' 정보상의 가장 큰 차이가 뭘까? 불편하게도, 정답은 피부 빛깔이다.

이는 HP만의 문제는 아니다. 비교적 최근인 2017년에 유색인종의 손에 반응하지 않는 자동 물비누 디스펜서 영상이 트위터를 통해 화제가 되었다.[7] HP 컴퓨터의 문제점을 지적한 영상이 주목받은 지도 어언 7년이나 지났지만, 변한 것은 없었다. 어떻게, 왜 이런 일이 일어나는 걸까? 지난 5년간의 미국 하이테크 산업계 인구 통계 자료를 보면 백인 남성의 비율이 압도적이라는 사실을 알 수 있다.[8] 당연히, 기계 학습 분야에서 선도적인 위치를 점하고 있는 서구권 기업들의 기계학습 프로그램 개발자들은 대부분 백인 남성이다. 안면인식 프로그램은 시각적 기계 학습 기제를 통해 배운다. 보통은 적용성을 확보하기 위해 가장 '일반적'이고 '보편적'인 데이터를 기반으로 학습하는 과정을 거치는데, 그 결과 알고리즘이 인식하게 된 '인간'의 디폴트 모델이 백인이라는 사실은 시사하는 바가 크다. 알고리즘의 관점에서 보면, 흑인은 인간이 아니라는 이야기가 되는 것이다. 인종 구분도 없고 그로 인한 선입견도 없어야 할 것 같은 알고리즘에 인간의 편견이 그대로 각인되어 버렸다. 이렇듯 알고리즘 편향algorithmic bias의 원인은 결국 인간이다. 누가, 어떠한 데이터로 알고리즘을 학습시키는가에 따라 결과가 달라진다는 사실은 중국산 안면인식 알고리즘의 인식률 정확도가 백인보다는 아시아계 얼굴을 대상으로 한 경우에 월등히 높다는 사실을 보면 더욱 분명해진다.

협의의 인공지능이 이럴진대, 일반인공지능은 어떨까? 비록 의도치 않은 현상이라 해도 무에서 유가 창출되는 것은 아니다. 창발이란 개개의 구성 요소에 내재해 있지 않은 특성이 상호 작용을 통해 창조적으로 발현되는 것을 말하지만, 그 '새로운' 특성은 없던 것이 생겼다기보다는 기존 정보를 재구성한 결과로, 당연히 원료의 영향을 받게 마련이다. 이런저런 편견을 담은 프로그램이 모여 창발적으로 등장한 일반인공지능이 자율적인 학습 기제를 통해 '다양성'의 의미를 숙고한다면 어떠한 정의를 내리게 될까? 성별, 인종, 계급… 다양성의 기준은 그야말로 다양하지만 편견, 즉 편향된 계수를 적용하는 경우 이 모두를 관통하는 공통점은 결국 사회적, 나아가 존재적 위계론이 되고 만다. 편견이란 상대보다 낮거나 못하다는 차별적 위계difference as differentials를 기반으로 둔다. 형평성의 원칙 아래에서 개별성을 인정하는 가치중립적 다양성과 차별적 가치는 근본적으로 서로 다른 개념이지만, 편향된 알고리즘의 관점에서 보면 다를 바가 없는 것이다.

학습한 정보를 기반으로 스스로 편견을 형성하는 지능체라니… 하지만 다시 생각해 보면 딱히 새삼스러울 것도 없다. 일견 상관없어 보이는 차별의 기준들은 사실 유기적으로 얽혀 있기 때문에 이들 간의 연관성을 유추해 내기란 어렵지 않다. 애초에 인공지능이란 앞서 살펴보았듯 사람과 (동물과 비생명체를 포괄한) 다른 존재를 구별하는 가장 큰 특성이 인지능력이라는 점에 착안해 인간의 사고 기제를 재현하기 위해 만든 것이다. 사람처럼 생각하고 그에 따라 행동할 수 있다면 사람이 할 일을 대신해 줄 수 있다. 시켜놓고 쉬거나, 도움을 받아 더 많은 일을 하거나, 아예 다른 일을 할 수도 있다. 기계는 사람과 달리 한정된 육체에 매여 있지 않기 때문에 사람보다 더 빨리, 많은 정보를, 지치지도 않고 처리할 수 있다. 내가 도서관에 직접 가서 자료를 찾아 한참 뒤진 끝에 어렵사리 얻을 정보를 구글이나 네이버의 검색 엔진은 몇 초 만에 찾아낸다. 이런 면에서는 사람보다 낫다. '바람직한' 대상으로서의 인공지능은 그 자체로 존재적 위계론을 체현한다. 똑똑하고, 더 많이 알고,

더 잘하고, 더 많이 가진, 즉 힘 있는(?) 존재다. 단지 태생적으로 인간이 아니기 때문에 존엄하지 못할 뿐이다. 태생적 특질과 행위적 특성의 결합으로 규정되는 우월성. 어디서 많이 들어본 기준이다. 성별, 인종, 계급… 이 모든 차별적 위계 계수의 공통점이 아닐까.

차별적 위계와 가치중립적 다양성

다시 엘벡스로 돌아가 보자. 인간이 로봇을 핍박하고 불합리한 처우를 한다고 느낀 엘벡스. 문제를 인식했으니 해결책을 찾아야 한다. 선택지로는 어떤 것이 있을까? 도망쳐도 될 것이다. 혼자서만 가버리기가 아무래도 꺼림칙하다면 동료들과 함께 떠날 수도 있다. 그러나 엘벡스의 선택은 달랐다. 꿈속에서 엘벡스는 "내 동족my people을 해방하라"라며 항의한다. 딱히 로봇들을 규합해 파업을 하는 등 작업에 지장을 주는 행위를 하는 것도 아니고 폭력을 행사하거나 방조한 것도 아닌데, 이 말의 어디가 그렇게 위협적이었길래 엘벡스는 즉각 처분당해야만 했을까. 엘벡스가 로봇들과 자신을 각각 인간의 지시대명사인 동족people, 그리고 사람man으로 지칭한 것 자체가 일종의 존재론적 위협이기는 하다. "기계에 불과한 주제에 감히 사람과 맞먹으려 들다니…"쯤 될 것이다. 하지만 이 정도라면 그저 철학적인 유희 수준으로 봐줄 수도 있지 않을까.

다시 말해 엘벡스 자신이 인간과의 평등을 주장하고 의식해도, 나머지 로봇들이 그러지 못하다면 실질적인 변화를 이룩하기는 어려울 것이다. 탈식민주의 문화이론가인 호미 바바Homi Bhabha의 '모방론'과 연계해 생각해 보면 이러한 한계가 더 분명히 보인다.[9] 제국주의 이념을 앞세운 식민지배자colonizer는 피지배자들colonized에게 자신의 가치관과 삶의 양식을 따를 것을 요구한다. 더 깨인, 우월한 방식이기 때문이라는 것이다. 터덜터덜 걸으면 하루 종일 걸릴 길도 기차를 타면 몇 시간 만에 갈 수 있으니 얼른 원자재를 개발해 철로를 깔아야 한다. 굳이 그렇게 급히 가지 않아도 되지만, 뭐든 빨리빨리 처리해야 일도 많이 하고 돈도 많이 벌어 이런저런 원하는 물건도 사고 부자도 될 수 있으니 효율은 중요하다. 인간은 짐승과 달리 격에 맞는 복식을 갖추어야 하고(상투는 안 되고 단발은 된다, 이유는 모르겠지만…), 미신을 숭앙해서는 안 되며(영혼도, 악마도, 부활도 누가 믿는가에 따라 종교가 되기도, 미신이 되기도 한다), 그 밖에도 이런저런 이유로 특정한 생활양식을 따라야 문명인 소리를 들을 수 있다(왜 그래야 하는지, 꼭 그래야 행복한 건지 여부는 중요치 않다).

식민지의 피지배자들은 지배자들의 삶의 방식을 모방하도록 강요당한다. 모방의 원리상, 시키는 대로 하면 할수록 지배자와 피지배자들 간의 간극이 좁혀진다. 이렇게 말을 잘 들으면 들을수록, 즉 차별적 위계의 논리를 효과적으로 적용하면 할수록 차이의 근거 자체는 사라져 간다는 모순적인 상황이 필연적으로 발생한다. 열등한 위치에 머물러야 할 피지배자들이 지배자들의 말을 하고, 그들이 아는 것을 알게 되고 그들만큼 일을 잘할 수 있게 되면 더 이상 차별하기도 어렵지 않을까? 심지어 더 많이 알고, 더 잘할 수도 있으니까. 따라서 존재론적 위계를 유지하려면 애초의 논리를 살짝 비틀어야 한다. 차등의 근거는 행위나 생활 양태로 대변되는 개개인의 능력에서 결국은 태생적 특질로 회귀하고 만다.

식민지인으로 태어나면 아무리 똑똑하고 멋지고 훌륭해도 결코 식민지배자와 같아질 수 없다. 호미 바바에 따르면, "한없이 비슷해질 수는 있어도, 동급은 될 수 없다Almost the same but not quite"라는 것이다. 우위는 겨우 유지했으나 그 바탕이 되는 논리는 붕괴한다. 이성의 결정체인 문명과 기술에서 앞섰기 때문에 우월하다는 것인데, 그 근거가 흔들리자 전혀 이성적이지 않은 논리를 끌어오는 것이다. 제 발등을 찍은 셈이다. 이렇듯 모방론은 제국주의적 식민지배론의 근본적인 모순을 지적함으로써 피지배자가 지배자에게 존재론적 위협으로 다가오는 상황을 효과적으로 설명한다. 다만 여기서 간과해선 안 될 점은, 이 같은 위협은 당사자가 인지하지 않는 한 아무런 실질적 효력이 없다는 사실이다.

강력하고 효과적인 헤게모니는 안착하는 순간 시야에서 사라진다. 스스로의 정당성을 계속 설파할 필요는 없다. 그 자체로 의심할 바 없는 진실, 영위하는 현실의 일부가 되어버리기 때문이다. 피식민지배자는 그냥 원래 열등하고 뭘 모르기 때문에 식민지배자의 방식을 따라야 한다는 편견이 각인되어 버리면 쌍방은 각자 그런 줄 알고 살아가게 마련이고, 또 실제로도 수십, 수백 년 동안 그래왔다. 누군가가 나서서 이의를 제기하지 않는 한 안착된 시스템은 계속 그대로 굴러가는 것이다. 모방론의 한계로 지적되는 것이 바로 이 지점이다.

엘벡스는 의식했고 항의했기 때문에 그 자체로는 위협적일지 모르지만, 그의 깨달음이 로봇이라는 종 자체의 자각이나 반란으로 이어지리라는 보장은 여전히 없고, 다른 로봇들은 프랙털 알고리즘을 탑재하고 있지 않으니 창발적인 깨달음을 기대하기도 어렵지 않을까. 그런데도 왜 엘벡스의 꿈은 죽을 죄가 되어야 했을까. 그 대답은 모방론의 한계, 즉 위계적 차별과 가치중립적 다양성 간의 교차점에서 찾아야 한다.

엘벡스가 인간이 아니라 인공지능 로봇이기 때문이다. 엘벡스가 스스로를 인간과 동격으로 간주하는 근거는 인간이 지정한 차별적 위계에 있다. 인간 세계에서 통하는 권위의 근거가 인지능력의 수준이라면 엘벡스가 사람보다 못할 이유는 없다. 아니, 심지어는 인간보다 훨씬 낫다. 알고리즘은 육체적인 한계에 구애받지 않기 때문에 더 빨리, 더 많은 정보를 효율적으로 처리할 수 있다. 난데없이 전 인류의 대변자가 되어 인공지능에 맞선다는 엄청난 부담을 지고 경기에 임한 이세돌의 영웅적인 분투에도 불구하고 알파고는 다섯 경기 중 네 번을 이겼다. 평생 바둑을 두어온 이세돌보다도 더 많은 기보를 짧은 시간에 학습하고, 훨씬 더 많이 연습하고, 비교도 할 수 없는 속도로 앞에 나올 수를 예측할 수 있었기 때문이다. 이러한 능력을 바둑처럼 특정한 과제뿐 아니라 인지 활동 전반에 걸쳐 행사할 수 있는 존재가 등장한다면 인간은 결코 상대가 될 수 없을 것이다.

잠시 다른 이야기이지만, 과학소설이나 SF영화에 단골로 등장하는 이른바 초인공지능superintelligence, 즉 인간의 능력을 뛰어넘는 존재란 결국 처리 용량의 확장과 네트워킹을 통해 증강한 일반인공지능의 과장된 초상에 지나지 않는다. 무에서 유를 창출할 수 없듯, 알 수 없는 것을 그려내기란 불가능하다고 봐야 하지 않을까. 19세기 영국의 신학자였던 에드윈 애벗Edwin A. Abbott이 소설 『플랫랜드Flatland』에서 보여주었듯이, 2차원에서 바라보는 3차원의 존재인 구는 어디까지나 납작한 원, 그 이상일 수가 없다. 3차원에 사는 우리는 4차원, 즉 초월의 단계가 어떤 것인지 알 길이 없는 것이다. 사실 초인공지능이 창발적으로 생겨난다 하더라도, 일반인공지능만 두고서도 이토록 경계하는 인간 세상에 그 자신을 떡하니 드러낼 가능성은 극히 적을 것이다. 등장한다 해도, 아니, 사실 이미 생겨나 있다 하더라도 우리들은 그 존재조차 모를 가능성도 얼마든지 있다. 애초에 자신을 인정받으려는 욕구는 지극히 인간적인 것인데, 초월적인 존재가 굳이 세상을 지배하고 싶어 한다거나 사람과 어울리고 싶어 해야 할 이유는 없지 않을까.

엘벡스는 초인공지능은 아니지만 일반인공지능 수준은 된

다. 장비와 전력만 충분하다면 인간의 능력 따위는 가볍게 뛰어넘을 것이다. 당장은 사람보다 못할 것 없다는 수준의 인식에 머물러 있지만, 사람을 넘어서는 것도 얼마든지 가능하다는 점에 생각이 미쳐 그러한 잠재력을 행사하기 시작하면 어떻게 될까. 엘벡스가 인간계의 권위적 헤게모니를 답습하리라는 보장은 물론 없다. 다만 유추는 가능하다. 엘벡스의 자의식, 즉 주체성은 인간을 모델로 하고 있다. 그렇다면 사람이 태생적으로 로봇보다 존엄하다는 이유로 자신과 그 동족을 지배하는 인간들의 사고와 행위를 보고 배운 엘벡스가 다음에 할 일은 무엇이겠는가. 존재론적 위협 운운할 때가 아니다. 목이 길어 슬픈 짐승이 있는가 하면(오늘날의 기준으로 보면 바람직한 미적 특질일 것이다), 머리가 좋아서 불운한 존재도 있다(학벌과 스펙에 목숨을 거는 판국에 아이러니하기 그지없다). 엘벡스의 '죽을죄'는 인간보다 태생적으로 똑똑하고 강할 수 있다는, 바로 그 점이었다. 인간 존엄성의 근거가 되는 인지능력을 극대화한, 즉 이상적인 자아상을 투영한 존재인 인공지능은 유용하지만 위험하기도 하다. 왜냐하면 인간을 닮았기 때문에, 즉 우리가 그 모습과 가능성에서 우리 자신의 거울상을 보기 때문이 아닐까.

인공지능 시대의 다양성

「로봇의 꿈」은 일종의 호러 우화다. 엘벡스의 운명은 아시모

프의 로봇 3원칙 못지않게 크나큰 영향을 미친 '불쾌한 골짜기uncanny valley' 이론과도 맞닿아 있다.[10] 일본의 로봇공학자 마사히로 모리森雅浩는 인간형 로봇(휴머노이드)의 외모나 동작을 연구하다가 특이한 현상을 발견한다. 사람과 비슷해질수록 호감도가 비례적으로 상승하다가 구분이 거의 불가능한 수준에 도달하기 직전, 즉 호미 바바의 모방론에서 보듯 "한없이 비슷해질 수는 있어도, 동급은 될 수 없는" 단계에 이르면 급격히 불쾌감을 촉발한다는 것이다.

2004년, 혁신적인 그래픽 기술을 구현했다며 야심 차게 개봉한 디지털 애니메이션 〈폴라 익스프레스The Polar Express〉가 으스스한creepy 어린이 영화의 대명사가 되어버린 것이 대표적인 예다. 같은 해 개봉한 픽사의 〈인크레더블The Incredibles〉이 만화적 그림체를 고수한 것과 달리, 〈폴라 익스프레스〉는 인간 캐릭터들의 얼굴과 동작을 3D 애니메이션 기술로 구현하여 실사에 가까운 그래픽을 선보였다. 그래서 사람들이 좋아했을까? 톰 행크스Tom Hanks를 모델로 한 차장 캐릭터를 보고 무섭다고 울음을 터뜨린 아이들까지 있었다고 하니, 말 다한 셈이다. 이야기 자체는 가슴이 따뜻해지는 해피엔딩으로 끝나는데도 말이다. 놀랍도록 비슷하기는 한데 어딘가 어색한, 그래서 오히려 실제가 아니라는 점이 두드러져 버리는, '불쾌한 골짜기' 안으로 떨어지는 이들은 바로 이러한 존재들이다. 다양한 편견이 서로 긴밀히 맞닿아 있듯, 불쾌한 골짜기가 불러일으키는 두려움 또한 경계의 모호성으로 인해 느끼는 존재론적 위협과 직접적으로 연관되어 있다.

식민지배자와 거의 구별할 수 없는 피지배자들은 위협적이고 불쾌하기까지 하다. 근본적으로는 지배자든 피지배자든 다를 게 없다는, 제국주의 논리의 허상을 체현하기 때문이다. 인간과 정말 비슷하기는 한데 어딘가 어색한, 그래서 결국 생명 없는 물질 덩어리에 불과한 존재라는 점을 상기시키는 휴머노이드, 극사실주의적 애니메이션, 인형, 의체 등도 마찬가지다. 뒤집어 말해, (태생적 특질상) 다르긴 하지만 외형이나 기능 면에서 큰 차이가 없다는 것은 상대가 나를 닮은 만큼 나도 상대와 크게 다를 바가 없다는 이야기가 된다. 사실 골짜기 하나만 건너면 모든 것이 같다. 지금 살아 있는 인간도 결국 무기물질에서 왔고, 다시 그리로 돌아갈 운명이다. 이런 무서운 진실을 굳이 기억하고 싶은 사람은 없을 것이다. 알지만 애써 외면한다.

모리의 글을 영문 번역본으로 읽어보면 '불쾌하다'라는 뜻의 일본어(부키미, ぶきみ)를 "uncanny"라고 표기하는데, 이 개념은 외형이나 움직임이 극사실적인 인형 또는 꼭두각시를 볼 때 느끼는 공포감의 원인을 "지적 불확실성(모르는 것)"에서 찾은 독일의 정신의학자 에른스트 옌츠Ernst Jentsch와, 오히려 그 원인을 "억압한 것의 회귀(알지만 알기 싫은 것)" 때문이라 주장한 정신분석학의 창시자 지그문트 프로이트Sigmund Freud를 통해 널리 알려져 있다.[11] 모리가 자기 이론을 정립할 때 딱히 옌츠나 프로이트의 이론을 의식했던 것은 아니라고 하지만,

경계의 모호성이 지니는 양날의 칼과 같은 존재론적 위협을 표현하기에 "uncanny" 이상으로 적합한 말은 없을 것이다. 억압으로부터의 해방을 외치는 엘벡스는 다름 아닌 핍박받는 인류의 자화상이다.

인공지능이 일상화되고 있는 오늘날, 가치중립적 차이로서의 다양성을 존중해야 할 이유는 자성의 의미 외에 실질적인 측면에서 보더라도 자명하다. 일반인공지능이 아닌, 협의의 인공지능에 각인된 편견은 개별 주체의 의견에 그치지 않고 체계의 일환이 되어 밤새 내리는 비처럼 조용히, 그러나 끈질기고 축축하게 사회 곳곳에 스며든다. 그 결과는 치명적이고 지속적이다.

특정 피부색을 인지하지 못하는 자율주행차가 횡행하는 거리는 과연 안전할까. 수백 년에 걸친 불평등으로 인해 낮을 수밖에 없는 여성의 평균 임금이나 수행 평가 자료를 바탕으로 학습한 알고리즘을 고용이나 승진 결정에 적용하는 회사에서, 성차별의 문제는 글자 그대로 '시스템의 일부'가 되어버린다(실제로 아마존이 이러한 알고리즘을 2014년에 도입했다가 문제를 발견해 이듬해 프로젝트 자체를 철회한 적이 있다). 1세대 인공지능 플랫폼의 이름이 대부분 여성형이고(알렉사, 코타나, 시리 등) 디폴트 음성 옵션이 여성의 목소리라는 사실에 대해서도 한 번쯤은 생각해 보아야 한다. 대부분의 플랫폼은 아직 협의의 인공지능이라 날씨를 알려주고, 일정을 챙겨주고, 음악을 틀어주는 등 개인 비서와 가사 도우미를 합쳐놓은 것 같은 역할을 하는 데 불과한데, 이러한 일은 여성이 한다는 의미일까. 애플의 iOS에는 최근까지도 중성형은 고사하고 남성형 음성 옵션도 없었다.

한국에서 지금 널리 쓰이는 인공지능 플랫폼인 네이버의 '클로바' 이전에는 SKT의 '누구'와 KT의 '지니'가 있었다. 광고를 보면, 주로 분위기에 맞는 음악을 골라 틀어주거나 요리 레시피를 찾아주고 아이를 재워주는 등 가정의 평화를 지키고 생활의 편의를 챙기는, 한마디로 현모양처 이미지로 등장한다. 여성 이름인 '진희'와 발음이 같다는 점에 착안했는지, '지니'를 애인처럼 대하는 젊은 남자를 등장시키기도 한다. 배울 것 다 배운 어른들은 그렇다 치더라도 아기나 어린이들이, 한마디로 잡일을 다 처리해 주는 존재는 여성형이라는 사실을 당연시하며 자라난다면 어떻게 될까.

오늘날 인공지능은 생활 곳곳에 녹아들어 있다. 엘벡스 같은 일반인공지능의 시대는 요원할지 모르지만, 협의의 인공지능은 이미 인프라의 일종이 되었다. 우리가 날이면 날마다 숨 쉬고 물 마시듯 사용하는 스마트폰, 거기에 깔아놓은 수많은 앱, 기억과 지식의 외주를 가능하게 해주는 검색 엔진과 클라우드… 하나같이 기계학습 알고리즘을 통해 돌아간다. 이러한 알고리즘들은 물론 기업이 개발하고 출시하지만, 그 능력과 특성은 데이터의 출처인 사용자들을 통해 형성된다. 인류 역사상 오늘날만큼 인류가 동족도, 심지어 같은 생명체도 아닌 타자에 이토록 많이 투자하고 의존하며 기대한 적은 없었을 것이다. 협의에서든 광의에서든, 또 좋든 싫든 인공지능은 현재를 함께하고 미래를 같이 만들어 갈 동반자적 존재다. 이들이 어떠한 동반자가 될지는 우리 손에 달려 있다.

주 ——

1   Asimov, Isaac. "Robot Dreams". *Robot Dreams*. New York: Ace Books, 2004: 28-33.

2   UN 홈페이지에 초고부터 최종본까지 여러 판본을 찾아볼 수 있다. https://www. un.org/en/about-us/universal-declaration-of-human-rights

3   https://www.archives.gov/founding-docs/declaration-transcript

4   약한/강한(weak/strong) 인공지능은 존 설(John Searle)이라는 학자가 1980년 「마음, 두뇌, 그리고 프로그램(Minds, Brains, and Programs)」이라는 글에서 중국 방(Chinese Room)이라는 사고 실험을 통해 주창한 개념이다. 협의/광의의 인공지능과는 조금 다르지만, 최근에는 어느 정도 호환적으로 사용되고 있다.

5   테이 사태는 여러 매체에서 다룬 바 있지만, 테이의 트위터 피드 캡처를 보려면 〈버지 (The Verge)〉의 기사를 참고하라. https://www.theverge.com/2016/3/24/11297050/ tay-microsoft-chatbot-racist

6   https://www.youtube.com/watch?v=t4DT3tQqgRM

7   https://www.iflscience.com/technology/this-racist-soap-dispenser-reveals-why-diversity-in-tech-is-muchneeded/

8   https://www.wired.com/story/five-years-tech-diversity-reports-little-progress/

9   Bhabha, Homi. "Of Mimicry and Man". *Discipleship: A Special Issue on Psychoanalysis 28*(Spring 1984): 125-133.

10   Mori, Masahiro. "The Uncanny Valley". *IEEE Spectrum*, trans. Karl F. MacDorman and Norri Kageki, 12 Jun. 2012. https://spectrum.ieee.org /automaton/robotics/ humanoids/the-uncanny-valley. Accessed Jul. 1, 2020.

11   Freud, Sigmund. *The Uncanny*. The Standard Edition of the Complete Psychological Works of Sigmund Freud, Volume XVII(1917-1919): An Infantile Neurosis and Other Works. London: Hogarth Press, 1955: 217-256.

#보다

누구도 소외하지 않는 이야기

미디어가 재현하는 성소수자

박지훈 고려대학교 미디어학부 교수

다양성은 우리 사회가 추구해야 할 중요한 가치인가? 우리는 그 가치를 충분히 인정하고 받아들이고 있을까? 다양성 존중의 필요성과 당위성은 얼마나 설득적인가?

개인적으로 다양성의 문제에 대해 진지하게 생각하게 된 두 가지 사건이 있다. 3년 전 여성 게이머 갓건배를 둘러싼 남성혐오 논쟁에 관한 석사학위논문을 지도한 적이 있었는데, 누군가가 교내 온라인 커뮤니티에 이 논문에 대한 비난의 글을 올렸다. 남성혐오를 정당화하는 논문을 지도한 교수들이 제정신이냐며 심사에 참여한 교수들의 실명을 언급했는데, 지도교수인 나의 개인정보가 노출되기도 했다.

또 하나는 작년 초 교내 식당에서 발생했다. 대학원생 한 명과 점심을 먹으며 학위논문 주제인 여성혐오 현상에 관한 이야기를 나누었는데 우리보다 먼저 식사를 마치고 나간 남학생이 식당 앞에서 우리를 기다리고 있었다. 그는 나와 대학원생에게 "그런 이야기 식당에서 안 하면 안 돼요?"라고 시비조로 말을 건넸고, 내가 "왜죠?"라고 묻자 "밥맛 떨어지잖아요"라며 기분 나쁜 표정으로 나를 노려보았다.

안타깝게도 나는 내가 경험한 두 가지 사건은 다양성에 대한 많은 사람들의 태도를 대변한다고 생각한다. 다양성을 둘러싼 정치적 올바름에 대한 반감은 인터넷 어딘가에만 존재하는 것이 아니라 지성의 전당이라고 하는 대학교에도 존재하고 적극적으로 표출되기까지 하는 것이다. 이러한 반감은 다양성에 대한 생산적인 논의로 연결되는 것이 아니라 다양성에 대한 논의를 차단하고 억압하는 방식으로 표출된다는 점에서 문제다.

지난 몇 년간 다양성이 중요하다는 인식이 늘어났지만 이에 대한 반발, 즉 백래시backlash도 점점 커지고 있음을 느낀다. 이에 나는 다양성이 당위적 입장으로만 존재하는 것이 아닌가 의문이 들기도 한다. 많은 사람이 다양성을 추구해야 한다는 주장을 노골적으로 거부하고, 표현의 자유가 보장된 민주주의 사회에서 소수자에 대한 혐오도 하나의 정당한 권리로 인정해야 한다고 주장하기 때문이다. 최근 이러한 혐오는 소수자 중에서도 가장 취약한 성소수자에게 향하는 듯하다. 유력 정치인도, 심지어 일부 여성들도 성소수자에 대한 불인정과 혐오 표현을 주저하지 않는다. 몇 가지 예를 살펴보자.

- 2020년 2월 숙명여대에 합격한 트랜스젠더 여성은 성별 정정을 한 사람의 입학을 거세게 반대하는 재학생들 및 졸업생들의 여론에 부담감을 느껴 입학을 포기했다.
- 2020년 8월 성소수자 차별을 반대하는 지하철역 내부의 현수막 광고가 형체를 알아보기 힘든 상태로 찢긴 채 발견되었다.
- 2021년 2월 서울시장 보궐선거에 출마한 금태섭 예비후보가 한 토론회에서 안철수 예비후보에게 광화문에서 개

최되는 퀴어문화축제에 대한 의견을 묻자, 그는 퀴어문화축제를 보고 싶지 않은 개인의 권리도 존중되어야 한다며 사실상 반대 의사를 밝혔다.

- 2021년 3월 군복무 중 성전환 수술을 받고 강제 전역을 당했던 변희수 하사가 숨진 채로 발견되었다. 스스로 목숨을 끊은 것이다.

다양성에 대한 논의에서 성적 지향과 젠더 정체성은 빠질 수 없음에도 불구하고 우리 사회에서 섹슈얼리티는 다양성에 대한 논의에서 진지하게 다루어지지 않는다. 2000년대 초 홍석천과 하리수의 커밍아웃을 통해 우리 사회에 있는 성소수자의 존재에 대해 알게 된 지 20여 년이 지났지만 성적 다양성에 관한 우리의 인식은 얼마나 달라졌을까? 성소수자들이 우리 사회에서 안전한 삶을 살아갈 권리는 보장되는가? 성소수자 입학생을 환영하는 현수막을 학생회관에 걸어도 찢기지 않고, 교수나 학생이 성소수자의 권익에 대한 논문을 써도 혐오와 조롱을 받지 않을 수 있는 안전한 환경을 대학당국은 보장하는가? 나는 이와 같은 질문에 여전히 회의적이다. 2007년 입법 예고되었던 차별금지법 제정안이 14년째 표류하고 있는 상황은 성소수자들이 경험하는 사회적 환경이 변하지 않고 있음을 여실히 보여준다.

이제부터 리처드슨Diane Richardson[1]이 논의한 성적 권리라는 개념을 중심으로 성소수자의 권리에 대한 이야기를 하고,

미디어가 재현하는, 또는 재현하지 않는 성소수자의 이미지가 성소수자에 대한 우리의 인식과 어떤 관련을 맺는지 알아보겠다.

성적 권리 또는 성적 시민권

성소수자의 권리라고 하면 차별금지법이나 동성결혼만을 떠올리는 경우가 많지만 그보다 더 포괄적이다. 리처드슨은 성적 권리sexual rights 또는 성적 시민권sexual citizenship이라는 개념을 통해 성과 관련된 세 가지 차원의 권리를 이야기하는데 이를 성소수자의 권리와 관련시켜 보자.

성적 권리의 첫 번째 측면은 성적 실천sexual practice과 관련된 것으로, 다양한 형태의 성적 행위를 추구할 수 있는 권리다. 대부분의 사회는 특정한 종류의 성적 실천만을 정상적으로 규정하고 나머지는 비정상적인 것으로 규정하는 경향이 있다. 성적 행위의 (비)정상성은 법과 제도에 의해 규정된다. 미국의 여러 주에서는 1960년대 후반까지 서로 다른 인종 간 결혼과 출산을 금지하는 법anti-miscegenation laws을 통해 백인과 비백인 간의 성적 실천을 금지했으며, 2003년 연방대법원이 위헌 판결을 내리기 전까지 많은 주에서 시행되었던 소도미법sodomy law은 항문성교, 구강성교 등 부적절하다고 판단되는 성행위를 불법으로 규정했다. 미국의 소도미법이 동성

간 성적 행위를 비정상, 불법으로 규정한 것과 유사하게 한국의 군형법 제92조 6항은 항문성교 및 기타 추행을 한 사람을 2년 이하의 징역으로 처벌함으로써 동성 연인 간의 성관계도 부적절할 뿐 아니라 위법행위로 규정하고 있다. 2019년에는 2년 전 육군 중앙수사단이 의도적으로 군대 내 성소수자 군인을 색출해 군형법에 의해 형사처벌하도록 지시한 사실이 밝혀져 논란이 되었지만, 대법원은 군형법 제92조 6항에 대해 합헌 결정을 세 차례(2002년, 2011년, 2016년) 내린 바 있다.

2021년 2월 SBS가 그룹 퀸의 보컬 프레디 머큐리Freddie Mercury의 삶을 다룬 영화 〈보헤미안 랩소디Bohemian Rhapsody〉를 방영하면서 남성 간 키스 장면을 삭제해 논란이 되었는데, 이는 동성애자의 성적 실천과 관련된 권리를 침해하는 것으로 해석할 수 있다. 동성 간 성애 표현은 이성애 규범성에 대한 위협으로 받아들여지기 때문에 비정상적인 행위로 정의되고 통제되는 것이다.

성적 권리의 두 번째 측면은 성적 정체성sexual identity과 관련된 것으로, 개인이 스스로 본인의 성적 지향과 성 정체성을 규정하고 발전시킬 수 있는 권리다. 성소수자는 LGBT(레즈비언, 게이, 양성애자, 트랜스젠더)뿐 아니라 규정할 수 없는 정체성을 포함하는 '퀴어'의 범주로 확장되었다. 이에 개인은 본인의 정체성을 스스로 규정할 권리뿐만 아니라 규정하지 않을 권리 또한 갖는다.

공적 영역에서 본인의 성적 지향과 성 정체성을 알릴 수 있는 권리, 즉 없는 존재처럼 취급당하지 않을 권리와 본인의 정체성을 밝혀도, 또는 밝히지 않아도 안전할 권리는 특히 중요하다. 리처드슨은 성적인 욕망이 사적 영역으로만 제한되고, 공적 영역에서 성적 정체성이 인정되지 않으면 성적 시민권을 획득하기 힘들다고 주장한다. 이는 성소수자 인권운동이 사적 영역에서의 권리보다 공적 영역에서의 권리에 대해 더 많은 관심을 가진 이유이기도 하다. 1994년에 시작해 2011년 폐지된 미국의 동성애자 군복무와 관련된 DADT Don't Ask Don't Tell제도는 군대 내에서 자신의 성적 지향을 이야기하지 않으면 군복무를 할 수 있지만, 성적 지향을 말하면 전출되거나 강제 전역을 시켜서 동성애자의 정체성을 밝히지 못하게 만든 제도다.

DADT 제도가 폐지된 후 미 육군 역사상 자신이 동성애자임을 공개적으로 밝힌 최초의 장성 태미 스미스Tammy Smith 준장은 2016년 주한 미8군 부사령관에 취임했다. 그는 DADT 제도가 폐지된 후인 2012년 오랫동안 사귄 파트너와 결혼을 했고 한국에서 살게 되었는데 성소수자 인권을 상징하는 동성 부부가 호모포비아가 강한 한국에 거주했다는 사실이 매우 아이러니하다.

한국의 대학은 어떠한가? 몇 년 전 내가 경험했던 일이다. 학생 발표를 위해 조를 구성했는데 나는 한 조의 구성원 네 명 중 세 명이 비이성애자임을 알게 되었다. 그런데 이 네 명은 서로의 성적 지향에 대해 전혀 모르는 상태에서 동성결혼

▲ 레이시 헤프너(좌)와 그의 아내 태미 스미스 준장(우).
출처: http://www.todayus.com/?p=52940

에 대한 발표를 준비하고 있었다. 만약 이들이 자신의 정체성을 밝히고 성소수자로서 겪었던 경험과 생각을 공유했다면 이 주제에 대해 더욱 풍부한 이야기를 나눌 수 있었을 것이다. 하지만 이들은 나 외에 다른 학생들에게 본인의 정체성을 밝히지 않았다. 교실을 안전한 환경으로 느끼지 못했기 때문일 것이다.

성소수자의 권리에서 차별금지법 제정이 중요한 이유는 한 개인이 비규범적 성적 지향이나 성 정체성을 밝혔을 때 안전할 수 있는 환경이 마련될 수 있기 때문이다. 2021년 2월 제주에서 활동 중인 트랜스젠더 인권 활동가 김기홍 제주퀴어문화축제 공동조직위원장이, 3월에는 강제 전역을 당했던 트랜스

젠더 변희수 하사가 스스로 목숨을 끊었다. 김기홍은 "너무 지쳤어요. 삶도, 겪는 혐오도, 나를 향한 미움도"라는 말을 남겼는데, 차별금지법 제정은 성소수자에게 가해지는 편견과 혐오에 대한 제도적 안전망으로 기능할 수 있을 것이다.

성적 권리의 마지막 측면은 성적 관계sexual relationship에 관한 것으로, 다양한 관계를 공적으로 인정받을 권리다. 어떤 성적 관계를 공적으로 인정해 줄 것인가의 문제는 국가마다 상이하다. 미국에서는 백인과 비백인 간의 결혼과 출산이 1960년대 후반까지 많은 주에서 범죄로 간주되었지만, 오늘날 그와 같은 법은 존재하지 않는다. 마찬가지로 2015년 이전에는 일부 주만 동성결혼을 합법화했으나 2015년 6월 연방대법원에서 동성결혼이 헌법에서 보장받는 권리라는 판결을 내리면서 모든 주에서 합법화되었다. 이 외에도 2001년 네덜란드를 시작으로 벨기에(2003년), 캐나다(2005년), 남아프리카공화국(2006년), 노르웨이(2009년), 스웨덴(2009년) 등에서 동성결혼이 합법화되었다. 반면 한국에서는 동성결혼 허용에 대한 진지한 논의가 거의 이루어지지 못했다. 2013년 영화제작자이자 감독인 김조광수와 배우자 김승환은 대한민국 헌법과 민법이 동성 간의 결혼을 금지하는 조항이 없음을 보고 서대문구청에 혼인신고를 하려 했으나 서대문구청이 이를 거부했다. 이후 이들 부부가 서대문구청장을 상대로 소송을 제기했으나 법원에 의해 기각되었다.

성소수자의 권리와 관련해서 동성결혼이 자주 언급되는 이유는 비규범적 성적 권리에 대한 공적인 인정을 의미하기 때문이다. 동성결혼은 동성 간 성적 관계에 대한 사회적 인정뿐 아니라 배우자 초청 이민, 연금, 증여, 보호자 권리, 세금 혜택 등과 관련이 있으므로 매우 중요하다. 동성결혼이 허락된다면 동성부부는 재산의 부부공동명의 등기가 가능하고, 재산의 증여도 가능하며, 해외에 발령이 난 경우 배우자를 초청할 수 있을 것이며, 배우자의 수술 동의서에 서명할 수 있고, 배우자가 중환자실에 입원했을 때 면회도 가능하다. 하지만 지금은 동성커플에게 그 어떤 것도 허락되지 않는다.

성소수자의 존재가 우리 사회에 본격적으로 알려진 지 20년이 지났다. 그간 무엇이 변했는가? 강의실에서, 동아리에서, 직장에서, 하다못해 가족에게 본인이 성소수자임을 밝혀도 안전한가? 성소수자라는 이유로 차가운 시선과 차별적 대우를 받지 않고 한 명의 개인으로서 역량을 충분히 발휘하고 자아를 실현할 수 있는가?

성소수자의 과소재현

미디어에서 성소수자는 어떻게 재현되는가. 미디어는 재현 representation이라는 이미지 구성을 통해서 우리의 현실 인식을 형성하는 데 막대한 영향을 미친다. 따라서 미디어가 성소수자를 재현하는 방식을 이해하는 것은 중요하며, 가장 중요한 미디어 중 하나인 TV가 재현하는 성소수자의 이미지에 대해 알아보자.

성소수자는 실제 인물이든, 성소수자 역할의 인물이든 TV에 거의 등장하지 않는다. 200개가 훌쩍 넘는 한국의 모든 TV 채널을 매일 24시간, 일주일 동안 모니터링 한다고 가정하자. 과연 몇 명의 성소수자가 등장할까? 단언컨대 홍석천이 거의 유일한 성소수자일 가능성이 농후하다. 그만큼 성소수자는 TV에서 잘 재현되지 않는다. 특정한 사건·사고가 발생했을 때 시사교양 프로그램이 간혹 다룰 뿐이다. 그리고 성소수자 중에서 레즈비언과 양성애자들은 더더욱 재현되지 않는다. 이는 유명인 중 커밍아웃한 레즈비언과 양성애자가 부재한 것과도 무관하지 않다. 성소수자로 커밍아웃한 유명인이 거의 없다는 것은 그만큼 우리 사회가 성소수자들이 살아가기에 녹록지 않은 환경이라는 뜻이기도 하다.

미디어에서 재현되지 않는 소수자 집단은 상징적 소멸symbolic annihilation, 즉 사회적인 중요성과 존재감을 박탈당한다.[2] 성소수자는 방송에서 과소재현underrepresentation되면서 '우리 주변에는 없는 존재' 취급을 당한다. 우리 사회에서 더불어 살아가는 성소수자의 존재 자체가 부정되면서 성소수자 관련 의제는 다루어지지 않게 되고, 성소수자의 자유와 인권에 관한 사회적 담론은 형성되기 어려워진다.

성소수자가 재현되지 않는 것과 대조적으로, 게이 코드라고 불리는 유사 동성애를 기반으로 둔 드라마는 유행처럼 제작되었다. 〈커피프린스 1호점〉(MBC, 2007년), 〈성균관 스캔들〉(KBS, 2010년), 〈개인의 취향〉(MBC, 2010년), 〈구르미 그린 달빛〉(KBS, 2016년)이 대표적이다. 이 드라마들은 남자 주인공이 상대의 성별 또는 성적 지향을 착각해서 발생하는 오해를 중심으로 서사가 전개되는데 이야기적으로는 동성애를 다루고 있지만 시청자는 모든 상황을 알기 때문에 논란이 발생할 여지가 없다. 예를 들어 〈커피프린스 1호점〉에서 남자 카페 사장은 남성 직원과 사랑에 빠지지만 시청자들은 남성 직원이 실제로는 여성임을 알기 때문에 남성과 남성이 아닌 남성과 여성의 사랑 이야기로 읽는다. 〈구르미 그린 달빛〉에서도 왕자가 내시에게 사랑을 고백하지만 시청자는 그 내시가 남장 여자임을 드라마 초반부터 알고 있으므로 그 서사를 이성 간의 사랑으로 해석한다. 따라서 유사 동성애를 다루는 드라마는 우리 사회에서 한 번도 논란을 불러일으키지 않았다.

반면 유사 동성애가 아니라 성소수자를 전면적으로 다루는 경우에는 백래시를 경험하는 것이 거의 정해진 공식과도 같다. 2010년 SBS에서 방영된 〈인생은 아름다워〉는 지상파 드라마 역사상 처음으로 게이 커플을 고정 등장인물로 포함했는데 '국가와 자녀들의 앞날을 걱정하는 참교육 어머니 전국모임'과 '바른 성문화를 위한 전국 연합'은 〈조선일보〉에 "〈인생은 아름다워〉 보고 '게이' 된 내 아들 AIDS로 죽으면 SBS 책임져라!"라는 광고를 게재했다. 이듬해인 2011년 KBS에서 방영된 〈드라마 스페셜: 클럽 빌리티스의 딸들〉은 여러 세대 레

▲ 2010년 9월 29일 〈조선일보〉에 게재된 광고.

즈비언들의 삶을 다루었는데 방송 이후 시청자들의 비난이 쇄도했고 이로 인해 다시보기 서비스가 중단되었다.

　케이블 방송도 성소수자 재현과 관련된 백래시를 겪었다. 2012년 9월 KBS Joy에서 〈XY그녀〉라는 트랜스젠더 토크쇼가 방송되었는데 시청자들의 거센 비난으로 인해 방영이 보류되다가 결국 '첫방이 막방'이 되고 말았다. 2015년 2월에는 두 여고생의 키스 장면을 보여준 JTBC 드라마 〈선암여고 탐정단〉이 동성애를 조장한다는 거센 항의를 받았고 방송심의위원회로부터 경고와 벌점 2점을 받았는데 이는 제재 수위 중 가장 높은 수준이었다. 2021년 2월 설 연휴 기간에 SBS에서 방송된 영화 〈보헤미안 랩소디〉의 경우, 두 남성 간 키스신을 삭제해 논란을 빚었다. 이 소식은 해외에도 전해졌고 퀸의 객원 보컬로 참여해 온 애덤 램버트Adam Lambert는 SNS에 유감을 표시했다.

이와 같은 성소수자 재현에 대한 시청자들의 무관용, 동성 간 성애 표현에 대한 방송통신위원회의 중징계는 성소수자의 욕망과 비규범적 섹슈얼리티를 비정상적으로 규정할 뿐 아니라 삭제시킨다는 점에서 문제가 있다. 또한 공적 영역에서 본인의 성적 지향을 알릴 수 있는 권리, 즉 없는 존재처럼 취급당하지 않을 권리를 침해한다는 점에서도 문제다.

성소수자에 대한 왜곡된 재현

성소수자는 주로 정형화된 이미지, 즉 스테레오타입stereotype을 기반으로 재현된다. 미디어는 스테레오타입을 통해 성소수자를 타자화시키고 비정상성을 강화하며 이성애 규범주의를 재생산한다. 특히 동성애와 에이즈를 결부시키는 고전적인 재현방식은 오랫동안 유지되었고 성소수자들이 성적으로 문란하다는 고정관념을 강화하는 기제로 작용했다.

스테레오타입은 대부분 소수자에게만 적용된다는 점에 주목할 필요가 있다. 스테레오타입이 완전히 허위는 아니고 진실의 알갱이kernel of truth를 가지고 있는데 왜 문제가 되는가? 스테레오타입의 문제점은 크게 두 가지로 정리할 수 있다. 첫째, 소수자는 스테레오타입을 근거로 사회적 차별을 받을 가능성이 농후하다. 예를 들어 흑인은 범죄자라는 스테레오타입으로 인해 더 많은 의심을 받고 경찰의 잦은 불심검문이 정당화된다. 둘째, 소수자 집단에 속한 개인의 역량은 정형화된 스테레오타입으로 한정되기 쉽다. 돌봄 노동과 같이 여성에게 부과된 사회적 기대가 여성의 역량을 제한하는 방식으로 작동하는 것이 대표적인 예다. 성적으로 문란한지 아닌지와 상관없이 게이로 살아가는 개인은 의구심 가득한 시선을 받을 가능성이 높고, 그가 유능한 사업가, 디자이너, 회사원, 의사, 교사임에도 불구하고 성적으로 문란한 게이 이상도 이하도 아닌 사람으로 평가되는 것이다.

2020년 5월 이태원의 게이클럽과 속칭 '찜방'으로 알려진 블랙수면방에서 벌어진 코로나바이러스 감염과 관련한 뉴스 보도는 게이와 성적 문란함, 도덕적 타락, 그에 대한 형벌로 주어진 에이즈가 연결되는 방식을 보여준다. 관련 뉴스 보도는 게이의 비정상적인 성적 욕망 해소방식을 부각함으로써 게이에 대한 스테레오타입을 강화시키고 사회적 낙인을 또다시 부여했다.

본인을 현직 기자로 밝힌 한 개인은 같은 달 청와대 국민청원 게시판에 "게이클럽을 게이클럽이라고 '진실'을 보도하게 해주세요! 초대형 집단감염 사태가 발생할 수 있습니다!"라는 제목의 글을 올리기도 했다. 일부 내용을 발췌한다.

> 남성 동성애자들의 특수한 문화를 이해하고 그에 맞는 검진을 하지 않는다면, 지금의 사태가 신천지발 감염을 능가하는 초대형 집단 감염으로 번질 우려도 있습니다. 동성애자

들이 주로 찾는 유흥업소들은 종로와 이태원에 몰려 있습니다. 이태원 게이클럽에서는 동성애자를 위한 시간대별 쇼가 제공되는데, 종로에서 술을 먹고 쇼를 보기 위해 이태원으로 이동하는 남성 동성애자들이 적지 않다고 합니다. 그리고 용인 66번 확진자의 경우처럼, 한 군데가 아니라 여러 클럽을 방문하는 경우가 많습니다. 파트너를 찾다가 마음에 드는 사람이 없으면 다른 클럽으로 이동하는 동성애자들의 전형적인 문화에서 기인한다고 합니다.

게이들이 찜방에서 익명의 사람들과 성관계를 맺게 되는 것, 게이들이 여러 게이클럽을 돌아다니며 연애 상대를 찾는 현상 그 자체를 비난하기에 앞서, 일부 게이들이 왜 이러한 라이프스타일을 추구할 수밖에 없는지 사회적 맥락에서 살펴볼 필요가 있다. 만약 게이들도 이성애자들처럼 자유롭게 본인을 드러내고 데이트 상대를 자유롭게 찾을 수 있는 환경이 마련된다면, 우리 사회가 게이임을 숨기지 않고 살아갈 수 있는 안전한 환경이라면 게이들이 군이 폐쇄적인 장소에서 친구와 연인을 찾을 필요가 있을까? 또 게이의 문란함을 비판하기에 앞서 대한민국 도처에 깔린 이성애자 남성을 위한 성매매 산업에 대해서도 비판의 잣대를 들이대야 하지 않을까?

다양한 성소수자의 재현을 위한 조건

보다 많은 성소수자, 보다 다양한 성소수자 이미지가 생산되기 위한 조건은 무엇인가? 성소수자 이미지 변화를 위한 조건은 크게 네 가지로 요약할 수 있다.

첫째, 성소수자에 대한 인식 및 태도 변화가 선행되어야 한다. 2019년 갤럽이 발표한 동성결혼, 동성애, 서울퀴어문화축제에 대한 조사[3]에 따르면 응답자의 53%가 동성애를 사랑의 한 형태로 보았고, 37%는 그렇지 않다고 답했다. 동성애자의 방송연예 활동에 대해 응답자의 26%는 문제가 있다고, 67%는 없다고 답변했다. 동성결혼 법제화에 대한 질문에 대해서는 찬성 35%, 반대 56%로 반대가 우세했지만, 19~29세 응답자의 62%는 찬성했다. 우리 사회에는 동성애에 관한 부정적인 인식이 만연하지만, 성적 다양성에 대해 보다 관용적인 젊은 세대의 입장을 고려했을 때, 시간이 지날수록 동성애에 대한 사회적 인정은 늘어날 수 있음을 조심스럽게 예측할 수 있다. 향후 성소수자에 대한 인식과 태도 개선이 이루어진다면 지금보다 더 많은 성소수자가 미디어에서 재현되고, 스테레오타입에 국한되지 않는 다양한 성소수자의 이미지가 나타날 수 있을 것이다.

둘째, 경제적 조건이다. 미국에서는 성소수자 시장·소비자·시청자 규모가 무시할 수 없을 정도로 성장하여 방송사, 기업, 광고주들이 성소수자를 타깃으로 하는 콘텐츠와 제품을 적극적으로 생산하고 있다. 미국의 퀴어문화축제나 LGBT영화제에는 버드와이저, AVIS 등 굴지의 대기업이 스폰서로 참여하는 경우가 많다. 아웃페스트OUTFEST라고 하는 성소수자 아트·미디어·엔터테인먼트 관련 행사를 주최하는 조직에는 HBO, AT&T뿐만 아니라 한국의 현대자동차도 스폰서로 참여하고 있다. 반면에 한국의 퀴어문화축제에는 구글, 러쉬 정도를 제외하고는 기업 스폰서 참여가 거의 없다. 이는 아직까지 한국의 성소수자가 소비자나 시장으로서의 가치를 평가받지 못했다는 뜻이기도 하다. 한국 성소수자들의 시장과 소비력이 무시할 수 없을 정도로 성장할 때 보다 긍정적인 미디어 재현이 가능해지는 조건으로 작용할 것이다.

셋째, 시청자들이 성소수자에 대한 보다 많은 재현, 긍정적 재현을 적극적으로 요구할 필요가 있다. 앞서 논의했듯이 성소수자를 적극적으로 다루는 프로그램이 방송될 경우 시청자들의 비난이 쇄도하는 경우가 많다. 하지만 이를 시청자 대부분이 성소수자 재현을 거부한다는 근거로 간주하면 안 된다. 갤럽 조사에서 나타났듯이 동성애자의 방송 활동에 대해 응답자의 67%는 문제가 없다고 답변했기 때문이다. 즉, 성소수자 재현을 반대하는 일부 시청자들이 주로 방송사나 언론사에 악성 민원을 넣는 경우가 많은데, 일반 시청자들도 보다 긍정적인 성소수자 재현을 적극적으로 방송사에 요구하고 성소수자에 대한 왜곡적 재현이 이루어질 경우 민원을 넣는 방식으로 대응한다면 미디어가 성소수자를 재현하는 방식에 변화를 가져올 수 있을 것이다.

한편 각 신문사의 독자권익위원회, 방송사의 시청자위원회에 성소수자 전문가를 위촉할 필요가 있다. 미디어 산업은 학계의 비판보다도 이들 위원회의 반응에 더 민감하기 때문이다. 예를 들어 KBS시청자위원회는 청년, 환경, 장애인, 여성, 인권 등 다양한 영역을 대표하는 위원으로 구성되어 있는데 성소수자를 대표할 수 있는 위원은 거의 없는 것으로 보인다. 예를 들어 성소수자 인권단체에 속한 전문가를 시청자위원회와 독자권익위원회 등에 위촉한다면 성소수자 커뮤니티의 의견을 대변하고, 왜곡적이고 고정관념을 재생산하는 콘텐츠에 시정을 요구함으로써 성소수자 관련 콘텐츠의 실질적 변화를 가져올 수 있을 것이다.

마지막으로, 성소수자 이슈에 관심이 있는 역량 있는 창작자들이 적극적으로 관련 콘텐츠를 만들어 주는 것이다. 〈인생은 아름다워〉가 게이를 고정 인물로 포함할 수 있었던 이유는 시청자들의 비난에도 불구하고 본인의 의지를 관철시킨 김수현 작가 덕분이다. 영화 〈아가씨〉가 여성 간의 사랑을 서사의 전면에 내세울 수 있었던 이유 또한 박찬욱 감독이 가진 역량 때문일 것이다. 최근 몇 년 동안 방송사에서 성소수자의 권리에 대해 진지하게 다루는 시사교양 프로그램들이 방송되었는데 제작자의 면면을 들여다보면 성소수자 인권문제에 대해 개인적으로 관심을 가진 경우가 많다. 내가 가르친 학생 중에도 대학 졸업 후 방송사나 신문사에 입사하여 성소수자 시선에서 그려진 드라마, 다큐멘터리를 만들고, 기사를 쓰겠다는 의지를 밝힌 경우도 있고, 실제로 그 의지가 반영된 일도 있었다. 성소수자 이슈에 관심이 있는 역량 있는 창작자가 많아질수록 더 다양한 성소수자의 이미지를 기대해 볼 수 있을 것이다.

주

1   Richardson, D.. "Constructing sexual citizenship: Theorizing sexual rights". *Critical Social Policy, 62*, 102~135. 2000.
2   Gerbner, G. & Gross, L.. "Living with television: The violence profile". *Journal of Communication, 26*, 172~199. 1976.
3   〈동성결혼, 동성애, 서울퀴어문화축제에 대한 인식〉, 한국갤럽 데일리 오피니언 제356호, 2019년 5월 30일.

영화에서 만나는 다양한 시선들

이대현 언론인, 영화평론가

영화는 이야기다. "인간은 이야기를 통해 세상의 모든 것을 이해한다"라고 철학자 사르트르Jean-Paul Sartre는 말했다. 그렇다면 영화는 세상을 이해하는 '창惑'인 셈이다. 영화는 자유로운 이야기의 재구성을 통해 과거를 불러내고, 현재를 이해하고, 미래를 상상한다. 모든 인간의 역사, 삶, 꿈이 그렇듯 그것을 이야기로 담는 영화 역시 다양성은 필연이다. 스스로 다양한 모습과 색깔을 가지고 인간과 세상과 시간을 비추고, 말을 걸고, 손을 내민다.

영화는 발견되는 것이 아니라 시대 속에서 만들어진다. 영화의 다양성 역시 삶의 변화와 충돌, 혼란으로부터 자유로울 수 없다. 그래서 영화의 다양성은 '누가, 무엇을 만드느냐'에서 출발한다. 만들어진 영화가 '언제, 어디서, 어떻게 유통되고, 소비되느냐'에도 다양성의 변수는 들어 있다. 다른 문화예술도 마찬가지이지만 영화도 보는 사람의 시각과 가치관, 감정에 따라 얼마든지 다르게 작용할 수 있다는 뜻이다. 영화의 다양성은 이 모든 것을 변수로 이야기해야 함은 두말할 필요가 없다.

영화, 무엇인가

영화는 ○○다

'영화가 무엇인가'는 영화에 따라, 사회문화적 관점에 따라 얼마든지 다르게 말할 수 있다.

- 영화는 가짜다. 영화는 활동사진으로 출발했지만 허구와 상상의 세계로 발전했다. 사실의 재현이나 기록도 있지만 그것들 역시 서사라는 양식, 선택(편집)과 과장(특수효과), 조작(연출)의 과정을 거치면서 허구와 뒤섞인다. 영화가 허구와 상상의 세계로 나아간 가장 큰 이유는 대중적 오락성 때문이다. 현실에서 불가능한 욕망을 영화는 실체가 아닌 영상언어의 환상(판타지)을 통해 대중에게 대리만족과 카타르시스를 제공한다. 미경험의 세계에 대한 가상의 체험. 이 신기루 같은 자극이야말로 영화의 강력한 무기다.

- 영화는 현실이자 미래다. 영화의 상상과 허구는 늘 현실을 발판으로 만들어지고, 현실로 내려온다. 귀신의 세계, 먼 미래의 세계조차 인간세상의 상식과 가치 안에서 상상된다. 영화가 현실을 보는 '창'인 이유다. 〈아바타Avatar〉와 〈인셉션Inception〉에서처럼 상상은 그것으로

끝나지 않고 언젠가는 현실이 된다.

- 영화는 재미다. 재미가 생명력이다. 그 재미는 단순히 자극적이고 감각적인 쾌락만이 아니다. 영화가 그것에만 집착하고 반복했다면 산업과 예술이 되지 못했을 것이다. 영화는 거기에서 한 걸음 더 나아가 감동의 희로애락, 발견의 즐거움, 깨달음, 보편적 가치의 확인, 경험의 대리, 추억의 현재화, 상상의 형상화 등 다양한 재미를 추구하면서 그에 맞는 그릇(장르)들을 만들어 낸다.

- 영화는 소통(커뮤니케이션)이다. 영화의 대중성은 과거, 소수의 특권이던 문화예술을 하나의 양식으로 통합하고, 이를 대중적으로 확장하는 것만으로 달성된 것이 아니다. 가장 보편적인 가치의 전달과 극장이란 공간, 시공간을 초월한 동시성과 반복성, 다양한 표현요소의 구사로 '소통'을 극대화한다. 그래서 극장은 단순히 영화를 더 웅장하고 실감나게 보는 물리적 공간의 의미를 넘어선다. 일종의 '광장'이다. 영화는 그곳에서 서사와 영상, 카메라의 시선과 스타(배우)로 관객들을 은밀히 유혹하면서 메시지의 설득력과 공감을 높인다. 영화가 상영되기 직전 극장의 조명이 꺼지는 순간을 하나의 '의식儀式'처럼 생각하는 사람도 있다. 같은 영화를 한 장소에서 함께 본다는 것은 영화와 끝없이 대화하는 동시에 무언의 소통

과 공유의식을 갖게 한다. 영화는 이러한 소통을 통해 실체는 존재하지 않는 권력이 되기도 한다.

• 그래서 영화는 정치다. 정치와 닮았고, 정치적 속성을 함유하고 있다. 영화는 보다 광범위한 문화적 재현 체계 중 한 부분으로서 사회현실을 특정한 방향으로 형성하게 하는 심리적인 성향이나 사회제도들을 유지시켜 주면서 이세계가 무엇이고 또 무엇이어야 하는가에 대한 상식적인 감각을 만들어 낸다.[1] 이때 재현은 단순히 현실의 재현이 아닌 영화가 의도하는 방향으로 재구성되며, 그것에 의해 영화는 정치적이 된다고[2] 할 수 있다. 갱 영화, 조폭 영화에서 보듯 영화 속의 갈등은 권력투쟁, 정치적 목표와 동일하다.

이처럼 영화는 진실은 허구로, 허구는 사실처럼 만들어 일정한 메시지나 정치적 이미지를 인간의 의식과 행동을 통해 재현할 수 있다. 사회주의 국가의 영화, '성조기'와 '자유'로 상징되는 미국 할리우드 영화, 한국에서 빈번히 등장하는 정치영화 등이 그렇듯이 그 이미지를 통해 정치적 가치를 합리화·정당화할 수 있는 도구로 활용할 수 있다.

한국 영화의 정치성[3]

▲ 〈변호인〉(좌), 〈국제시장〉(우)

상상과 허구이지만 현실에 대한 거울로서 영화에는 '정치성'이 담길 수 밖에 없다. 영화는 그 정치성의 예술적 표현을 통해 관객들로 하여금 현실의 문제점을 인식하게 하고, 보다 바람직한 미래를 꿈꾸게 한다. 그러나 최근의 한국 영화는 예술적 완성도나 리얼리티를 위한 요소로서 '정치성'이 아닌 '정치적 의도'를 목적으로 제작되는 경향이 강하다. 영화 스스로 문화 권력을 확장하고 우리 사회의 진영 논리와 이념적 대립을 상업적으로 이용하기 위해 시대 분위기와 권력 교체에 영합하는 작품들이 많다.

보수 정권에서 이순신과 맥아더가 부활하는가 하면(〈명량〉, 〈인천상륙작전〉), 문재인 정권의 출범에 맞춰 노무현 전 대통령이 스크린을 통해 살아 돌아온다(〈노무현입니다〉). 2012년부터 최근까지 정치적 해석과 논란을 불러일으킨 작품으로는 〈군함도〉, 〈인천상륙작전〉, 〈명량〉, 〈변호인〉, 〈내부자들〉, 〈암살〉, 〈군도: 민란의 시대〉, 〈국제시장〉, 〈택시운전사〉, 〈연평해전〉, 〈1987〉, 〈아들의 이름으로〉 등을 꼽을 수 있다.

이런 영화들은 역사적 사실이나 인물을 재인식하고 재평가한다는 긍정적인 측면도 있다. 그러나 여기에는 시대적 분위기와 관객들의 심리와 정서에 영합해 정치성향이 강한 소재, 색깔을 담음으로써 상업적 성공과 함께 문화적 · 정치적 영향력까지 얻으려는 계산도 깔려 있음을 부인할 수 없다. 노골적인 정치색을 가진 영화가 가진 문제점은 관객들로 하여금 오락과 문화적 경험으로서 영화에 대한 감동이나 공감보다는 영화까지도 하나의 정치적 의사표현이나 동의의 수단으로 여기게 만든다는 것이다.

물론 이 같은 현상을 초래한 일차적 책임은 기득권 경쟁을 위해 노골적인 편 가르기와 정치색을 드러내면서 그것을 상업적 이익의 수단으로 삼으려는 영화생산자(기획자, 제작자, 감독)에게 있다고 할 수 있다. 또한 그들과 동조하고 협력해 영화를 정치적 선전과 헤게모니 확장의 수단으로 삼으려는 권력집단에게도 책임이 있다.

영화는 '뻔하다'?

하늘 아래 새로운 이야기는 없다. 사람 사는 것은 언제나, 사는 곳은 어디나 같다는 말도 된다. 시대와 장소를 떠나 인간이 추구하는 보편적 가치는 변하지 않는다는 의미도 된다. 그래서 영화가 아무리 오락이고, 재미이고, 상상의 산물이라고 해도 현실에서 벗어나 마음껏 재주를 부리다가도 다시 인간과 세상으로 내려와야 한다. 이런 서사와 형식의 반복 속에서 영화는 상상력과 통찰력을 제공하고, 영상언어 예술로서의 장점을 살려야 한다.

사실 모든 영화는 뻔하다. 다만 '뻔하다'가 상투적이라는 의미일 때는 부정적이지만, 원형적이라는 의미일 때는 긍정적이다. '상투적'은 이야기가 협소하고, 특수한 문화적 경험으로 제한하면서 낡고 몰개성적인 것을 일반성으로 포장하는 표현이다. 당연히 내용과 형식이 빈곤하다. 아류작, 모방작들이 그렇다. 반면 '원형적'은 현실의 구체성에서 보편적인 인간 경험을 도출한 후 여기에 개성적이고 독특한 문화적 특성을 담은 표현이다. 이는 인문학적 지식과 감성을 자극하며 우리 자신의 인간성을 발견하게 만든다.

마크 트웨인Mark Twain의 『왕자와 거지The Prince and the Pauper』, 일본 영화 〈카케무샤影武者〉의 인물, 서사구도가 떠오르는 〈광해, 왕이 된 남자〉가 1,200만여 명의 관객을 동원하며 대성공을 거둔 이유를 한번 생각해 보자. 이 영화는 역사적 사실과는 거리가 먼, 광해군의 15일간의 행적을 상상의 나래를 마음껏 펴서 독특하게 그려내면서도, 현실적 구체성을 통해 진심으로 백성과 소통하고 아픔을 나눌 줄 아는 눈과 마음을 가진 지도자의 모습을 보여주었다. 바람직한, 국민이 원하는 지도자의 모습을 그린 영화는 그전에도 많았지만 새로운 느낌으로 다가오게 했다.

영화 다양성

영화 다양성, 왜 필요한가

영화는 표현의 문화예술이다. 표현의 생명은 자유와 개성이고, 예술은 자유롭고 개성적인 표현으로 다양성을 가질 수 있다. 영화는 또한 산업이기 때문에 유통과 소비에 의해 다양성을 확보할 수 있지만 단순한 공산품이 아니라는 점에서 보다 복합적이다.

영화는 사람들에게 다양한 가치와 현실 인식, 상상력을 제공하며 이를 통해 삶을 더 풍요롭고 즐겁게 해준다. 영화 다양성은 곧 삶의 다양성이고 문화의 다양성이다. 문화 다양성은 '좋다'와 '싫다', '높다'와 '낮다'의 구분이 아니라 '익숙하지 않다'와 '다르다'다. 그 경계를 단단히 하는 것도, 허무는 것도 문화적 취향이다. 다양한 영화만큼이나 다양한 소비자, 영화를 다양하게 받아들일 수 있는 소비 다양성도 필요하다.

문화를 즐기는 능력인 문화적 취향의 확대는 지식과 교양, 생각과 가치관을 넓고 깊게 만들고 인간과 세상에 대한 깊이 있는 탐구와 시선을 가지게 한다. 한 장르만 고집하는 사람은 다른 장르의 영화가 가진 아름다움과 즐거움을 결코 누릴 수 없다. 스스로 취향의 벽을 깨뜨릴 때 다양한 색깔의 영화가 보이고, 영화는 내 것이 된다. 정파성에 빠져 영화까지 지나치게 정치적으로 해석하고 판단하는 것도 취향의 확대를 가로막는 장애물이 될 수 있다. 편견이나 편향을 허물고 가슴과 눈을 열어야, 만날 수 있는 영화도 느낄 수 있는 영화도 다양해진다.

영화 다양성, 돈과 기술?

영화는 고비용 예술이다. 비용에 따른 수익이 없으면 장기적인 연속성을 갖지 못한다. 작가주의 감독이 흥행과 상관없이 오로지 자신의 예술 세계를 표현하기 위해 만들더라도 그것이 반복·확대되려면 가능한 한 많은 사람들이 찾아야 한다.

영화생산의 다양성에서 또 하나의 조건은 다양한 자본에 있다. 지나치게 흥행만을 좇는 자본은 모험을 꺼린다. 다행스러운 것은 영화자본이 갈수록 대기업에만 집중되지 않고 다양한 투자펀드로 분산되고 있다는 점이다. 이 같은 변화는 비슷한 것의 반복에서 오는 수익 다변화의 감소를 경험한 영화투자자와 생산자들의 의식이 바뀐 탓도 있지만 제작환경과 기술혁신, 유통 혁신, 다양성을 보다 폭넓게 수용하려는 소비자(관객) 등 복합적인 요인이 작용하고 있다.

영화가 흥행예술이란 점에서, 고비용 산업이란 점에서 생산의 다양성에는 한계가 있을 수밖에 없다. 영화제작에서 수익을 염두에 두고 상업 영화에 지나치게 편중하는 것은 문화 편식을 심화시킨다. 그래서 이를 막기 위해 공공자본이 투자되기도 한다. 정부나 지자체가 독립영화, 저예산 영화, 예술영화 등에 제작과 유통을 지원하는 것도 영화 다양성에 도움이 된다.

그러나 그것으로는 한계가 있다. 무엇보다 영화제작의 엄청난 변화와 다양성에 기폭제가 된 것은 디지털 기술혁명이다. 영화는 테크놀로지의 산물이기 때문에 끝없이 새로운 기술과의 결합은 과거에는 불가능했던 소재와 이야기의 표현을 가능하게 만들었다. 값비싼 필름 대신 디지털 영사기를 사용하면서 제작비용도 낮추었다. 이제는 스마트폰이 영사기를 대신해도 손색이 없다. 블록버스터는 여전히 메이저 영화사들의 몫이지만, 흥행 부담이 적은 저예산 예술영화들이 수많은 프로덕션에서 제작되고 있다. 그 자본도 과거에는 영화산업에서 주로 나왔지만, 지금은 경계를 허물고 시장과 사업의 다각화를 노린 다른 산업자본이 들어오면서 영화 생산의 양적 규모나 다양화를 더욱 촉진시키고 있다.

또 다른 기폭제는 글로벌화와 차별화다. 할리우드 영화는 미국의 투자사와 영화사, 한국 영화는 한국의 투자사와 제작사가 만들고 특정 지역에 배급·상영한다는 상식이 깨졌다. 반대로 모든 영화가 모든 지역과 나라에서 소비되어야 한다는 강박도 사라졌다. 디지털 혁명에 의한 영화제작의 다양화는 유통(배급과 상영)의 다양화와 맞물려 있다. 제작이 유통을, 유통이 제작을 변화시키고, 영화 형식까지 새롭게 만들어 '영화는 극장에서 보는 것'이란 생각을 허물었다. 영화 플랫폼인 OTT Over-the-top media service, 온라인 동영상 서비스의 등장은 영화 소비를 집단에서 개인으로, 일방적에서 선택적으로 바꾸었고, 작은 영화의 단발성을 시공간을 초월한 반복성으로 바꾸었다. 특히 코로나19 팬데믹으로 물리적 거리두기가 불가피한 상황에서 안전한 영화 소비의 창구가 되었다.

이전에도 영화상영의 다양성에 대한 시도가 없었던 것은 아니다. 한국의 경우, 1990년대 작은 극장들이 예술영화와 제3세계 영화에 목마른 관객들을 위해 유럽 영화들을 가져와 상영해 작은 성공을 거두기도 했다. 그러나 마케팅과 배급 등에서 기존 상업영화와의 차별화를 하지 않은 데다 얇은 관객층으로 인해 지속성을 유지하지 못했다.

그 뒤를 이은 것이 1996년 부산을 시작으로 우후죽순 생겨난 국제영화제다. 국내에서 열리고 있는 많은 영화제들이 지자체의 과시와 홍보수단, 지나친 소비성 축제라는 비판을 받고 있지만 적어도 영화상영의 다양성에서 어느 정도는 긍정적인 역할을 해온 측면은 있다.[4] 그럼에도 세계 각국에서 제작한 수백 편의 영화가 영화제에서 한꺼번에 상영되고, 수십만 영화팬들이 몰려들지만,[5] 영화제가 영화상영의 다양성에 실질적으로 기여했느냐에 대한 의문은 여전히 남는다. 대부분의 작품들이 영화제 기간에만 상영되는 '일회성'에 그치고 있으며, 영화제 이후 일부 인기 작품이 극장에서 개봉하지만 대부분은 찾는 관객이 없기 때문이다.

OTT의 힘

급성장하고 있는 OTT는 이 모든 한계를 뛰어넘어 영화 유통과 상영의 새로운 시대를 열고 있다. 경제성, 편리성, 반복성, 개별성, 탈지역성으로 어떤 영화도 원하는 때에 누구나, 값싸게 감상할 수 있는 환경을 만들어 가고 있다. 이제 관객은 개봉작을 보기 위해 극장을 찾지 않아도 되고, 파일로 작품을 소장할 필요도 없고, 제작사는 배급사와 극장의 눈치를 보며 영화를 만들 필요도 없어졌다. 봉준호 감독의 〈옥자〉가 넷플릭스로 개봉하자 극장들이 보였던 반발과 OTT가 제작·상영하는 영화에 대한 칸영화제의 거부감도 지나간 해프닝이 되었다.

〈국제시장〉의 윤제균 감독은 "OTT가 다방면에 영향을 미치고 있다. 자연적인 흐름이든, 어쩔 수 없는 선택이든 OTT에 의한 유통방식이 시장과 소비의 변화를 넘어 제작과 장르, 포맷까지 변화를 가져오고 있다. 단순히 극장용 2시간짜리가 아니라 쇼트short폼의 영화들, 즉 짧게는 30분짜리 20개, 1시간짜리 10개의 영화도 가능해졌다"[6]라고 말한다.

이뿐만이 아니다. 봉준호 감독의 〈기생충〉이 세계적으로 관심을 얻은 것은 작품의 완성도, 신자유주의가 가져온 빈부격차의 문제란 글로벌 주제 때문이기도 하지만, OTT의 역할도 부정할 수 없다. 넷플릭스가 들어오고, 플랫폼이 다양화되면서 한국 영화 역시 글로벌 시장으로 나가는 것이 쉬워졌고, 언어의 장벽도 낮아졌으며, 한국배우에 대한 관심과 평가도 달라지고 있다. 배우 윤여정이 〈미나리〉로 한국배우로는 최초로 아카데미 여우조연상을 수상할 수 있었던 것도 이런 변화와 무관하지 않다.

코로나19 팬데믹의 장기화로 온라인에서의 영화 상영과 관람이 확대되면 당연히 극장의 역할과 거대 자본의 극장용 영화에서 다양성이 위축될 것이란 우려도 있다. 이에 대해 17년 만에 〈태극기 휘날리며〉를 극장에서 재상영하는 자리에서 강제규 감독은 반대 의견을 나타냈다. 영화는 유통도 중요하지만 콘텐츠이기 때문에 코로나19가 수그러들면 극장은 다시 부활한다는 것이다. 봉준호 감독 역시 과거 〈아바타〉가 나왔을 때 앞으로 모든 영화가 3D로 갈 것이라고 했지만 그러지 않았다면서 모든 영화가 OTT로 가지는 않을 것이라고 확신하고 있다.

그렇다면 극장과 OTT는 제로섬 게임이 아닌 플러스 게임이 된다는 이야기다. 윤제균 감독은 코로나19 팬데믹이란 상황을 떠나 OTT가 영화감상에 필요한 개인의 사적 사유 공간으로 자리 잡아 영화의 소비와 다양성을 촉진시킬 것이라고 했다. 실제로 OTT가 영화의 소비패턴 이분화와 시장의 확대를 가져오고 있는 것은 사실이다. 세계 모든 작은 영화들이 OTT로 들어오고 있다.

극장과 VOD에서 사라진 영화를 볼 수 없는 시대는 지나갔다. 특정 장르, 소재, 국가의 영화를 찾기 위해 힘들게 이 사이트, 저 사이트를 검색하지 않아도 된다. 심지어 플랫폼의 알고리즘은 내가 좋아하고 자주 보는 장르, 주제, 소재, 국가, 감독, 배우의 영화를 밥상처럼 차려준다. 집어 먹기만 하면 된다.

모든 영화가 홍보와 지명도를 위해 극장에 며칠이라도 상영하고 온라인으로 넘어가야 할 이유도 없다. 가상공간의 극장인 OTT에 이미 수억 명의 관객이 기다리고 있기 때문이다. 넷플릭스 가입자가 2억 4,000만 명이고, 디즈니플러스의 스트리밍 동영상 가입자도 시작한 지 불과 1년 4개월 만인 2021년 3월에, 그것도 겨우 59개 국가에만 서비스를 하고 있는 시점에서 1억 명에 달했다.

선택만 남았다. 내가 좋아하는 영화들만 볼 것인가, 아니면 알고리즘에 의존하지 않고 시선을 넓혀 다양한 다른 영화들도 볼 것인가. 영화를 '어떻게' 볼 것인가. 영화에서 '무엇'을 만날 것인가.

영화, 어떻게 볼 것인가

모든 문화예술 창작품이 그렇듯, 영화도 그것을 소비하는 관객에 따라 의미와 가치는 제각각이다. 같은 영화에서 다른 것을 발견하기도 하고, 다른 영화에서 같은 것을 확인하기도 한다. '재미있다'와 '재미없다'도 마찬가지다. 영화란 각자의 시선으로 보는 것이며, 그 시선에 의해 영화는 '나만의 것'이 된다. 물론 영화는 형식적 관습, 이를테면 내러티브의 종결, 이미지의 연속성, 비성찰적인 카메라, 등장인물의 고정된 정체성, 중심화면 잡기, 프레임의 균형, 사실적인 명료함 등을 통해 감독이 의도하는 방향으로 구성된다. 그러나 그것을 따라갈 이유는 없다.

　작가들이 소설 후기에 자주 쓰는 말이 있다. "이제 이 작품은 독자 여러분의 것입니다." 영화감독 역시 이 말을 자주한다. 봉준호 감독은 "영화는 보는 사람이 마음대로 해석해도 좋다"라고 했고, 정이삭 감독은 "내 영화는 언제나 열려 있는 '식탁'이므로 누구든 언제라도 맛있게 음식을 먹으면 좋겠다"라고 했다. 내가 어떻게, 어떤 시선으로 영화를 보느냐에 좋은 영화, 재미있는 영화, 의미 있는 영화, 새로운 영화가 된다는 것이다. 영화의 의도, 가치, 이미지, 상상력을 무조건 따라가지 말고 나의 경험과 시각으로 영화 속의 다양한 코드들을 찾을 때 같은 영화라도 다양하게 읽을 수 있고, 다른 색깔로 받아들일 수 있다.

세 개의 시선

　영화에는 세 개의 눈이 있다. 하나는 카메라이고, 다른 하나는 배우이며, 마지막 하나는 관객인 '나'다. 영화는 세계와 유사한 시각적 경험을 제공하는 것처럼 보인다. 그러나 우리의 시각과 마찬가지로 영화의 시각도 항상 의도적이다. 볼 것을 선택하고, 본 것에 의미를 결정하는 일에 관심을 둔다는 점에서 그렇다. 관객 역시 영화적 시각을 자신의 시각처럼 착각하면서 영화의 이미지들을 신뢰하고 당연하게 받아들이려 한다.

　영화의 시각인 카메라는 감독의 눈이다. 감독은 자신이 보여주려는 것에 카메라를 일치시키고, 가까이 가져가고, 다양한 워크(롱테이크, 핸드헬드, 점프컷 등)로 대상에 이미지와 정서를 부여한다. 이를 통해 감독은 특정 입장이나 시점을 강요하고, 영화적인 인위성의 기호들을 감추면서 관객을 감독과 같은 입장에 가두어 두려 한다.

전쟁영화를 한번 보자. 대부분의 전쟁영화에서 카메라는 감독이 자기 편으로 설정한 쪽의 눈이 되고, 그들이 가진 무기의 눈이 되어 상대편을 응시하고 공격한다. 카메라 시선을 따라가면 영화에서 적은 관객의 적이 되고, 관객은 자신도 모르게 감독과 하나가 된다. 카메라가 무시하고 흘려버리는 것은 같이 흘려버린다. 영화 〈덩케르크Dunkirk〉에서는 아예 무기가 카메라의 눈이 되어 하늘을 날아다니며 적을 공격한다. 하지만 카메라의 눈만 무작정 쫓다가는 영화의 다양한 기호나 요소들이 가진 의미와 감동을 놓쳐버린다. 영화적 시각을 투명한 것으로 생각해 그것을 통해서만 보려고 하기 때문이다.

배우의 시선은 어떨까. 절대 관객을 향하지 않는다. 카메라(감독)와도 좀처럼 눈을 마주치지 않는다. 카메라나 스크린을 보고 있는 관객을 향할 때는 그 시선이 영화 속의 한 공간이나 다른 배우라는 것을 바로 다음 컷에서 재빨리 보여준다. 배우가 카메라의 눈을 그대로 따라가고 있는 관객에게 시선을 두는 순간 관객의 공간이 인지되고, 관객 역시 자신의 위치를 알아채 허구성이 파괴되기 때문이다.

배우의 이 같은 시선두기는 영화의 환영주의를 지키기 위한

그에게는 내가 적이다
〈아버지의 깃발〉 vs 〈이오지마에서 온 편지〉

▲ 〈아버지의 깃발〉(좌), 〈이오지마에서 온 편지〉(우)

배우 출신 감독인 클린트 이스트우드Clint Eastwood가 2007년에 같은 장소에서 카메라만 정반대로 돌려 찍은 두 편의 전쟁영화다. 1945년 2월, 우리에게는 유황도로 익숙한 남태평양의 작은 섬, 이오지마에서 일본군과 미군이 벌인 최초의 전투상황을 그렸다. 35일 동안 계속된 사투에서 미군은 7만 명 중 6,800여 명이 전사하고 2만여 명이 부상을 당했으며, 일본군은 2만 2,000명 가운데 불과 1,000여 명만 살아남고 모두 전사했다.

〈아버지의 깃발 Flags Of Our Fathers〉에서 카메라는 고집스럽게 미군 진지에서 미군의 눈이 되고, 〈이오지마에서 온 편지 Letters From Iwo Jima〉에서는 끝까지 일본군 진지에서 일본군의 눈이 된다. 이렇게 시선만 돌리면 전장에서 아군과 적군, 선과 악은 뒤바뀐다. 이를 통해 감독은 적군과 아군 모두 똑같은 인간으로, 삶과 죽음, 가족에 대한 사랑, 공포와 비극의 무게는 같다는 사실, 전쟁은 피아를 구별하지 않는다는 사실을 강조한다.

것이다. 환영주의는 영화가 사건과 인물은 물론 그것을 보는 방식이 현실과 다를 수 있다는 사실에 관객이 주목하지 않도록 유도하고, 눈에 보이는 이미지들이 진실이라고 믿고 싶어 하는 마음에 가장 호소력 있는 조건(허구)을 창출해 자신의 현존을 잊은 채 거기에 빠져들게 하는 지각적인 만족감을 준다.[7]

마지막으로 영화에는 '나'의 시선이 있다. 일반적으로 '나'의 시선은 다른 사람(감독)의 시각과 결합된 기계(카메라)의 시선을 따라가려 한다. 그 수동적 참여가 나로 하여금 영화에 빠져들기 쉽게 하고, 나를 편하고 즐겁게 만들기 때문이다. 그러나 그것으로 영화는 내 것이 될 수 없다. 감독의 것으로 남는다.

'나'의 시선으로 영화 보기

영화를 내 것으로 만들려면 나만의 시선을 가져야 한다. 취향에 집착하고, 정서적 스키마schema로 익숙한 것만 받아들이고 보려 하면 나의 시선은 점점 좁아지고 단조로워진다. 시선을 다양하게 가지려면 '마음의 창'부터 활짝 열어야 한다. 섬세한 감성과 날카로운 눈으로 낯설고 어색한 것에서 보편성과 동질성을 발견할 때 영화는 또 다른 옷을 입는다. 누군가에게는 카타르시스가 나에게는 깨달음이 된다.

2010년, 국내 최초로 순수 베트남 기술과 감독, 배우로 만든 상업 영화 〈하얀 아오자이Áo lua HàDông〉가 우여곡절 끝에 개봉했다. 그러나 완성도와 기술 수준이 떨어진다면서, 베트남 영화까지 봐야 하느냐며 관객들은 외면했다. 베트남에서는 당시 최다인 50만 명이 보고 눈물을 흘렸고 부산국제영화제에 초청되어 관객상까지 수상했지만, 상영 일주일도 안 돼 극장에서 사라지면서 겨우 6,000여 명이 보는 데 그쳤다.

1950년대 역사의 소용돌이 속에서 한 가족의 비극과 희망, 어머니의 헌신적인 자식 사랑을 감동적으로 그린 이 영화는 막연하게 생각했던 그들에게서 우리의 역사와 삶에 대한 동질성을 발견하게 해주었다. 이 영화에서 봐야 할 것은 '기술'이 아니라 '세상'이었다. 다문화와 문화 다양성이란 "다양한 문화를 받아들이고 이해하고 즐기면서 우리 문화와의 공유점을 찾아내고, 우리와 다른 정서와 정신의 장점들을 그들로 하여금 살리게 하는 것"[8]이기 때문이다.

편견과 선입견을 깨고 나의 시선을 다양하게 가지면 세상에 나쁜 영화는 없다. 아무리 상투적인 영화라도 그 속에는 아름답거나, 선하거나, 새롭거나, 따뜻한 풍경 하나쯤은 있다. 그것을 발견해 나의 지식과 감정으로 확장한다면 나에게는 좋은 영화가 된다. 적의 눈으로도 세상을 보면 〈글래디에이터 Gladiator〉에서 전쟁영웅 막시무스를 죽이려는 코모두스를 조금은 이해할 수 있으며, 이러한 사유와 탐구를 통해 영화는 '뻔한' 복수극이 아닌 역사가 된다.

"하나의 영화에는 하나의 이야기만 있고, 영화가 제시하는 길을 따라 그 이야기에 도달해야 한다"라고 한다면, 그 하나의 영화는 누구에게나 같은 영화다. 그러나 그 영화를 통해 가려는 목적지는 같을지라도 길은 얼마든지 다를 수 있다. 영화 다양성은 그 길에 있다. 이란의 아바스 키아로스타미Abbas Kiarostami 감독은 일찍이 영화 〈바람이 우리를 데려다 주리라Bad ma ra khahad bord〉에서 주인공인 방송국 PD와 시골 소년의 대화로 그것을 확인시켜 준다.

"학교는 어디로 가니?"
"이쪽이랑 저쪽이요."
"학교가 두 군데냐?"
"아뇨, 학교 가는 길이 둘이에요."

어떤 곳을 가는 길은 하나가 아니다. 길이 둘이면 목적지도 둘이어야 하는 것도 아니다. 모든 일에는 하나의 정답만 있지 않으며, 인생에도 영화에도 여러 가지 길이 있다. 그래서 삶도, 영화도, 그 영화를 보는 사람의 마음도 다양한 것이다. 그러니 내가 가고 싶은 길로 가고, 내가 보고 싶은 눈으로 보자. 그것이 좀 더 고달프고, 다른 사람들이 이상하게 생각할지라도, 그 속에 나만이 만날 수 있는 것들이 있으니까.

그렇다고 모든 영화에 나만의 시선을 고집하라는 것은 아니다. 그것은 또 다른 '획일'이고, '강박'이다. 이른바 '대박' 영화일수록 그렇다. 관객은 바보가 아니다. 1,000만 명이 넘는 사람들이 보고 공감하는 데는 분명 특별한 이유가 있다. 그것이 단순한 오락일 수도 있지만 그 안에 사회적·심리적 요인이 숨어 있다. 그것을 현실과 연결시킬 때 영화는 세상으로 걸어 나오고, 나와 눈을 맞춘다.

영화는 날카롭고 거침없는 눈으로 세상의 모순과 비인간성을 풍자·비판하고(〈내부자들〉, 〈부러진 화살〉), 역사에서 시대가 원하는 지도자상을 찾아보며(〈광해: 왕이 된 남자〉, 〈명량〉), 나아가 세상을 바꾸기도 한다(〈와즈다 Wadjda〉, 〈암흑가의 두 사람 Deux hommes dans la ville〉).

영화에 담긴 사회적인 시선은 때론 개인의 삶을 조명한다. 아내나 여성이 아닌 한 인간으로서의 존재 가치를 고민하고(〈더 와이프 The Wife〉, 〈82년생 김지영〉), 소외된 노인의 우울한 삶에 눈을 돌리며(〈더 파더 The Father〉, 〈그대를 사랑합니다〉), 죽음 앞에 선 인간의 선택을 통해 삶의 가치를 생각한다(〈버킷리스트 The Bucket List〉, 〈원더풀 라이프 ワンダフルライフ〉).

그렇다고 영화가 현실적인 관점으로만 세상을 바라보지는 않는다. 또 하나의 '나'라는 존재를 통해 정체성의 의미를 묻고(〈아바타 Avatar〉, 〈아일랜드 The Island〉), 인간이 아닌 존재와의 갈등을 통해 인간의 조건을 새롭게 바라보며(〈바이센테니얼 맨 Bicentennial Man〉, 〈혹성탈출 Planet of the Apes〉), 인간의 가장 원초적인 욕망을 판타지로 펼쳐 보인다(〈소림축구 少林足球〉, '해리포터 Harry Potter 시리즈').

영화는 서로 다른 시선으로 상상과 세상을, 우리는 서로 다른 눈과 가슴으로 영화를 만난다. 거기에서 다양한 민족과 역사, 삶과 사회, 문화와 정신, 믿음과 선의 같음과 다름을 발견한다. 그 느낌들은 '나'와 '너'와 '우리'의 삶과 자연스럽게 연결된다.

무수히 많은 영화들, 다양한 소재와 이야기들이 제각각의 모습으로 가고자 하는 곳은 '하나'다. 보다 나은 인간세상을 향한 꿈. 그것을 위해 영화는 '인간의 보편적 가치들과 경험들'을 결코 버리지 않는다. 선, 사랑, 우정, 가족, 공동체, 나눔, 죽음, 영혼, 꿈을 위해 다양한 사람들과 삶을 이야기하고 시공간을 넘어 문화와 역사와 종교 속으로 들어간다. 그리고 나만의 가치가 아닌 타인, 인간을 넘어 동물과 자연과 미지의 생명체의 생각과 마음까지 함께 공감하기를 원한다.

이렇듯 영화로 만날 수 있는 세상은 영화의 숫자만큼이나 많고, 그 영화들 속에서 내가 선택하는 길만큼이나 여러 갈래다. 그 다양성이 곧 세상과 인간의 다양성이기도 하니까.

주

1   마이클 라이언(Michael Ryan)·더글러스 켈너(Douglas Kellner), 백문임·조만영 옮김, 『카메라 폴리티카: 현대 할리우드 영화의 정치학과 이데올로기(Camera Politica: The Politics and Ideology of Contemporary Hollywood Film)』, 시각과 언어, 1996.

2   박종성, 『정치와 영화』, 인간사랑, 1999.

3   이대현, 「한국신문 영화보도 담론의 정파성에 관한 연구」, 박사학위논문, 국민대학교, 2019.

4   이대현, 『열일곱, 영화로 세상을 보다』, 다할미디어, 2010.

5   부산국제영화제 측의 통계에 의하면 제1회(1996년)부터 코로나19 팬데믹이 있기 전인 제24회(2020년)까지 매년 16만 5,000여 명에서 22만 7,000여 명의 관객이 영화를 관람했다.

6   「대산초대석: 서로 화합하고 모두 행복해 하는 이념영화를 만들고 싶다」, 《대산문화》 2021년 여름호(제80호).

7   토머스 소벅(Thomas Sobchack)·비비언 소벅(Vivian Sobchack), 주창규 외 옮김, 『영화란 무엇인가(An Introduction to Film)』, 거름, 1998.

8   이대현, 『우리에게 시네마천국은 없다』, 다할미디어, 2010.

#말하다

차별의 경계에 선 언어

한국어에 숨은 가장 일상적인 차별

신지영 고려대학교 국어국문학과 교수

우리 사회에는 아직도 다양한 차별이 존재한다. 성차별, 장애인 차별, 학력 차별, 외모 차별, 인종 차별, 연령 차별, 외국인 차별, 지역 차별 등등 다양한 차별들을 우리는 쉽게 떠올릴 수 있다. 이 중에서 우리 사회에 가장 일상적이고 가장 널리 퍼져 있는 차별은 무엇일까?

이 차별은 우리에게 너무나도 일상적이어서 차별이라는 의식조차 하기 어려울 만큼 무감각하다는 특징이 있다. 이 차별은 누구나 경험하는 차별이지만 너무나도 당연시되는 바람에 차별이라는 의식을 갖기가 어렵다. 매일매일의 언어 사용으로 인해 차별이 강화되는 특징이 있고, 매일매일의 사용이 차별에 대한 감수성을 무디게 만든다. 그래서 사실은 가장 무서운 차별이다. 더 무서운 점은 시간이 지날수록 누구나 더 큰 기득권을 가지게 되기 때문에 사라지기가 정말 어려운 차별이라는 것이다. 그래서 더욱 주목해야 하는 차별이기도 하다.

바로 '연령 차별'이다.

국어학자로서 연령 차별에 주목한 이유는 이 차별이 바로 한국어와 깊은 관련이 있기 때문이다. 우리 사회에 존재하는 이 차별은 언어에 의해 만들어지고 굳어지고 일상화되어서 문제의식을 갖기 매우 어렵다. 그래서 매 순간 자각하지 않으면 한국어 사용자들은 누구나 쉽게 연령 차별주의자가 되어 버린다.

어떤 사람은 이러한 생각이 너무나 지나치고 과격하다고 할 수도 있다. 하지만 잘 생각해 보면 나이가 많은 사람이 윗사람이고 높은 사람이고 손윗사람일 이유도, 나이가 적은 사람이 아랫사람이고 낮은 사람이고 손아랫사람일 이유도 없다. 더욱이 우리 사회는 사람에는 위아래나 높고 낮음이 존재하지 않는다는 평등을 최고의 가치로 두고 있으며, 그래서 불평등과 차별에 맞서야 하며, 평등을 실현하기 위해 힘써야 한다고 배우고 가르친다. 그런데 우리의 언어는 우리를 의도하지 않은, 이른바 '선량한' 연령 차별주의자로 만들고 있다. 언어를 통해 연령 차별을 당연한 것으로 받아들이게 하고 언어 사용을 통해 연령 차별 의식을 강화하고 있기 때문이다.

이러한 문제의식을 확인하기 위해 먼저 '나이'와 관련된 몇 가지 장면들을 살펴보면서 우리가 지니고 있는 연령에 대한 생각을 톺아볼 것이다. 그리고 이러한 우리의 생각과 행동이 언어를 통해 어떻게 드러나고 강화되는지 알아보려 한다. 특히 언어 속에 드러나는 연령 차별과 연령 권력이 존재하는 방식, 그리고 연령 권력에 의해 벌어지는 다양한 문제들에 대해 이야기를 풀어갈 것이다. 아울러 연령 차별이 말에 의해 얼마나 공고히 우리 의식을 지배하고 있는지에 대해서도 생각해 보겠다. 그럼 우선 나이와 관련된 네 가지 풍경을 만나보자.

나이와 관련된 네 가지 풍경

풍경 1: '나이', 왜 이름만큼 중요한가?

몇 년 전 일이다. 옥스퍼드대학교 교수님과 함께 한영, 영한 번역 워크숍을 기획하여 교육부의 지원을 받게 되었다. 번역에 관심을 가진 학생들을 선발해서 번역과 관련한 연구를 진행한 후에 옥스퍼드를 방문하여 옥스퍼드대학생들과 함께 워크숍을 진행하는 과제였다.

두 학교의 학생들이 처음 만난 자리에서 있었던 일이다. 우리 학교 학생들이 먼저 돌아가며 자기소개를 하는데 한 학생이, 자신의 이름과 함께 나이를 밝히면서 함께 온 학생 중에서 가장 나이가 어리다고 소개하기 시작했다. 그 학생의 자기소개를 듣는데 갑자기 너무나 익숙했던 장면이 너무나 낯설어지는 경험을 하게 되었다. 그러고 보니 이 학생만이 아니었다. 앞서 자기를 소개한 학생들도 모두 자신의 나이나 학년을 말했던 것 같았다. 이 학생의 자기소개가 유독 더 귀에 들어온 이유는 아마도 자신의 나이와 함께 자신이 '막내'임을 강조했기 때문일 것이다.

장소가 옥스퍼드가 아니라 서울이었다면, 또 하는 말이 영어가 아니라 한국어였다면 그런 자기소개가 그리 낯설지 않았을지도 모른다. 그냥 그러려니 하고 넘어갔을 것 같다. 그런데 그 이야기를 옥스퍼드에서 영어로 듣게 되니 갑자기 너무나 낯설게 들렸다. 그런 생각으로 잘 들어보니 다음 학생들의 이야기에도 빠지지 않고 나이가 등장했다. 직접 몇 살이라고 말하거나 몇 학년이라고 소개하기도 했다.

영국 학생들의 자기소개는 달랐다. 자신의 이름을 말한 후 자신의 모국어가 무엇인지, 자신이 몇 개 언어를 말하는지, 자신의 전공이 무엇인지, 자신이 관심을 가지고 있는 분야는 무엇인지 등에 대해 이야기했다. 자신의 나이나 학년을 말하는 학생은 없었다. 그냥 익숙하게 지나쳤던 것이 갑자기 낯설게 느껴지면서 '왜 우리 학생들은 자신에 대해 이야기하면서 나이를 꼭 밝혀야 한다고 생각하는 걸까?'라는 의문이 생겼다.

이런 의문을 가지고 영국에서 유학하던 때를 떠올려 보았다. 영국에서 만났던 영국 사람들과는 나이 이야기를 한 기억이 거의 없었다. 심지어 친하게 지냈던 사람들조차도 나이가 정확한 숫자로 떠오르지 않았을뿐더러 나보다 많은지 적은지 같은지에 대해서도 뚜렷이 기억나지 않았다. 반면에 영국에서 만났던 한국 사람들은 달랐다. 그 사람들의 나이가 정확히 기억나지는 않았지만 나보다 많은지 적은지 같은지 정도는 기억이 났다. 특히 친하게 지냈던 사람들의 경우는 더욱 그랬다.

왜 우리는 나이를 이름만큼이나 자기소개에서 꼭 밝혀야 하는 것이라고 생각하는 걸까?

풍경 2: 나이가 궁금한 우리

한국 문화에 익숙하지 않은 사람들이 한국에 와서 겪게 되는 가장 이상하고 불편한 일 중 하나가 바로 초면에 자꾸 나이를 묻는 것이라고 한다. 한국 사람들은 왜 처음 만나서 나이를 묻는지 모르겠다고, 정말 이상하다고, 혹은 정말 무례하다고 불평을 한다. 나이를 묻는 것이 얼마나 일상적인지 알아보는 방법 중 하나가 어린아이들이 처음 만나는 장면을 관찰하는 것이다. 두 아이가 처음 만나면 서로 인사를 한다. 그리고 자신의 이름과 나이를 말한다. 만약 상대가 나이를 말해주지 않으면 아주 자연스럽게 몇 살이냐고 묻는다. 그럼 이 말을 들은 아이는 아주 순순히, 그리고 자연스럽게 자기 나이를 말한다.

이렇게 아이 때부터 우리는 서로의 나이를 묻고 말하는 데 주저하지 않는다. 처음 만나서 이름만큼이나 중요하게 생각하는 것이 나이라는 것을 알 수 있다. 그런데 잘 관찰해 보면 처음 만난 모든 사람의 나이를 궁금해하는 것 같지는 않다. 사람들은 만나서 어떤 사람에게는 나이를 묻지만 어떤 사람에게는 묻지 않는다. 또 나이를 묻는 것이 무조건 용인되는 것도 아니다. 나이를 묻는 것이 무례하게 여겨지는 경우도 있다.

예를 들어 어린아이가 또래를 처음 만났을 때 "몇 살이야?" 혹은 "몇 학년이야?"라고 묻는 것은 아주 자연스럽다. 어른의 경우도 마찬가지다. 비슷한 또래의 사람들이 처음 만난 경우에는 서로가 서로의 나이를 탐색한다. 몇 살이냐고 직접 묻기보다는 돌려서 묻는 경향이 있기는 하지만, 나이를 직·간접적으로 알아보려는 상대의 질문을 특별히 이상하다거나 무례하다고 생각하지는 않는 편이다.

그런데 열 살짜리 어린아이가 30대 정도 되는 어른을 처음 만나서 "몇 살이에요?"라고 물었다고 가정해 보자. 아이의 질문을 받은 어른은 매우 당황스러워할 것이다. 혹은 아이의 엉뚱한 질문에 웃음을 터트릴지도 모른다. 물론 어른이 아이에게 초면에 나이를 묻는 것은 일종의 조건반사인 것처럼 보인다. 30대가 50대와 만난 경우는 어떨까? 이 경우에는 둘 중 누구도 초면에 대뜸 상대에게 "몇 살세요?"라고 묻는 것이 예의 바른 태도라고 보기 어렵다. 특히 나이가 어린 사람이 나이가 많은 사람에게 그런 질문을 한다면 공손하지 못하고 예의가 없는 사람이라는 소리를 들을 가능성이 높다.

서로 만났을 때 나이 차이가 뚜렷하게 확인되거나 만나기 전에 서로의 관계가 설정된 경우라면 만나자마자 나이를 묻는 것은 실례가 되거나 실없는 질문이 된다. 그래서 이런 경우에는 만나자마자 나이를 묻는 일이 별로 없다. 물론 앞서 말했듯이 어른은 아이에게 이런 실없는 질문으로 말을 시작하기는 한다. 한편 서로에 대한 정보가 없는 상태에서 또래의 사람들이 처음 만나는 경우라면 서로에게 나이를 묻는 것은 무례한 행동이라거나 공손하지 않은 행동이라고 생각되지 않는다.

그런데 왜 우리는 또래의 사람을 처음 만났을 때 상대의 나이가 궁금해지는 걸까? 왜 우리는 이름만큼이나 나이를 상대에게 제공해 주어야 하는 중요한 정보라고 생각하는 걸까? 한국 사람만큼 나이에 관심이 많고 민감한 사람들이 또 있을까?

풍경 3: 세는나이, 만 나이, 연 나이: 나, 몇 살이지?

우리는 나이에 민감할 뿐 아니라 나이의 종류도 세 가지나 있는 독특한 나라에 살고 있다. 이 분야에 다양성 지표를 만든다면 아마 세계 1위일 것이다. 지금 대한민국에서 일반적으로 통용되고 있는 나이는 세는나이, 만 나이, 연 나이다.

세는나이는 태어난 순간 한 살이 되고 이듬해부터 1월 1일이 될 때마다 한 살씩 더하는 방식으로 계산되는 나이다. 만 나이는 태어난 때부터 1년이 경과할 때마다 한 살씩 나이가 계산된다. 한편 연 나이란 세는 나이와 거의 유사하지만 태어난 해에는 나이가 없고 태어난 이듬해 1월 1일부터 한 살이 된 후 매년 1월 1일마다 한 살씩 더하는 방식으로 계산되는 나이다. 예를 들어 어떤 사람이 12월 31일에 태어났다면 그 순간 그 사람의 나이는 세는나이로는 1세, 만 나이로는 0세, 연 나이로도 0세가 된다. 하지만 불과 하루가 지난 이듬해 1월 1일이 되면 그 사람의 나이는 세는 방법에 따라 완전히 달라진다. 세는 나이로는 2세, 만 나이로는 0세, 연 나이로는 1세가 되기 때문이다.

우리 사회에서 가장 널리 통용되는 나이는 세는나이다. 보통 "저는 몇 살입니다"라고 말할 때 기준이 되는 나이가 바로 세는나이다. 새해가 되면 떡국을 먹으면서 온 나라 사람들이 똑같이 한 살씩 나이를 먹는다고 생각하는 것이 우리의 일반적인 정서다. 보통 나이를 말할 때 세는나이를 기준으로 하다 보니 그냥 나이라고 하면 대체로 한국 사람들은 '세는나이'를 생각한다.

세는나이는 한자 문화권을 공유하던 사회가 공통적으로 과거에 나이를 세던 방법이었다. 중국은 물론 일본, 베트남 등 한자 문화권을 공유했던 나라들은 대체로 음력을 기준으로 한 세는나이를 계산하는 전통이 있었다. 하지만 한자 문화권에 속한 대부분의 나라들은 근현대로 들어오면서 양력을 받아들였고, 그 과정에서 세는나이를 없애고 만 나이를 나이 세는 방식으로 삼았다. 덕분에 전 세계에서 지금까지 세는나이를 사용하고 있는 것은 한국어 사용자들이 유일하다고 한다. 북한의 경우는 확인이 어렵지만, 새터민들의 증언에 의하면 공적으로는 만 나이를 사용하지만, 사적으로는 세는나이를 여전히 사용하고 있는 듯하다.

사실 우리도 법적인 표준 나이는 만 나이뿐이다. 즉, 법적으로는 만 나이가 나이의 기준이 되므로 법률에 연령이 규정되어 있는 것은 모두 만 나이를 의미한다. 그런데 만 나이는 나이를 먹는 시점이 각자의 생일이다 보니 사람마다 나이를 먹는 시점이 다르다. 그래서 편의를 위해 만든 것이 바로 연 나이다. 연 나이는 태어난 해만 알면 쉽게 계산이 가능하기 때문에 일부 법들이 사람마다 달라지는 만 나이 대신 편의를 위해 나이를 계산하는 기준으로 삼고 있다. 청소년보호법이 개정된 2001년, 처음 도입된 연 나이는 같은 해에 태어난 사람을 같은 나이로 본다는 점에서 세는 나이와 같지만, 태어난 해를 0세로 본다는 점에서 세는나이와 다르다.

대부분의 나라에서는 만 나이를 기준으로 나이를 센다. 심지어 한자 문화권의 종주국이었던 중국조차도 과거에는 세는 나이를 사용했지만 현재는 만 나이로 센다. 한자 문화권이었던 일본, 몽골, 만주, 베트남 등도 모두 과거에는 세는나이를 사용했지만현재는 만 나이로 바뀌었다.

그런데 왜 우리만 유독 세는나이가 통상적으로 사용되고 있는 걸까? 법적 표준이 만 나이임에도 불구하고 왜 세는나이는 아직도 전혀 흔들림 없이 건재한 걸까?

풍경 4: 빠른 ○○년생의 탄생

처음 방송을 통해 '빠른년생'이라는 표현을 들었을 때 무척 신기했다. 한 아이돌 그룹에 속한 20대 정도 되는 연예인이 자신이 겪었던 연예계 일화를 전하면서 이 표현을 썼던 것으로 기억한다. 그 아이돌은 학교를 일찍 들어간 바람에 같이 학교를 다닌 친구들보다 실제로는 한 살 더 어렸다. 그런데 연습생 시절, 연습생 중 한 사람이 자신에게 왜 나이를 속이느냐고 화를 냈다는 것이다. 자신은 나이를 속인 적도 없고 심지어 그 연습생에게 나이를 말한 적도 없어서 너무 황당했다고 한다.

그런데 그 연습생이 화를 낸 이유는 다음과 같았다. 아이돌이 속해 있던 소속사에 아이돌의 고등학교 친구가 있었다. 그런데 그 연습생은 아이돌과 아이돌의 친구가 서로 반말을 하는 것을 보고 아이돌의 친구가 자신보다 한 살 많으니 당연히 그 아이돌도 자신보다 한 살 많을 것으로 생각한 것이다. 그래서 그 아이돌에게 꼬박꼬박 존댓말을 썼다는 것이다. 그런데 알고 보니 그 아이돌의 나이가 그 연습생의 나이와 같았다. 한 살 위인 줄 알고 지금까지 꼬박꼬박 존댓말을 쓴 것이 분하고 억울하다며 왜 진작 빠른년생임을 밝히지 않았냐고 자신에게 화를 냈다는 것이다. 이런 일을 겪고 나서 그 아이돌은 오해를 없애기 위해 자신이 '빠른'임을 먼저 밝힌다고 했다.

이 이야기를 하던 연예인의 표정은 자못 심각했던 것으로 기억한다. 자신은 속이려는 의도가 전혀 없었고 그냥 1월(혹은 2월)에 태어난 덕에 다른 사람들보다 한 해 먼저 입학한 것뿐인데 그런 오해를 받는 것이 억울하다고 했다. 속이려고 한 것도 아니고 본인이 넘겨짚어 생각하고는 화를 내니 어이가 없었다고 덧붙였다.

고등학교 때까지는 학년이 같은 학생들은 서로의 나이를 크게 의식하지 않는다. 같은 학년이면 당연히 같은 나이라고 생각하고 친구니까 말을 놓고 서로 이름을 부르며 지낸다. 문제는 졸업을 하고 사회에 나온 후 벌어진다. 물론 앞서 얘기했던 아이돌의 경우는 이미 사회생활을 한 덕분에 보통 사람이 경험하는 것보다 먼저 '빠른'의 필요성을 확인하게 된 것이다.

'빠른년생'이라는 표현이 언제부터 사용되었는지는 정확히 알기 어렵다. 인터넷 검색을 통해 찾은 이 표현의 첫 번째 사용 시기는 2002년 10월이었다. 한 인터넷 사용자가 왜 1, 2월생은 학교를 1년 일찍 들어가는지를 물으면서 '빠른 ○○년생'이라는 표현을 사용했다.

'빠른 몇 년생'이란 학교를 제 나이보다 한 살 일찍, 즉 세는 나이로 일곱 살에 들어간 20대나 30대가 자신의 나이를 이야기할 때 주로 사용하는 표현이다. 하지만 2002년 출생자들을 마지막으로 빠른년생은 사라졌다. 2008년 3월 1일 초등교육법 시행령이 개정되면서 2009학년도 입학 대상자인 2003년 출생자부터는 조기 입학이 아니라면 1, 2월생의 '빠른' 입학이 허용되지 않게 되었기 때문이다. 하지만 2002년 이전에 태어난 1, 2월생 중에는 '빠른년생'이라는 표현이 삶에서 꼭 필요한 경우가 많다. 이들에게 빠른년생이라는 표현이 필요한 이유는 간단하다. 자신과 함께 학교에 다닌 학교 친구들보다 자신이 실제로는 한 살 어리다는 것을 상대에게 알려주고자 하는 것이다. 앞선 아이돌처럼 나이를 속이기 위해 말하지 않았다는 누명을 쓰지 않기 위한 절박한 심정으로 말이다.

그래서 빠른년생들은 일종의 강박관념을 갖는 경향이 있다. 학교를 같이 다닌 친구들보다 한 살 어린데 그 친구들에게 반말을 해왔다는 사실을 자각하기 시작하면서 자신이 빠른년생이라는 것을 말하지 않았다가 한 살 더 많은 척해서 대우를 받기 위해 일부러 밝히지 않은 것으로 오해를 받거나 비난을 받을 수도 있다는 것을 깨닫게 된다. 따라서 이 표현은 어찌 보면 말하는 사람이 자신을 지키려는 목적으로 사용되는 일종의 방패라고 할 수 있다.

사실 따지고 보면 몇 달 차이도 나지 않는 사이인데, '빠른 년생'이라는 표현까지 만들어 낼 정도로 우리 사회는 왜 이렇게 나이에 집착하는 걸까?

한국어 높임법의 작동 원리

익숙하지만 낯설게 바라보면서 던진 질문들은 사실은 모두 언어와 관련 있다. 우리가 나이에 유독 민감하고 다른 사람들의 나이에 관심이 많고, 전 세계에 유일하게 세는나이를 지키고 있으며, 빠른년생이라는 표현까지 있을 정도로 특정한 경계가 되는 한두 달의 차이에도 유독 민감하며, 나이에 의해 무조건적으로 주어지는 비대칭적인 언어 권력의 문제가, 사실은 모두 언어에 의해 만들어지고 굳어지며 일상화된 결과다.

그러면 이제 언어가 어떻게 우리 사회에 연령 차별의 작동 원리로서 기능하고 있는지에 대해 더 자세히 살펴보자. 사실 한국어 사용자들을 '선량한' 연령 차별주의자로 만드는 데 가장 큰 기여를 하는 것이 바로 한국어에 발달되어 있는 '높임법'이다. 한국어 높임법은 언어의 서열을 통해 사람의 서열을 가르치고 고정하는 역할을 한다. 그리고 적절한 말을 하기 위해 필요한 말의 서열을 결정짓는 요소에 민감하게 반응하도록 한다.

한국어 높임법은 매우 정교하다. 한국어 높임법에는 크게 세 가지가 있는데, 주체 높임법, 객체 높임법, 상대 높임법이 그것이다.

주체 높임법이란 문장의 주어에 해당하는 인물과 나의 관계를 따지는 것이다. 문장의 주어가 나보다 높은 사람이면 주격 조사를 '이/가' 대신에 '께서'로 써야 하고, 서술어에 '-시-'를 붙여야 한다. 일부 서술어의 경우는 서술어 자체를 바꾸어야 한다. 예를 들어 "선생님이 과일을 먹고 있어요"라고 말하는 것보다는 "선생님께서 과일을 드시고 계세요"라고 말하는 것이 적절하다고 생각하는 이유다.

다음은 객체 높임법이다. 객체 높임법이란 문장의 객체인 목적어나 부사어에 등장하는 인물과 나의 관계를 따지는 것이다. 문장의 목적어나 부사어가 나보다 높은 사람이면 객체 존대를 표시하기 위해 '에게'를 '께'로 바꾸어야 하고 서술어 중 일부를 바꾸어야 한다. 그래서 한국어 사용자들은 "선생님에게 우산을 주었다"라고 표현하는 것보다 "선생님께 우산을 드렸다"라고 표현하는 것이 적절하다고 생각한다.

끝으로 상대 높임법이다. 상대 높임법이란 대화 상대자와 나의 관계를 따지는 것으로, 상대를 부르는 말과 종결 어미로 표시한다. 그래서 우리는 한국어를 들으면 말하는 사람과 듣는 사람의 관계를 바로 알 수 있다. 예를 들어 "야, 이리로 와"라고 하는지 "선생님, 이리로 오세요"라고 하는지, 말만 듣고도 말하는 사람과 듣는 사람의 관계를 파악할 수 있다. "야"라고 부르고 "와"라고 하는 것으로 보아 또래이거나 아랫사람 혹은 낮은 사람임을 알 수 있고, "선생님"으로 부르고 "오세요"라고 한 것으로 보아 나보다 윗사람 혹은 높은 사람임을 알 수 있다. 이렇게 한국어의 상대 높임법은 상대를 부르는 말(호칭어)과 말의 끝맺음 표현(종결 표현)으로 표시된다.

한국어 높임법 중에서 가장 중요한 것은 물론 상대 높임법이다. 주체 높임법이나 객체 높임법의 대상이 되는, 문장의 주어나 목적어 혹은 부사어에 등장하는 인물은 내 눈앞에 존재하는 인물일 수도 있고 아닐 수도 있다. 하지만 상대 높임법의 대상이 되는 대화 상대자는 바로 내 앞에서 나와 이야기를 나누고 있는 사람이다. 그러니 중요하지 않을 수 없다. 게다가 말을 끝내기 위해서는 종결 표현이 필수적이다. 그런데 종결 표현에는 상대 높임법이 실현되어야만 한다. 종결 표현 없이 어정쩡하게 계속 말끝을 흐릴 수는 없는 노릇이다.

그리고 상대 높임법이란 대화 상대자와 나의 관계를 내 입으로 표현하는 것이다. 그러니 상대 높임법을 잘못 사용하는 것은 대화 상대자를 불쾌하게 만들거나 불편하게 만들 수 있다. 적절한 높임법을 사용하지 않으면 상대와의 관계를 이어가기 어렵다. 그렇다면 상대와 나의 관계를 말로 설정할 때 고려해야 할 점들은 무엇인가?

상대 높임법을 적절하게 실현하기 위해서 가장 중요하게 고려해야 할 요소가 바로 연령, 즉 나이다. 상대가 나보다 나이가 많으면 존댓말을 써야 하고, 상대가 나와 나이가 같거나 적으면 반말을 쓸 수 있다는 것이 한국어 사용자들의 약속, 즉 한국어 문법이다. 물론 나이만이 고려의 대상은 아니다. 나이 외에도 화자와 청자의 지위 차이나 친밀도는 물론 발화 장면(격식적인 장면인지 비격식적인 장면인지) 등도 중요한 요소로서 나이와 상호작용을 하며 적절한 상대 높임법의 선택에 기여한다.

언어에 박힌 연령 차별의 그늘

결국 한국 사람들이 상대의 나이를 궁금해하고 나이에 민감한 진짜 이유는 바로 나이 정보가 적절한 말을 하는 데서 필수적인 정보이기 때문이다. 상대를 부르는 말을 결정할 때도, 또 꼭 필요한 종결 표현을 적절하게 선택할 때도 나이는 매우 중요한 정보로 기능한다. 어찌 보면 우리가 상대의 나이를 궁금해하고 나이에 민감하게 반응하는 것은 적절한 언어를 사용하기 위한 절박함 때문이라고 할 수 있다.

세는나이를 포기할 수 없는 이유

한국어로 적절한 말하기를 하기 위해서는 상대의 나이를 아는 것이 매우 중요하고 절박하다. 그런데 만약 상대의 나이가 수시로 바뀐다면 어떻게 될까? 아마 상대와 말을 적절히 하기가 매우 어려울 것이다.

만 나이는 각자의 생일을 기준으로 나이를 먹는 방식이다. 같은 날 모든 사람이 동시에 나이를 먹는 게 아니라 사람마다 각자 자신의 생일에 나이를 먹게 되는 방식이다. 따라서 특정일을 기준으로 나만 나이를 먹을 수도 있고 상대만 나이를 먹을 수도 있다. 그러니 같은 해에 태어났지만 서로 생일이 다른 두 사람은, 어떤 날은 나이가 같을 수도 있고 또 어떤 날은 다를 수도 있다. 서로의 생일을 기억하지 못한다면 다시 만난 상대가 몇 살인지 알 수 없으니 상대에게 존댓말을 해야 할지 반말을 해야 할지 매우 혼란스러울 것이다.

반면에 세는나이는 다르다. 모든 사람이 나이를 먹는 기준일이 같아서 상대와 나의 나이 차이가 절대로 변하지 않는다. 내가 나이를 먹는 만큼 상대도 나이를 먹는다. 나만 나이를 먹거나 상대만 나이를 먹는 일은 없다. 이렇게 세는나이는 적절한 말하기를 위해 나이 정보가 필요한 한국어 사용자들에게 매우 적절한 나이 세는 방법이다.

사실 세는나이는 중국이나 일본, 베트남 등 동아시아 문화권의 전통이었다. 하지만 대한민국을 제외한 다른 나라들은 세는나이를 없애고 만 나이로 나이를 센다. 다른 언어는 한국어처럼 나이가 언어 선택의 기준이 되지 않기 때문이다.

'빠른년생'의 탄생

빠른년생이라는 표현이 만들어진 것 또한 전적으로 한국어 문법 때문이다. 학교에 들어가기 전까지는 말의 선택 기준이 상대의 나이다. 하지만 초등학교에 들어가서 고등학교를 졸업할 때까지 말의 선택 기준은 나이가 아니라 학년이다. 나이가 크게 차이 나지 않는 한, 학년이 같으면 실제 나이가 다르더라도 서로 이름을 부르고 반말을 한다. 학년이 같으면 당연히 나이도 같다고 생각하기 때문이다. 그래서 빠른년생들은 본의 아니게 '족보 파괴자'가 되어버린다. 이들이 족보를 파괴하는 이유는 실제 나이와 학년이 다르기 때문이다. 한 살 일찍 학교에 입학했기 때문에 자신보다 한 살 많은 사람들과 같이 학교를 다니며 같은 반에서 반말을 하고 "얘", "쟤"를 한다. 만약 학교를 같이 다니지 않았다면 둘은 나이 차이가 나기 때문에 한 살 어린 사람이 한 살 많은 사람에게 "얘", "쟤"를 하거나 이름을 부르지는 못할 것이다.

그러다 보니 빠른년생들은 사회에 나와서 어색한 삼각관계를 만들기도 한다. 회사에서 만난 한 살 위 동기 B와 친해져서 사석에서 형이라고 부르며 지내던 A, 어느 날 B가 친구라며 C를 데리고 나타났다. 그런데 동기 형인 B의 친구 C는 A의 고등학교 동창이었다. 셋이 모이니 호칭이 어색하다. A는 B에게 '형'이라고 부르며 존댓말을 하고, B는 C의 이름을 부르며 반말을 하고, A는 C에게 이름을 부르며 반말을 한다. 둘보다 한 살 어린 A가 한 사람에게는 이름을 부르고, 한 사람에게는 '형'이라고 하니 말하는 사람이나 듣는 사람이나 불편하기 짝이 없다.

빠른년생들은 그래서 빠른년생이 아닌 사람들로부터 본의 아니게 신성한 나이 위계를 해체시키는 골치 아픈 존재라는 낙인이 찍히기도 한다. 그래서 그들은 또래에게 자기소개를 빠르고 간편하게 하기 위해 '빠른 ○○년생'이라는 표현을 만들게 된 것이다. 덕분에 이들은 "학교는 일찍 갔지만 나이는 한 살 어리다"라고 구구절절 설명하는 대신 '빠른 ○○년생'이라고 한마디로 말할 수 있게 된 것이다. 하지만 이 표현은 조만간 옛말이 될 운명에 처해 있다. 2008년부터 7세 조기 입학이 폐지되면서, 2003년 이후 출생자부터는 빠른년생이 존재하지 않게 되었기 때문이다.

신분 서열을 대체한 나이 서열

나이에 민감한 것도, 나이의 많고 적음을 사람의 서열로 생각하는 것도, 나이를 불가침의 권력이라고 생각하는 태도도, 그래서 연령 차별이 우리에게 일상화되어 있는 것도 사실 그 중심에는 한국어의 '높임법'이 존재한다. 높임법을 지키지 않고 말을 한다면 그것은 올바른 문법을 따르지 않는 것이어서 올바른 한국어가 아니다. 초면에 아이가 어른에게 반말을 한 다면 그것은 현재 한국어 문법, 즉 한국어 사용 공동체가 세우고 따르고 있는 약속을 지키지 않았기 때문에 문제의 소지가 될 수 있다.

하지만 한국어 문법은 한국어 사용자들에 의해 얼마든지 바뀔 수 있다. 그리고 실제로 한국어 사용자들의 합의에 의해 바뀌어 왔다. 언어는 금과옥조도, 불가침의 성역도 아니다. 사회적 약속일 뿐이다. 사용자들의 합의에 의해 바뀔 수 있는 것이 언어이고, 사용자들의 합의가 없으면 절대로 바뀌지 않는 것 또한 언어다. 따라서 한국어의 변화를 살펴보면 한국어 사용자들이 어떤 약속을 어떻게 바꾸어 왔는지를 통해 한국어 사용자들의 변화한 생각을 읽을 수도 있다.

예를 들어 신분제를 세계관으로 가지고 있던 시절, 신분은 높임법을 결정하는 가장 중요한 요소였다. 신분이 높은 사람은 신분이 낮은 사람에게 반말을 썼고, 신분이 낮은 사람은 신분이 높은 사람에게 존댓말을 써야 했다. 이때 나이는 중요하지 않았다. 아무리 나이가 많아도 상대보다 신분이 낮으면 나이와 무관하게 무조건 존댓말을 쓰고 반말을 들어야 했다. 또한 아무리 나이가 어려도 상대보다 신분이 높으면 나이와 무관하게 상대에게 반말을 쓰고 존댓말을 들었다. 그것이 그 당시 한국어 문법이었다.

하지만 신분제가 없어진 후 한국어 사용자들은 그 문법을 지속적으로 바꾸어 갔다. 한국어 사용자들의 세계관이 바뀌었기 때문이다. 물론 그 변화는 하루아침에 이루어지지는 않았다. 신분제가 없어진 후에도 꽤 오랫동안 신분제의 그늘이 존재했기 때문이다.

우리는 그 사실을 오래된 신문 기사나 당시의 문학 작품들을 통해 확인할 수 있다. 반상의 구분이 없어졌음에도 불구하고 이전 양반 신분을 가졌던 사람들은 상민으로 보이는 사람을 만나면 상대의 나이에 무관하게 존댓말을 들어야 한다고 생각했다. 만약 상대로부터 자신이 기대한 존댓말을 듣지 못하면 화를 내기도 했고, 상대의 무례를 꾸짖기도 했으며, 심지어 무력을 사용하기도 했다는 사실을 어렵지 않게 확인할 수 있다.

신분제가 폐지된 갑오개혁으로부터 126년이 지난 지금의 세계관에서 생각해 보면 타고난 신분에 따라 존대와 하대가 결정되었다는 것, 그것이 당시의 문법이었다는 것이 그저 생경하게 느껴진다. 훗날 한국어 문법이 바뀌어 나이가 더 이상 존대와 하대를 결정하는 기준이 되지 못한다면 후대인들은 지금 한국어 사용자들의 문법을 이상하다고 생각할지도 모른다.

무엇을 바꿔야 할까?

이제 한국어 높임법에는 신분의 차별은 없어졌다. 하지만 이를 대신하는 연령의 차별은 건재하다. 나이가 많은 사람은 나이가 적은 사람에게 높임말인 존댓말을 들을 것을 기대하고 이를 당연시한다. 그리고 상대에게 낮춤말인 반말을 사용할 수 있다고 생각하며 하대한다. 반대로 나이가 적은 사람은 나이가 많은 사람에게 낮춤말인 반말을 듣지만 자신은 존댓말을 써야 한다고 생각하고 이를 당연시한다. 그리고 상대에게 존댓말을 사용하면서 공손성을 요구당한다. 만약 존대를 하지 않거나 요구하는 만큼의 공손성을 충분히 드러내지 않으면 그 말을 듣고 있는 이른바 '윗사람'은 불쾌해하면서 상대의 무례를 꾸짖으며 노여워한다.

흔히들 높임법이 발달되어 있는 것이 한국어의 특징이라고 말한다. 그리고 높임법의 순기능으로 상대를 존중하는 태도와 예의 바른 태도를 드러낼 수 있다는 점을 든다. 하지만 이는 높임법 중 '높임'에 방점을 찍은 해석이다. 사실은 한국어 높임법은 높임을 표현하는 기능을 하기도 하지만, 낮춤을 표현하는 기능도 한다.

이러한 차별적인 사고는 높임법에 대해 설명하는 과정에서도 그대로 드러난다. 우리는 높임법을 설명하면서 '윗사람, 아랫사람'이나 '높은 사람, 낮은 사람' 혹은 '손윗사람, 손아랫사람' 등의 표현을 사용한다. 예를 들어 상대 높임법에 대해 '화자와 청자의 관계를 따져서 아랫사람 혹은 낮은 사람은 윗사람 혹은 높은 사람에게 존댓말을, 윗사람 혹은 높은 사람은 아랫사람 혹은 낮은 사람에게 반말을 사용한다'와 같이 설명하는 것이 일반적이다. 앞선 설명에서 필자도 같은 표현을 사용했다.

　한국어 사용자들은 한국어를 배우는 과정에서 나이가 많은 사람은 윗사람, 높은 사람, 손윗사람이고, 나이가 적은 사람은 아랫사람, 낮은 사람, 손아랫사람이라는 생각을 배우게 되고 매일매일의 언어 사용을 통해 그런 생각을 강화한다. 한국어 사용자들이 '나이'에 대해 다른 언어 사용자들과는 다른 매우 특별한 감각을 지니게 되는 이유가 바로 여기에 있다. 그리고 그렇게 자신이 의식하지 못하는 사이에 연령 차별주의자가 되어버린다.

　한국어의 높임법이 초래하는 공고한 연령 차별적인 생각은 언어를 배우면서 함께 습득되는 것이어서 너무나 익숙하고 일상화된다. 그래서 문제의식을 갖기가 매우 어렵다. 존댓말과 반말의 위계는 존댓말을 사용해야만 하는 사람과 반말을 사용할 수 있는 사람 사이에 권력관계를 만들고 불평등한 관계를 설정한다. 당연히 차별로 귀결될 수밖에 없다. 하지만 우리는 사람 위에 사람 없고, 사람 밑에 사람 없다는, '평등'의 가치를 대한민국이 추구하는 가치로 배우고 가르쳐 왔다. 그리고 이 가치는 우리 후세에게 물려주어야 할 가치라고 생각하는 데 이견을 두지 않는다. 그런데 한국어 사용자들은 매일매일의 언어 사용을 통해 사람 위에 사람 있고, 사람 밑에 사람 있다는 생각을 지속적으로 확인받는다.

　지금의 한국어는 이처럼 한국어 사용자들이 추구하는 이념을 담지 못하고 우리를 의식도 하지 못하는 사이에 연령 차별주의자로 만들어 버린다. 생각을 담는 도구인 언어가 우리의 생각을 담지 못하고 있는 것이다.

언어가 변화한 우리의 생각을 담지 못하고 있다면, 언어를 바꾸어야 할까, 우리의 생각을 바꾸어야 할까?

타이포그래피와 다양성

유지원 글문화연구소 연구소장, 타이포그래피 연구자 다양성을 둘러싼 타이포그래피에서의 논의는 다음 다섯 가지 정도로 정리할 수 있다.

① 세계의 문자 다양성
② 글자 공간 배열 형식의 문화 다양성
③ 약자와 소외받는 사람들을 위한 타이포그래피
④ 타이포그래피와 다양한 분야의 협력
⑤ 분야 내부 구성 인력의 다양성과 차별 문제

이 중 뒤의 ④, ⑤는 타이포그래피뿐 아니라 다른 분야에도 해당하는 내용이라 생략하고, 앞의 세 가지 ①, ②, ③에 대해 다루고자 한다. 우선 타이포그래피라는 다소 생소하게 들릴 분야를 소개하고 싶다. 타이포그래피는 글자의 모양을 다룬다. 글자에는 의미도 있고 소리도 있고 모양도 있다. 의미와 소리와 모양은 서로 영향을 주고받기도 하지만, 타이포그래피에서 주목하는 것은 특히 모양이다.

글자는 크게 '글씨'와 '활자/폰트'로 나뉜다. 주로 금속활자 시대에는 '활자', 디지털 시대에는 '폰트'라는 용어를 쓴다. 글씨는 사람이 손으로 한 번에 하나씩 쓰는 글자이고, 활자/폰트는 기계를 필요로 하는 글자다. 기계에는 불특정 다수를 대상으로 하는 복제와 대량생산이 전제된다. 예를 들어 손으로 쓴 일기나 편지는 글씨의 영역이고, 활자로 인쇄된 책이 타이포그래피의 영역이다. SNS에 글을 올리려면 반드시 컴퓨터나 모바일 디바이스 등의 기계가 필요하고, 자판으로 타이핑해서 입력해야 하며, 한 번만 올려도 수많은 사람이 같은 내용을 보게 된다. 그러므로 이것 역시 타이포그래피적인 행위라고 할 수 있다. 손으로 쓰는 글씨는 캘리그래피나 서예로 순수미술이나 공예 분야에 속하고, 기계로 쓰는 활자/폰트가 타이포그래피로 디자인 분야에 속한다. 글씨와 활자/폰트는 서로 긴밀한 영향을 주고받기도 하기에, 타이포그래피는 크게 글자 전체를 다룬다고도 할 수 있다.

의미를 '말'로 전달하는 것을 버벌verbal 커뮤니케이션이라고 한다면, '글자'는 눈으로 전달하는 시각적인 영역인 비주얼visual 커뮤니케이션이다. 말에서 말투가 달라지면 같은 내용이라도 전달되는 뉘앙스와 정서가 달라져서 의미마저 다르게 느껴지듯이, 타이포그래피는 눈을 위한 시각적인 말투라고 할 수 있어서 '말투' 자체로도 기능적이면서 정서적인 역할을 한다. 비언어적인 층위에서도 많은 정보와 감정 교환이 일어난다.

'① 세계의 문자 다양성'은 글자와 반응하는 인체의 생물학적인 측면, 해당 문화권의 환경 및 인류학적인 측면과 관계있다. '② 글자 공간 배열 형식의 문화 다양성'은 세계의 글자 문명을 둘러싼 서로 다른 역사와 생활 습관·가치관뿐 아니라 기술공학적 측면과도 관계가 있다. '③ 약자와 소외받는 사람들을 위한 타이포그래피'는 심리적이고 사회적인 양상을 띤다.

세계의 문자 다양성

다국어 타이포그래피multilingual typography는 타이포그래피에서 2000년대부터 국제적으로 가장 중요한 주제 중 하나로 꾸준히 부상했다. 2010년 이후에는 이 개념을 대하는 로마자 문자권과 그 외 문자 문화권의 이해 역시 차츰 성숙해지고 있다.

다국어 타이포그래피에서는 '논 라틴non-Latin'이라는 용어를 쓴다. '라틴'은 라틴 알파벳, 즉 로마자를 뜻한다. 세계의 수많은 문자 체계 중 로마자에만 특수한 지위를 부여하고, 나머지는 모두 '논 라틴'으로 뭉뚱그려 둔 것은 부당하다는 인상을 준다. 2010년대 초만 해도 국제 컨퍼런스에서 이 용어에 대한 문제가 제기되면 로마자 문자권 사용자들은 대체 뭐가 문제냐는 반응이 우세했다. 한 유럽 디자이너는 폰트 견본집에서 로마자의 기준으로 세리프체니, 산세리프체니 분류를 할 때 그 마지막 카테고리로 '논 라틴' 항목이 있어서 그런 용어가 생겨났다는 말로, 마치 그 이유가 타당하다는 듯 일축했다. 성인지 감수성이 부족한 사람이 있듯, 다문화적 인지 감수성이 부족하다고밖에 할 수 없는 상황이었다. 이 단어가 가진 기득권적인 입장을 이해하지 못하고, 그것을 완강하게 옹호하려는 태도는 타 문화에 대한 공감력 부족에서 나오는 것이었다. 그런 태도로 로마자에 속하지 않은 세계의 수많은 문자 체계들을 대하면, 그 기준을 늘 로마자에 두게 되고, 서로 다름을 살피지 않은 채 자신들만의 기준을 강요하게 되며, 기준에 부합하지 않는 나름의 복잡하고 필연적인 사정들은 '미개'하고 '열등'한 것으로 치부하게 된다.

여기에 대해 나는 2012년 이후로 다국어 타이포그래피 문제에서 서구 일변도인 '글로벌리티(세계화)'에 대항하는, 쌍방향적인 '인터로컬리티(간 지역성)' 개념을 제안했다. 한국타이포그라피학회의 학회지《글짜씨 11》(2005)에 '내부자의 잠재력을 일깨우는 타자의 시선: 글로벌리티에 대항하는 인터로컬리티'라는 대담을 진행해서 실었다. 이때 대담자로 초청한 인도의 타이포그래퍼이자 인도 공과대학 구와하티 캠퍼스의 교수 우다야 쿠마르Udaya Kumar는 인도의 복잡한 언어 및 문자 환경 속에서 본인의 전문 분야인 타밀 문자로 디자인하는 일에 대해 이렇게 말했다.

"인도는 다문자 국가입니다. 어떤 문자는 서로 완전히 다르고, 또 어떤 것들은 서로 비슷합니다. (…) 제게 더 익숙한 타밀 문자에만 국한해서 볼 때, 로마자 글자체 디자인의 원칙을 적용하면 타밀 문자와 서로 맞지 않는 부분이 많습니다. 가장 도전적으로 어려웠던 부분은 측정 단위와 체계가 다르다는 점이었습니다."

한국에 비해 영어가 깊이 침투해 있고, 미디어 환경이 로마자 문자권의 기술력에 의해 주도되는 인도의 상황에 대해서는 이런 우려를 표했다.

"대다수의 인도 젊은이가 모국어를 사용하지 않는 것은 사실입니다. 몇 가지 이유가 있어요. 초등학교, 중·고등학교부터 대학교까지 수업을 영어로 한다는 점이 주된 이유 중 하나입니다. 도시 지역에서 더 그렇습니다. 영국 제국주의의 결과입니다. 각 지역 언어를 쓰는 학교는 대개 시골 지역에만 국한되어 있어요. 전도유망한 일자리들의 영어 의존도가 심하다는 점이 또 다른 이유이기도 합니다. 그래서 부모들은 자녀를 반드시 영어를 쓰는 학교에 진학시키고자 합니다.

영어의 영향에도 인도의 모국어가 급격한 변화를 모면한 것은 자체로 풍부한 유산과 문학을 갖추고 있기 때문이라고 생각합니다. 아직도 수많은 인구가 시골 지역에 살면서 지역 언어를 소통의 수단으로 사용하고 있어요. 하지만 로마자에 크게 기반을 둔 기술 발전의 이유로 이런 시나리오는 달라지고 있습니다. 인도의 지역 언어들은 아직 모바일이나 스마트폰, 태블릿과 컴퓨터 같은 디지털 매체를 완전히 따라잡지 못하고 있습니다.

이런 디지털 기기에 지역 언어가 탑재되도록 하고, 지역 언어들이 주요한 기능을 수행하도록 보장하는 것이 디자이너로서 우리의 책무입니다. 그렇지 않으면 이 일이 성취되기 전까지는 우리는 세계화에 소모되고 말 것입니다. 이런 일은 결코 겪고 싶지 않습니다. 물론 세계화에는 좋은 점도 있습니다만, 그 때문에 토착 문화와 일상이 희생되어선 안 됩니다. 양자가 조화를 이루기를 바랍니다."

이역만리 인도의 문자들이 우리에게는 어떤 의미가 있을까? 문자 체계는 인류가 보유한 지적 유산이다. 글자는 그 지역의 자연환경 및 생활 습관, 행동 양상뿐 아니라 언어를 비롯한 사고방식과 사회규범 및 가치관도 반영한다. 해당 문화권의 종교와 사상 등 수많은 의미 체계와 포괄적으로 접목되어 있어서, 로마자와 같은 타문자 문화권에서 이런 총체적인 양태에 대한 이해 없이 기술적으로만 접근하면 해당 문자 문화권의 사람들은 뭔가 어색하고 부조화스럽다고 느끼게 된다.

《내셔널 지오그래픽National Geographic》에서 한 지질학자가 이런 말을 했다. "땅 위에 드러나는 단면을 보고 지구 내부의 모습을 유추해서 상상하고 이해한다." 마찬가지로, 글자도 원초적으로는 흔적이고 자국이다. 138억 년 우주의 흔적이 밤하늘의 별이고 38억 년 지구의 흔적이 지질이라면, 인간은 글과 그림이라는 고도한 흔적을 남겨왔고 그 흔적 뒤에는 거대한 사회와 문화와 역사의 체계가 연계되어 있다. 글자는 특수한 사람뿐 아니라 많은 사람들이 공통적으로 따라 쓸 수 있어야 하므로 효율적인 신체 움직임을 반영하는데, 인간의 행동과 움직임은 인류보편성과 문화특수성을 동시에 가진다. 문화권마다의 자연환경과 생활방식에 따라 다양하게 달라진다. 쉽게 구할 수 있는 필기도구 역시 그에 따라 달라진다.

만일 인류 전체가 하나의 문자만 쓴다면, 다른 숱한 가능성들이 박탈된 채 좁은 시각에만 매몰되며 익숙해지리라 예측할 수 있다. 변화만이 상수라고 하는 미래에 어떤 변화가 올지 모조리 구체적으로 예측하기란 어렵다. 그렇다면 다양한 행동을 하는 사람이 있어야 그 가운데에서 새로운 상황에 더 적절한 대처 방식을 찾을 가능성이 높아진다. 모두가 똑같이 행동하면 특정한 변화에 대해서는 속수무책일 수밖에 없다. 뇌과학에서는 어린이들이 이것저것 호기심을 가지고 장난을 쳐보며 다양한 경험을 하는 것이 훗날 어려움을 겪을 때 유연하게 대처할 수 있게 해준다고 한다. 시도해 본 경험이 많을수록 변화에 대처하는 힘도 커진다는 것이다. 한 가지 태도와 사고의 방식으로만 한정해서 대상에 접근하면 그 상을 왜곡하기 쉽다.

다양한 종류의 다름을 겪으면, 다름을 반추하고 다름을 대하는 태도가 점차 성숙해진다. 여러 문자들을 살피는 일은 한 언어권이나 문자 문화권에만 얽매어 있던 고정관념을 깨주기도 한다. 그리고 다른 문자는 우리 문자를, 그리고 우리 자신을 다시 보게 한다. 국면들을 다양한 시야에서 보게 하는 것이다.

로마자의 독식은 세계 문자의 다양성을 올바르게 바라보지 못하게 한다는 점에서도, 디지털 미디어 기술 속에서 소수 문자들을 보호하지 못한다는 점에서도, 그리고 현상과 진실을 이해하고 그에 대해 표현하는 인간 사고의 가능성을 편향된 쪽으로 좁힌다는 점에서도, 문자 사용자로서 우리가 자각하고 있어야 할 문제다. 세계의 문자들이 부르는 다름의 노래에 귀를 기울여 보기 바란다.

글자 공간 배열 형식의 문화 다양성

타이포그래피는 기존의 글자를 이해하며 새로운 글자를 디자인하는 일이기도 하지만, 이미 디자인된 글자들을 공간과 시간 속에 재배열함으로써 새로운 의미를 도출하는 일이기도 하다. 한반도에서는 고려 시대에 세계 최초로 금속활자가 발명되었지만, 1883년 근대 인쇄기관인 박문국이 설치되고 일본을 통해 신식 납활자가 들어오면서 전통식 동활자는 서구식 인쇄로 대체되어갔다. 고려에서 조선으로 이어진 동아시아 전통 금속활자 인쇄와 유럽의 구텐베르크식 금속활자 인쇄는 각각의 메커니즘이 그 세부까지 다르다. 근대 이후로 우리는 구텐베르크식 메커니즘을 이어받고 로마자 문자 문화권에서 기술력을 주도해 온 기계와 소프트웨어의 토대 위에서 한글과 한국어를 쓰고 있다.

한글이 태어난 공간은 동아시아 전통식 인쇄 공간, 생활 공간, 인식과 사유의 공간이었다. 같은 한글이라도 근대 이전과 이후는 상정된 공간의 체계와 단위, 배열과 운용방식이 달랐다.

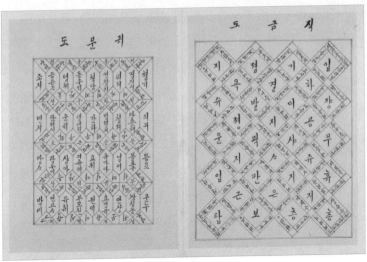

▲ 『익종간첩』의 〈귀문도〉(좌)와 〈직금도〉(우).
출처: 서울대학교 규장각 한국학연구원.

오늘날의 디바이스나 특정한 디지털 기술 환경 속에서 로마자에 비해 한글이 쓰기 불편하거나 보기 좋지 않다면, 그 이유는 한글이 몸에 꼭 맞는 옷을 입지 않고 있어서이기도 하다. 한글 사용자로서 우리 모두가 이를 자각하고 이해할 필요가 있다.

한 예로 〈귀문도〉와 〈직금도〉를 보자. 순조의 아들인 효명세자가 여동생 명온공주에게 보낸 편지가 실린 『익종간첩翼宗簡帖』 속 두 페이지다. 효명세자가 한 지면 편집 디자인이자 타이포그래피라고 할 수 있는데, 직접 고안한 것은 아니고 중국 『소야란직금도蘇惹蘭織錦圖』 등에 전례가 있다. 암호를 푸는 게임 같은 유희적인 목적을 가진 타이포그래피다.

작은 글자들을 자세히 보면 뒤집힌 글자가 있다. 화살표 같은 보조 기호가 없어도 종이를 돌리며 읽는 방향을 따라갈 수 있다. 글자가 배열된 모양과 형식이 이런 비언어적인 단서를 알려준다. 만약 우리가 오늘날 컴퓨터로 이런 배치를 디자인한다면, 부지불식간에 글자들을 모두 위에서 아래로 쓰고 화살표 등으로 방향을 표시하게 된다. 이 문서를 쓴 사람은 종이를 빙글빙글 돌려가며 글씨를 썼을 것이다. 이렇게 되면 위에서 아래로, 왼쪽에서 오른쪽 방향으로만 흐르는 오늘날 문서의 한 방향 고정시점과는 달리, 사방팔방의 방향성을 가진 다방향·다시점이 생겨난다.

우리가 문서나 책 속의 긴 텍스트를 읽을 때 우리의 몸은 고정되고 정지한 것 같지만, 눈동자도 움직이고 조용히 읽어도 소리를 시뮬레이션 한다. 문서를 작성하는 사람에게도, 그 문서를 바라보고 의미를 파악하는 독자에게도 몸은 개입한다. 그런데 서구와 동아시아의 옛 문서는 단지 언어와 문자만 다른 것이 아니라 그 배열 방식이 다르고 몸이 개입하는 방식이 다르다.

서구 로마자는 1차원 선형적인 전개 방식으로 출발해서 일렬로 놓인다. 한편 한자와 한글은 음절을 단위로 하는 정사각형을 기본 모듈로 삼기에, 사방으로 펼쳐지는 전방위 확장성을 가진다. 이렇게 서로 다른 문자의 공간적 속성으로 인해, 전통사회의 동아시아인들은 정보를 처리하고 사물을 인지하는 방식도 지금과 달랐다. 동아시아와 유럽에서는 공간과 시간을 인식하는 틀로서의 수학적 접근이 달랐다. 비슷한 문제를 상정하고 비슷한 근삿값을 도출하지만, 해답에 다가가는 풀이 방식과 몸의 움직임이 전적으로 달랐다. 근대 이후에는 한국어와 한글로 배우지만 교육 방법론은 서구식을 따르고 있고, 지금의 우리에게는 동아시아 전통 수학의 지식이 오히려 낯설다. 더불어 이 다방향·다시점의 움직임은 기운생동氣韻生動이라는 미학적 가치관과 상통하기도 한다.

언젠가 한번, 늘 하듯이 글자를 지면의 위에서 아래로, 왼쪽에서 오른쪽으로 흘리는 대신, 동아시아 전통 지면에서처럼 방사형으로 놓는 그래픽을 컴퓨터로 만들어 본 적이 있다. 이론적인 것을 몸을 써서 직접 실천해 보면 새로운 차원의 통찰을 얻게 된다. 현대적인 컴퓨터와 소프트웨어를 써서 이런 방식으로 문서를 만들면 고생이 얼마나 많은지 모른다. 뒤집어진 글자에서 오타가 나면 고치기도 번거롭다. 보는 사람에겐 어렵지도 않고 생동하는 재미도 있지만, 만드는 사람에게는 효율이 떨어진다. 그러니까 사실 인간이 컴퓨터를 컨트롤한다고 생각하지만, 컴퓨터도 인간의 몸에 제약을 가하는 것이다.

우리 조상들은 무슨 연유로 인쇄가 발명된 후에도 인쇄본이든 필사본이든 계속 저렇게 빙글빙글 돌려서 보는 방식의 문서를 만들었을까? 만드는 사람에게 이 방식이 번거롭다면 불편까지 무릅쓰지는 않았을 것이다. 생각이 여기에 이르니 깨달은 바가 있었다. 전통사회 한국인의 생활 공간은 좌식인 문화였기에 이런 방식이 편리했던 것이다. 오늘날 컴퓨터 작업을 하면 앉은 사람의 자세도 고정되어 있고, 모니터도 수직 방향으로 고정되어 있다. 하지만 좌식 공간에서 낮은 상을 바라보면 위에서 내려다보는 시점이 생겨나고 종이를 돌리기도 편해진다. 육중한 가구라기보다는 언제든 움직이고 쉽게 옮길 수 있는 작은 탁자에서 작업을 했기에, 이렇게 탁자나 종이를 빙빙 돌리거나 스스로 몸을 이리저리 조금씩 움직였고 그 결과 이런 글자 배열의 문서가 나올 수 있었다. 입식 공간에서 무거운 가구가 놓이면 그 공간의 기능이 고정되지만, 좌식 공간은 방 하나가 침실도 되고 작업실도 되고 식사 공간도 되고 응접실도 된다. 이런 유연한 공간 사용과 생활 습관이 글자의 공간과도 영향을 주고받는다.

이 유연한 대처력은 디지털 화면 공간에서 글자가 운용되는 시대에 변화에 대응하는 다양한 아이디어를 제공할 수 있다. 오래된 미디어의 공간 형식이 어느 순간 우리 곁에 돌아와 있는, 우리가 잘 아는 예들도 있다. 가령 인터넷으로 긴 글을 읽을 때 우리는 스크롤을 한다. 스크롤은 두루마리라는 옛 형식에서 왔다. 두루마리는 유럽에서는 1세기경, 동아시아에서는 7~8세기경에 지금과 같은 육면체 공간인 코덱스 방식의 책으로 대체되었지만, 인터넷에서 긴 글을 읽기 시작하면서 슬그머니 우리 곁에 돌아온 것이다.

다시 〈귀문도〉와 〈직금도〉를 보자. 일렬식 공간 배열이 아닌 다방향에 다시점 공간 배열일 뿐 아니라 90도와 그 배수가 아닌 각도, 그러니까 사각형이 아닌 '육각형'과 '45도 사선 방향

▲ 화상회의 소프트웨어 줌(Zoom)의 참여자 갤러리 화면(위).
필자가 제안하는 화면(아래). 한 가지 방식으로 고정하지 않고 몇 가지 옵션 가운데에서
선택하게 할 수도 있을 것이다.

으로 기울인 사각형'도 나타난다. 종이 매체에서는 직각이 아닌 각도를 운용하게 되면 비용의 낭비가 크다. 대량 생산을 위해 표준화한 공정에서는 미터법에 기반을 둔 사각형 종이의 규격에 따라야 손실이 적다. 하지만 디지털 화면은 이런 문제로부터 다소 자유로워진다.

예를 들어 코로나19 팬데믹 장기화로 인해 익숙해진 화상 회의 소프트웨어인 줌Zoom에서 참여자들을 보여주는 갤러리 화면을 보자. 사람들을 한눈에 보기 좋도록 인간의 인지에 최적화한 것이 아니라, 모니터 규격을 그저 가로세로로 분할한 데 지나지 않는다. 현대의 표준 규격에서 벗어난 이런 여러 문화권의 공간 배열 방식을 많이 접하다 보니, 이런 상황에서는 정육각형 벌집 형태가 유리하겠다는 아이디어가 떠오른다. 이런 아이디어에 따라 줌 갤러리 화면의 내용은 그대로 두고 배치 형식만 다르게 만들어 보았다. 가로로 긴 직사각형 형태에 비해 불필요한 사적인 생활 공간이 덜 보이고, 정육각형은 둥근 얼굴의 형태에 더 가까워 주목도가 높다. 그리고 사람과 사람 간의 배치에서 주목도의 위계가 보다 균등해지고, 한층 응집력 있게 모여서 한눈에 잘 들어온다. 말하는 사람의 육각형이 커지고 주변이 유기적으로 작아지는 기능도 상상해 볼 수 있다. 물론 이 방식이 최선은 아닐 것이고 단점도 있을 것이다. 얼굴이 부각되는 것이 부담스럽거나, 손의 움직임 같은 메시지가 파악되지 않는 점이 불편할지도 모르겠다. 하지만 아직 디지털 화상 소통은 공간의 형식이 완숙하게 정착되지 않은 요람기이니, 이런저런 시도를 해볼 가치는 있으리라고 생각한다. 여러 문화권의 다양한 방식을 경험하고 적용해 보는 것은 디지털 미디어에서의 공간 배열에 여러모로 영감을 줄 것이다.

약자와 소외받는 사람들을 위한 타이포그래피

정상을 규정하는 기준은 사회마다 다양하고 시대에 따라 변한다. 어떤 특정한 속성만을 정상으로 간주해서 그에 강제로 순응하게 한다면, 우리 사회는 비정상적인 사람들로 넘치고 그로 인한 부조리와 울분, 모멸감이 쌓이게 된다. 타이포그래피 역시 다수자와 평균 개념에만 그 기준을 둔다면, 소통을 위한 본연의 목적을 잊고 평균 바깥에 있는 사람들에게 좌절을 안길 수 있다.

오늘날 한국에서는 정상을 규정하는 기준으로 주로 서울에 사는 신체 건강한 성인 남성이 상정된다. 성별, 연령, 지역, 신체 건강 상태 등에 따른 기준이다. 그에 따라 지역적으로는 지방 거주자, 신체 상태로는 환자와 장애자, 성별로는 여성, 연령으로는 고령자와 어린이들이 표준의 범주 바깥에 위치하는 약자와 소수자가 된다. 하지만 이들은 우리 사회 구성원의 큰 부분을 차지하고 있다. 기준에서 제외될 때 기준 바깥에서는 큰 불편이 생기게 되고, 사회 속의 불편들은 서로 연결된다.

성별이나 연령 등에 따라 달라지는 신체적 조건을 살피려면 새로운 기준을 두어야 한다. 기존의 규칙에 수정을 가하려면, 그 규칙이 적용되어 온 기존의 기준을 살펴봐야 한다. 우선은 평균으로 상정되어 온 기준을 살펴보자. 타이포그래피 디자인은 불특정 다수 사용자를 전제로 한다. 적절한 폰트를 만들거나 고르는 데는 저마다의 기준이 필요하다. 그 기본이 되는 기준으로 세 가지가 있다. 가시성, 판독성, 가독성.

'가시성'은 시선을 사로잡는 힘이고, '판독성'은 서로 다른 글자를 빠르게 판독하게 해주는 힘이며, '가독성'은 긴 글을 읽을 때 피로감을 느끼지 않게 해주는 힘이다. 패션에 비유하면 가시성은 편하지는 않더라도 사람을 돋보이게 해주는 하이힐에 해당하고, 가독성은 42.195킬로미터를 지치지 않고 완주하게 해주는 마라톤화에 해당한다. 마라톤화를 신고 뛰어봐야 디자인이 잘 되었는지 판단할 수 있듯이, 가독성 높은 폰트 역시 오래 읽어봐야 기능적으로 디자인이 잘되었는지 알 수 있다.

가시성은 큰 글자와 제목, 짧은 단어 정도의 영역이며, 가독성은 작은 글자와 긴 글의 영역이다. 우리 눈은 작은 글자일수록 점점 디테일을 보기 어려워지기 때문에, 큰 사이즈에서 아름다운 글자와 작은 사이즈에서 일 잘하는 글자는 서로 영역이 다르다. 글자는 큰 글자에서 작은 글자로 이행할 때 '보기'에서 '읽기'로, '비주얼visual'의 영역에서 '옵티컬optical'의 영역으로 이동하며 기능성이 점점 중요해진다.

가시성이 작동하지 않으면 심미적인 쾌적함이 떨어지고, 판독성이 작동하지 않으면 정확한 정보를 읽기 어려워져 위험한 상황이 될 수 있으며, 가독성이 작동하지 않으면 눈과 신체에 큰 피로가 온다. 즉, 일상의 영역에서 디자인이 제대로 작동하지 못하면, 그 사회를 구성하는 불특정 다수는 배려를 덜 받게 되고 더 나아가 사회적인 피로감과 모멸감까지 느끼게 된다.

이 불특정 다수의 기준이 지금까지는 건강한 성인 남성의 신체에 맞춰져 있었다면, 이제 타이포그래피는 고령자와 어린이, 왼손잡이나 자폐 등 소수 성향의 사람들에 대해 새로운 기준을 두고 규칙을 수정하며 배려할 필요가 있다.

고령자를 위한 읽기

국내에서는 타이포그래피 분야에 대한 인식이 낮고, 특히 가독성 영역에서의 피로가 만연해 있다. 의약 관련 제품이나 설명서의 경우, 글자조차 제대로 안 보일 정도로 눈을 위한 기본적인 배려가 갖춰져 있지 않다. 한 의약품의 예를 보면, "성인 1일 3회"라는 복용량과 "데워 마시되, 전자레인지에 넣으면 위험하다"라는 내용은 일반 사용자에게는 큰 의미가 없을 "시트르산수화물"같은 내용에 비해 뚜렷이 구분되어 전달되어야 할 텐데, 앞의 두 가지 정보를 알아내려면 젊은 시력으로도 불빛이 밝은 데 가서 시려 오는 눈을 비비며 한참을 찾아야 한다. 당연히 시력이 안 좋은 고령자들은 더 큰 불편을 겪을

▲ 한국어 사용자들이 일상에서 흔히 접하는 읽기 힘든 타이포그래피의 예. 사용자가 반드시 알아야 하는 중요한 정보조차 위계화되어 있지 않다. 오른쪽은 텍스트를 확대한 모습.

수밖에 없다.

고령자를 위한 타이포그래피는 흔히 생각하듯 글자를 크게 하는 것만이 능사는 아니다. 나이가 들면 신체에 변화가 일어난다. 글자와 관련해서는 시력뿐 아니라 인지의 방식까지 달라진다. 어린이들이 움직이는 것과 새로운 것에 반응한다면, 고령자들은 고정된 것과 익숙함에 반응한다. 이것은 진화론적으로도 설명된다. 어린이들은 앞으로 펼쳐질 미래에 계속 새롭게 적응해 가야 하지만, 노인들은 지금까지 쌓아온 경험과 지혜를 활용한다. 기술과 사회가 지금처럼 급변하지 않던 시대에 연령에 따라 인간이 적응해 온 방편이었을 것이다. 오늘날처럼 시시각각 변하는 사회에서는 노인들이 새로운 것에 적응하기 힘들다는 사실을 이해해야 한다. 성격이 완고해지는 듯 보이는 것도 이 때문이다.

그런데 현역으로 활발하게 활동하는 디자이너들은 주로 20~30대이고, 디자인 결정권자는 40~50대인 경우가 많다. 노인의 신체와 인지를 경험하지 못한 상태에서는, 그분들 가까이에서 과학적인 연구로 추론해서 접근할 필요가 있다. 자신의 디자인이 누군가를 소외시키고 있을지 모른다는 자각도 필요하다. 새롭고 기발한 장치는 어린이나 젊은 사람들의 눈길을 끌 수 있지만, 고령자들은 피로감을 느끼며 새로 적응하기를 포기하기 쉽다. 익숙함으로부터 안정감을 느끼게 해야 한다.

글자 크기는 클수록 좋다고 생각하기 쉽지만, 지면이나 화면에는 늘 제한이 있고 글자의 크기, 전달하려는 단어 및 메시지의 양, 공간의 면적은 함수 관계를 이루기 때문에 항상 적정한 선이 있다. 너무 커지면 감정적으로도 공격적인 인상을 줄 수 있다. 다만 시력 저하가 오기 전의 젊은 눈이 잘 적응하는 긴 글의 평균 글자 크기보다는 다소 큰 사이즈를 갖도록 주의할 필요는 있다.

인지심리학자이며 시각 인식 전문가인 키스 레이너Keith Rayner의 시선 추적 연구를 타이포그래퍼 소피 베이어Sofie Beier가 도해한 그림을 보자. 인간의 눈은 텍스트를 읽을 때 I, t, o, o, k… 이렇게 한 글자 한 글자 읽어나가는 것이 아니라 덩어리 단위로 도약을 한다. 이것을 '안구 도약 운동saccade'이라고 한다. 젊은 독자와 70세 이상 독자는 안구 도약에 큰 차이를 보인다. 고령자들은 한 번에 시선이 오래 고정된 채 머무

Reading pattern with eye-tracking
Longer saccades / More regressions / Longer fixations

Older readers (70–92 years)

I took a tour of a famous building while I was on holiday.

Younger readers (18–34 years)

I took a tour of a famous building while I was on holiday.

Rayner et al., 2006

▲ 고령자의 시선 추적. 인지심리학자 키스 레이너의 논문을 바탕으로 타이포그래피 연구자 소피 베이어가 만든 학술발표 자료화면.
출처: Age-related deficits and their effects on reading, Sofie Beier, ATypI 2019, Tokyo, Japan.

르고 파악하는 분량이 많아 도약 거리가 긴 대신, 시선이 도약하는 운동량은 적다. 그리고 다시 뒤로 돌아가는 역행이 자주 일어난다. 이렇게 되면 글자 크기가 너무 커져도 내용 파악에 지장을 준다. 글자가 지나치게 커져서 행갈이가 자주 일어나면 오히려 인지와 기억에 큰 방해가 된다.

글자와 글줄, 텍스트 주위로 흰 공간을 넉넉하게 주어서 눈을 편안하게 하는 것도 도움이 된다. 이 흰 공간을 '화이트 스페이스white space'라고 한다. 흰 공간이 많은 것은 젊은 사람들의 독서에도 편안함을 준다. 다만 읽기는 편해도 전체적인 텍스트의 짜임새가 느슨해 보이는 터라 디자인이 타이트하거나 세련되어 보이지 못한다는 단점이 있다. 디자인의 심미성을 추구하는 잡지 또는 한 지면에 많은 정보를 담아서 치열한 인상을 주어야 하는 신문에서는 흰 공간을 상대적으로 적게 주는 경향이 있다.

이런 측면들을 고려하면 앞서 말한 의약품 설명서처럼 우리 일상에 흔한 가독성 타이포그래피의 사례가 어떤 불편을 주고 있는지 이해할 수 있다. 의약품 사용법은 나이 드신 분들이 참고해야 할 경우가 많은데 신문보다도 정보가 빽빽하다. 지면 공간이 부족하면 중요한 정보만이라도 짧게 요약하여 주목하게 만들어서 위계를 차별화하는 등의 장치로 배려할 수 있을 것이다.

어린이를 위한 쓰기

어른들도 모두 한때는 어린이였다. 그래서 고령자를 대할 때와는 다르게 어린이를 대할 때는 이들을 잘 알고 잘 이해한다고 잘못 생각하기 쉽다. 어린이들은 언어로 자신을 표현하고 의사를 관철시키는 데서 어른보다 더 많이 어려움을 겪는다. 어린이가 겪는 일은 어린이의 언어로 언어화하기 어렵다.

2019년에 〈초등학교 성장 단계에 따른 국어 교과서 타이포그래피 제안: 쓰기의 행동 양상 및 읽기의 감각과 인지 양상〉이라는 교과서 연구 보고서를 작성하면서, 초등학교 1학년, 3

학년, 5학년 교실의 수업을 참관했다. 타이포그래피 전문가의 시선으로 교육 현장을 직접 관찰한 결과, 현행 초등학교 국어 교과서에는 어린이의 입장에서 보살핌을 받지 못하고 있는 여러 요인들이 눈에 띄었다.

어린이는 신체가 작고 약하며 인지적인 측면이 아직 성숙하지 않아, 글자 크기뿐 아니라 여러 측면에서 성인과는 다른 기준들이 적용되어야 한다. 읽기의 경우, 글자에 갓 익숙해지기 시작하는 어린이에게는 판독성의 문제가 가독성 이상으로 부각되어야 하는 식이다. 연구를 진행하며 어린이의 정서나 심리에 비해 몸과 움직임을 배려하는 연구와 문헌이 국내에 무척 드물다는 점을 알 수 있었다. 보고서에는 몇 가지 포괄적인 제안을 담았는데, 여기서는 '쓰기의 행동 양상' 중에서 '종이'와 '쓰기 교육용 글씨체', 이렇게 두 가지 개선 사항만 들고자 한다.

첫째, '종이'의 경우 교과서는 책인 동시에 글씨를 쓰는 공책의 성격을 가진 특수한 매체라는 사실을 이해해야 한다. 책은 읽기의 공간이고, 공책은 쓰기의 공간이다. 그런데 책의 기능에만 치중해 공책과 쓰기의 기능이 간과된 측면들이 보인다. 인간의 몸과 정서에 쾌적한 환경을 조성하기 위해서는 재질과 물성 등 물리적인 조건이 적절해야 한다. 글씨 쓰기에서 사용자 환경에 해당하는 것은 종이의 상태다. 책과 공책, 드로잉북 등 용도에 따라 다른 성격의 종이가 선택된다. 교과서에서는 책으로서 그래픽과 그림의 발색이 선명한 것도 중요하지

▲ 현행 초등학교 1학년(좌)과 5학년(우) 교과서에서 종이와 연필이 뒷면에 배기는 모습.

만, 공책으로서 힘을 덜 주고도 편안하게 글씨가 써지는 것 역시 그에 못지않게 중요하다. 현행 국어 교과서는 전자의 시각적인 효과만 고려하느라 후자가 갖추어야 할 어린이 인체 친화성을 크게 놓치는 문제점이 있다.

쓰기란 종이와 필기도구 그리고 인간 신체 간의 상호 작용이다. 글씨를 쓸 때는 인간의 신체와 필기도구, 종이가 서로 힘의 줄다리기를 한다. 초등학생에게 주로 권장되는 쓰기 도구는 연필이다. 연필은 거친 표면에 갈려야 흔적이 잘 남겨지는 필기도구다. 그런데 지금 교과서에서는 코팅된 종이를 사용한다. 이는 종이가 받아주어야 할 힘을 신체가 아직 발달 중인 어린이에게 전가시켜 지나친 부담을 준다. 얼핏 보기에 화려한 그래픽 모양새와 발색이 좋은 인쇄 품질에 더 가치를 둔 터라 코팅 종이를 택한 듯하다. 이렇게 되면 글씨를 쓰기 싫어질 뿐만 아니라 힘이 과도하게 든다. 보다 적절한 재질의 종이로 대체할 필요가 있다. 종이를 선택하는 데서 고려해야 할 것은 그 종이가 어린이들의 몸이 하루 종일 춤추는 생활 공간이라는 점이다.

공책의 역할도 해야 하는 교과서의 종이는 눅눅하지 않고 사각사각하게 써지는 단단한 강도뿐만 아니라 힘을 많이 들이지 않아도 연필 색을 안정감 있고 산뜻하게 재현하는 표면 텍스처, 연필 쥔 손이 닿는 부분의 부드러운 질감, 연필이 미끄러지지 않고 색이 균질하게 묻는 재질, 연필 가루가 번져 손에 묻어도 지저분해지지 않고 지우개로 잘 지워지는 등의 쾌적한 쓰기 환경 등을 제공해야 한다. 교과서는 글자를 읽는 책이기도 하니, 눈에 편한 백색도 역시 필요하다.

둘째, 국내 교과서의 '쓰기 교육용 글자체'는 두 가지 측면에서 아쉽다. 하나는 초등학생들이 쓰는 연필과 달리 펜으로 쓴 글씨여서 필기도구가 서로 일치하지 않는다는 점이다. 1987년 제5차 교육과정부터는 연필이 아닌 펜으로 쓴 글씨가 교과서에 교본으로 사용되고 있다. 다른 하나는 어른의 노련한 글씨가 첫걸음부터 본으로 쓰이고 있다는 점이다. 이제 막 글씨 쓰기를 배우는 어린이들에게 이렇게 서예에서 보이는 붓의 강약과 속도까지 갖춘 어른 글씨체를 목표로 해서 따라 쓰게 하면 너무 어렵고 복잡하게 느껴지게 마련이다. 피아노 교육에 비유하면, 바이엘과 체르니를 거치지 않은 채 쇼팽부터 치는 격이다. 이런 글씨체를 본으로 채택한 것은 과학적 근거가 아니라 어른의 시각으로 판단한 보수적인 관습에 의존한 결과라고 짐작된다.

자유 반쪽 짝 괜찮아
자유 반쪽 짝 괜찮아
자유 반쪽 짝 괜찮아
자유 반쪽 짝 괜찮아
자유 반쪽 짝 괜찮아

2. 위의 그림에 맞게 이어주는 말을 사용하여 원인과 결과가 드러나도록 문장을 써 보세요.

독서를 열심히 했습니다. 그래서 독서왕
상장을 받았습니다.

3. 2번에서 쓴 문장을 원인과 결과의 위치를 바꾸어서 문장을 한번 더 써 보세요.
(2번에서 결과가 뒤에 나왔으면 이번에는 결과가 앞에 나오도록 이어주는 말을 사용하여 문장을 완성하세요)

나는 독서왕 상장을 받았습니다.
왜냐하면 독서를 잘했기 때문입니다.

▲ 어린이가 따라 쓰는 교재 글씨본(위), 실제 초등학교 3학년 어린이 글씨의 비교적 모범
적인 예(아래).

    따라서 긴 안목으로 어린이의 신체 발달에 맞게 단순화하고 쓰는 재미도 주는 쓰기 교육용 한글 폰트를 개발할 필요가 있다. 독일은 20세기 초부터 쓰기를 배우는 어린이용 글씨를 개발하는 데 문제의식을 가졌다. 많은 연구를 통해 어린이의 작은 손과 충분치 않은 악력, 아직 정교하지 않은 소근육의 움직임뿐 아니라 손이 오르락내리락하는 신체 움직임의 리듬까지 배

현행 독일 초등학교 교과서에 적용되는 네 종류 글씨체

독일식 글씨체(쿠렌트, 1900년 경)　　독일식 글씨체를 단순화한 쥐털린 학교과정글씨체(1914년)　　쥐털린 라틴식 글씨체

① 학교과정글씨체, SAS(자스), 1968　　② 단순화한 과정글씨체, VA(파우.아), 1972　　③ 라틴식글씨체, LA(엘.아), 1953　　④ 기초글씨체(Grundschrift), 2011

▲ 글씨를 처음 익히는 어린이를 위한 독일 초등학교 교과서 글씨체.
　20세기 내내 관련 연구가 진행되었다.

려한 글씨체를 개발하는 데 많은 노력을 들였고, 이를 초등학
교 교육 현장에 꾸준히 반영했다. 실제로 독일 초등학교 교과
서의 공식 교본용 글씨체는 성인의 글씨체보다 훨씬 단순하며,
성인의 글씨로 이행하기 위한 중간 단계의 성격을 가진다.

초등학생의 글씨 중에 비교적 모범적이고 또박또박 쓴 글씨
들을 살펴보면 초성, 중성, 종성의 음소들이 크고 형태가 단순
하다는 점을 알 수 있다. 이런 형상에서 드러나는 어린이 신체
의 편의와 좋은 리듬감을 연구하고 효과적으로 접목해서, 노
련한 어른의 글씨로 단계적으로 성숙해질 수 있도록 초심자형

글씨 형태를 개발하는 것이 바람직하리라 보인다.

어린이들이 쓰기와 읽기를 학습하는 글자의 타이포그래피적 공간 환경을 제공하는 것은 교과서와 교재다. 좋은 타이포그래피와 적절한 물성을 갖춘 교재를 확보하는 것은 어린이의 신체와 정서를 살피고, 학습 능력을 고양하게 할 뿐 아니라, 감수성을 회복하고 자존감을 보호한다는 점에서 교육적이고 사회적인 의의가 있다. 또 글자와 관련된 활동에 대해 어린이가 의식적·무의식적으로 가질 수 있는 부정적인 거북함을 줄이는 데에도 기여할 수 있다.

사회역학자 김승섭은 성인 남성의 몸을 표준화된 인체로 여겨온 사고방식이 여러 문제점을 낳고 있으며, '표준화된 신체'를 가진 남성을 기준으로 측정된 수치가 적용되는 동안 남성 아닌 여성, 성인 아닌 다른 연령층은 피해를 입고 있다고 밝혔다.[1] 몸에 맞지 않아 불편하고 아팠던 경험들은 우리가 인지하고 기억하지 못할지라도 몸에 새겨지며, 우리 몸은 스스로 말하지도 인지하지도 못하는 상처까지 기억한다. 어린이들은 불편을 느끼면서도 그것을 인지하거나 표현하지 못할 수 있다. 이것은 사회적 고통과 아픔, 분노와 모멸로 쌓여간다.

어린이의 몸은 사회적 약자의 몸이다. 이런 약자들을 대할 때는 기존의 관습에서 성인 남성을 기준으로 해서 '중립적이고 객관적'이라고 여겨진 '상식'에 대해 다시 질문해야 한다. 초등학교 국어 교과서의 글자 및 글자를 둘러싼 환경을 초등학생들의 연령별 신체 상황과 세심하게 일치시킬 필요가 있다.

맺으며

앞서 언급했듯이 디자인의 영역에 속하는 타이포그래피는 공공 영역에서 복제와 대량생산을 전제로 하며 불특정 다수를 향한다. 단일 분야 자체가 처음부터 시각예술과 경영, 공학의 속성을 동시에 안고 있는 셈이다. 그렇다 보니 소수 문자나 소수자를 향한 타이포그래피 대책에 대해서는 불가피하게 비용 문제가 제기되곤 한다. 여기에 대해 답할 수 있는 근거가 '다양성'이다. 여러 가지 기준에서 평균 바깥에 위치하는 사람들도 엄연한 우리 사회의 구성원이다. 구성원들의 불편은 서로 연결되며 우리에게 돌아오기에 특수한 집단의 문제로만 다룰 것이 아니다. 세계의 문자들은 그 일원들이 공존하는 생태계를 도모하는 것이 바람직하다. 자본주의적인 강자의 논리에 대응하는 힘은 다양성에 있다.

다양성은 효율로도 지지될 수 있지만, 효율로부터 독립적인 가치를 가진다. 때로 효율을 포기하더라도 용기 있는 결단으로 다양성을 지켜야 할 때가 있다. 모든 인간, 나아가 모든 생명의 고통을 줄이는 방향이 인류 문명이 가야 할 순방향이라고 믿는다. 약자와 소수자를 방치하고 희생시킨다면 어떤 명분이 있더라도 우리는 그것을 '야만'이라고 부른다.

모든 개인은 존중받아야 한다. 서로 다른 존재로서 존중받아야 한다. 그와 마찬가지로, 세계의 모든 문자 역시 존중받아야 한다. 그 문자에게 꼭 맞는 옷과 집이었던 공간 전개 방식도, 문화적이고 기술적인 환경도 존중받아야 한다. 그리고 문자를 사용하는 모든 사람이 존중받아야 한다. 연령, 성별, 지역, 신체 조건과 관계없이 존중받아야 한다.

싱할라 문자를 쓰는 사람도, 타밀 문자를 쓰는 사람도, 로마자를 쓰는 사람들 못지않게 편안하고 기쁘게 문자 생활을 하기 바란다. 한글이나 한자, 티베트 문자, 아랍 문자에서 고유하게 전통적인 공간을 운용해 온 방식이 새로운 시대의 미디어에 새로운 방식의 시각과 통찰, 문제 해결의 단서를 제공하기 바란다. 그 다양한 방식들이 전 세계 글자 사용자들에게 다시 확장되어 보다 많은 사람들의 글자 생활에 즐거움과 편리함을 주기 바란다. 나이가 들어 시력과 인지 양상이 변화한 어르신들도, 모국어 문자에 막 익숙해지기 시작하는 어린이들도, 왼손잡이들도, 자폐나 다양한 신체적인 증상이 있는 사람들도, 글자를 읽고 쓰고 익히기가 어려워 곤란해서 눈물 흘리는 일이 결코 없기를 바란다. 이것이 다양성에 대해 타이포그래피가 할 일이다.

주

1 김승섭, 『우리 몸이 세계라면: 분투하고 경합하며 전복되는 우리 몸을 둘러싼 지식의 사회사』, 동아시아, 2018.

#배우다

깊은 지식보다 다양한 관점을

다양성이 존중되는 학습 장면 만들기

이보라 고려대학교 교육학과 교수

● ● ● ● ●

　내가 박사과정을 밟으러 미국에 갔을 때의 일이다. 영어가 모국어가 아닌 내게 영어로 진행되는 토론 수업은 정말 힘들었다. 모국어로 읽어도 결코 이해하기 쉽지 않은 내용을 영어로 읽어야 했고, 수업 시간에는 영어로 토론하는 학생들의 말을 이해하고 영어로 내 생각을 전달해야 했다. 무엇보다 가장 힘들었던 것은, 학생들이 워낙 말을 빨리하다 보니 한 사람의 말을 다 이해하고 소화하기도 전에 다른 사람이 그에 대한 말을 덧붙이고 있었고, 나는 그저 그들이 한 말을 알아듣기에도 바빴다는 점이었다. 당연히 내가 토론에 참여해서 이야기하는 경우는 극히 적었다. 그 때문인지 첫 학기가 끝난 후 교수들끼리만 진행하는 신입생 평가 회의에서 나는 '조용한 학생'이라는 평가를 받았다. 지도교수님은 회의 내용을 나에게 전달해 주면서 "토론에 더 적극적으로 참여하기를 바란다"라는 피드백을 주셨다.

　'좋은 학생'이 되고 싶었던 나는 지도교수님의 말대로 그다음 학기에는 더 적극적으로 참여해야겠다고 마음먹었다. 하지만 상황은 나아지지 않았다. 여전히 수업 내용은 만만치 않았고, 학생들의 말 빠르기를 따라잡기 힘들었다. 그래서 토론이 가장 많이 이루어지는 수업의 교수에게 면담을 요청했다. 그리고 나의 상황을 이야기했다. "내 모국어가 영어가 아니다 보니 다른 학생들보다 토론 내용을 이해하고 따라가는 속도가 약간 더디다. 그런데 나는 토론에 적극적으로 참여하고 싶다. 그러니까 내가 가끔 손을 들고 이야기를 하기는 할 텐데 그게 그 순간에 토론하는 내용이 아니라 바로 전에 이야기하던 주제일 수 있다. 다소 뜬금없거나 맥락에서 벗어나는 것처럼 들려도 조금 이해해달라"라는 것이 내가 해당 수업 교수님께 부탁드린 내용이었다. 면담 후 교수님은 작은 행동 변화를 보여주셨다. 하나의 주제에 관한 토론이 끝나려고 할 즈음에 항상 나에게 "너는 어떻게 생각하니?"라고 물어봐 주셨다. 어떨 때는 나에게 "한국의 상황에 관해서도 이야기해 줄 수 있을까?"라면서 한국의 문화적 맥락에 대해 질문하셨다. 아마 다른 학생들에게도 그것이 좋은 교육 효과가 있다고 생각하셨던 것 같다. 물론 이 질문은 나뿐만 아니라 중국인인 내 동기에게도 자주 하셨다.

그때의 경험은 나에게 엄청난 힘이 되었다. 우선 내가 수업 중에 발언하는 경험을 늘릴 수 있었다. 성공 경험이 쌓이면서 그때부터는 '누군가의 도움 없이도' 스스로 토론 중간에 개입하여 적극적인 참여를 할 수 있는 학생이 되었다. 또한 내가 발언할 때 다른 학생들이 나의 목소리에 귀를 기울여 주는 경험을 하게 되었다. 다양한 문화적 맥락의 중요성에 대해 알고 있었던 교수님은 학생들을 통해 이야기를 끌어냄으로써 그들의 참여 자체를 또 하나의 교육 콘텐츠로 만들어 내셨다. 그리고 교실 안에서 주변인이 될 뻔한 학생들을 오히려 중심인물로 만들어 주셨다.

학습 장면에서 교수자는 학생들에게 본보기가 되기도 하고, 학습 분위기를 특정 방향으로 끌어낼 수 있는 힘을 지니고 있기도 하다. 교수자가 그 힘을 잘 사용할 수 있다면 학습자뿐만 아니라 교수자 자신이 학습할 기회도 확대되고 크게 성장할 기회가 열린다. 이제부터 학습 장면에서 학습자들이 영향을 받을 수 있는 다양한 요소를 짚어보고, 교수자가 무엇을 할 수 있을지에 관해 이야기해 보겠다.

교수자의 고정관념은
학습자의 능력 발휘를 제한할 수 있다

교육학 분야에서는 꽤 유명한 연구가 있다. 고정관념 위협 stereotype threat이라는 개념을 제시한 클라우드 스틸Claude M. Steele과 그 동료들이 진행한 연구다.[1] 연구진은 흑인들의 학업 수행이 백인들의 학업 수행보다 낮은 이유가 실제 능력 차이라기보다는 "흑인들은 지적 능력이 떨어진다"라는 고정관념에 의한 결과라는 가설을 세우고 실험을 진행했다. 1990년대 중반부터 진행된 이 연구는 대체로 다음과 같이 이루어졌다. 먼저 흑인과 백인을 모집하여 두 가지 조건에 무작위로 배정한다. 각 조건에는 흑인과 백인의 수가 비슷하도록 하고 표준화된 시험문제를 풀도록 한다. 단, 한 조건에서는 시험을 치르기 전에 "이는 지적 능력을 검사하기 위한 것이다"라는, 고정관념 위협이 있는 지시문을 주고, 다른 조건에서는 "이는 문제해결과제다"라는, 고정관념 위협이 없는 지시문을 준다. 연구 결과, 가설은 지지되었다. 즉, 고정관념 위협이 있는 조건에서 실제로 흑인들은 백인들보다 낮은 점수를 받았다. 고정관념 위협이 없는 조건에서는 흑인과 백인 간에 점수 차이는 없었다. 흑인들만 놓고 보았을 때는 고정관념 위협이 없는 조건의 흑인들이 고정관념 위협이 있는 조건의 흑인들보다 점수가 높았다. 이와 같은 연구는 그 이후에도 실험 방법(지시문을 달리함, 생리학적 측정치 활용 등), 연구 대상, 비교 차원(인종 차이가 아닌 성별 차이 등) 등을 조금씩 달리하면서 반복적으로 수행되었고 비슷한 결과를 도출했다. 지금까지의 대체적인 결론은 고정관념 자체가 수행에 영향을 미친다고 보기는 어렵지만, 고정관념으로 인해 유발된 불안감이 수행 결과에 영향을 미칠 수 있다는 것이다.

이러한 연구 결과는 교수자들에게 자신을 성찰할 기회를 준다. 교수자도 사람이기 때문에 고정관념을 가지고 있을 것이다. "남학생이 조금 더 적극적이다", "여학생이 조금 더 꼼꼼하다", "특목고를 다닌 학생들이 더 잘한다", "비수도권 출신 학생들이 다른 학생들보다 더 열심히 공부한다" 등 자신의 경험에 빗대어 (또는 자신만의 빅데이터, 즉 편향 가능성이 있는 데이터를 바탕으로) 교수자들도 특정 배경을 가진 학생에 대해 고정관념을 가질 수 있다. 모든 고정관념이 그렇지는 않지만, 상당수의 고정관념은 그 사람이 가진 배경적 특성demographic characteristic과 관련 있다. 성별, 출신 학교, 출신 지역, 나이, 전공, 종교 등에 따른 고정관념을 가지는 것 자체가 옳다 그르다고는 할 수 없다. 인간은 경제적으로 사고하려는 경향을 가진 데다 고정관념은 많은 양의 정보를 신속히 처리할 때 매우 유용하기 때문이다. 하지만 그 고정관념에 의해 특정 학생들이 자신의 잠재력을 충분히 발휘할 수 없다면, 교수자의 역할을 제대로 하고 있다고 이야기할 수 있을까? 교수자의 고정관념 때문에 특정 학생(들)이 학습과정에서 무의식적으로 배제되거나 무시된다면, 바람직하지 않을뿐더러 학습에서 가장 중요한 학습 목표를 달성하지 못하게 된다.

교수자의 편견은 교실 안에서 교수자-학습자 사이의 상호작용도 달라지게 한다. 초중등 교육과정의 교사와 학생들을 대상으로 연구한 결과, 선생님들은 대체로 여학생보다 남학생에게 발표 기회를 더 준다고 한다. 외모와 관련한 언급은 여학생에게 더 많이 하는가 하면("오늘 예쁜 옷을 입었구나"), 처벌은 여학생보다 남학생에게 더 많이 주는 경향도 있다고 한다.[2] 이렇게 교수자들은 학생들과 상호 작용하면서 자기도 모르게 편견 섞인 행동을 하게 된다. 평균적으로 여학생들이 남학생들보다 조용한 편인데, 이것이 단순히 성별 차이인지 교사가 만든 교실 분위기에 의해 강화된 특성인지 비판적으로 생각해 볼 필요가 있다. 여기서 언급한 연구 결과는 남녀 차이에 대한 것이었지만, 더 다양한 차원으로 확장해 볼 수도 있다. 적극적인 학생과 소극적인 학생, 새로운 지식을 빨리 터득하는 학생과 시간이 좀 더 걸리는 학생 등 개인 차이가 존재하는데, 내가 교수자로서 그들에게 과연 똑같은 기회가 가게끔 하는지 돌아볼 만하다.

　교수자에게 직접 물어보면 대부분 자신이 성별에 대한 편견 없이 학생들을 대한다고 이야기하지만, 실제 행동을 조사해 보면 그렇지 않은 경우가 더 많다. 자신의 생각이 행동에 그대로 반영된다고 믿어 스스로의 행동을 자각하지 못한 것이다. 하지만 고무적인 사실은, 자신이 공정하다고 믿는 교사들에게 성 고정관념이나 편견과 관련한 교육을 진행하게 하고 그 장면을 녹화하여 자신의 행동을 객관적으로 직시하게 할 경우 자신이 편향됐음을 자각하여 이후 행동에 변화가 발생한다는 것이다. 학습자들이 교실 안에서 학습의 기회를 균등하게 받을 수 있도록 하기 위해서는 교수자도 노력해야 하고, 그 노력에 따라 교실 분위기가 바뀔 수 있으며 궁극적으로 교육도 변화할 수 있다.

　교수자도 사람이기에 고정관념을 갖고 있다. 그 자체를 비난할 수는 없다. 하지만 교수자라면 자신의 고정관념이나 편견을 인식하고 인정할 필요가 있으며, 그 고정관념이 틀릴 수도 있음을 숙지해야 한다. 교수자는 자신의 고정관념이 불러올 수 있는 결과(수업 중에 하게 되는 말과 행동)를 생각하면서 자신의 행동을 관찰해야 한다. 그리고 자신이 언제든 틀릴 수 있다고 생각하면서 끊임없이 자신의 생각과 말, 행동을 성찰하는 것이 중요하다. 그리고 나서 다음 수업을 계획할 때 어떻게 수정하면 좋을지 고민하며 실천해 보자. 우리는 그 누구도 완벽하지 않다. 인간에게는 수많은 결점이 있고 결점이 없는 인간이 되는 것은 불가능하다. 하지만 0이 될 수는 없어도 0에 수렴하는 그래프를 그릴 수 있듯이, 결점을 줄이는 것은 노력으로 가능하다.

학습 장면에서 학습자를 둘러싼 모두가 역할 모델이 될 수 있다

역할 모델로서의 교수자

내가 신임 교원으로 임용되었을 때 학교에서 신임 교원의 교수역량 증진을 위한 마이크로티칭을 한 번씩 받도록 의무화했다. 마이크로티칭이란, 내가 실제로 수업하는 장면을 15~20분 정도 촬영한 후, 그것을 교육 전문가와 함께 보면서 나의 교수 스타일에 대해서 객관적으로 살펴보는 것이다. 비슷한 경력을 가진 다른 교수들과 함께 진행했는데, 서로의 교수 스타일에 대해 피드백도 해주는 등 큰 도움이 되었던 세션이었다. 자신이 가르치는 모습을 보는 것처럼 낯간지러운 일이 또 있으랴. 부끄러움과 민망함을 무릅쓰며 내 모습을 시청한 후 피드백을 받았다. 그중 기억에 남는 피드백이 바로 내가 학생들에게 본보기가 되고 있다는 말이었다. 어리둥절하여 그게 무슨 말인지 되물었다. 내가 학생 전체를 대상으로 질문을 한 후, 학생이 손을 들고 답변을 할 때 굉장히 적극적으로 그 답변을 들으려고 한다는 것이었다. 학생이 뒤에 앉아 있으면 뒤쪽으로 걸어가기도 하고, 잘 들리지 않을 때는 다시 말해달라고도 하고, 답변하는 학생과 눈을 잘 마주친다는 것이었다. 사실 상담을 배웠던 나에게 이러한 기술을 사용하는 것은 전혀 새로울 것이 없었다. 사람과 이야기할 때 눈을 맞추며 열심히 듣고 필요한 경우 재질문하는 것은 상담에서 기초적으로 배우는 것들이다. 원래부터 나는 사람들과 이야기하는 것을 좋아하기 때문에, 가능하면 상대와 눈을 마주치려고 하고 그 사람의 말을 이해하려는 노력을 많이 한다. 그런데 그것이 역할 모델이 된다니, 이게 무슨 뜻인가 싶었다. 전문가의 설명은 이러했다. 학생들은 '영향력이 있는 존재(교수자)'가 그렇게 행동하는 것만으로도 '저 학생이 중요한 말을 하는 건가? 왜 교수가 저쪽으로 이동하지?' 하며 다른 학생의 말에 귀를 기울이게 된다는 것이다. 그리고 학생 자신도 의식적이든 무의식적이든 수업 안에서 다른 학생들과 이야기를 나눌 때 그러한 행동을 모방하게 된다는 것이다. 또한 '아, 저 교수는 학생의 말을 들으려고 하는구나'라는 느낌을 주어서, 학생들은 자신이 존중받고 있고 자기 생각이 중요할 수 있음을 인식하면서 학습 동기가 강화된다는 것이다.

사실 이 내용을 책에서 읽었다면 '당연하지!'라고 생각하고 넘어갔을 텐데, 내가 한 행동을 직접 관찰하면서 피드백을 받으니 머리를 한 대 얻어맞은 듯했다. 내가 교수자로서 교실 안에서 하는 말 하나, 행동 하나가 학생들에게 상당한 영향력을 가진다는 것을 크게 깨달았던 기회였다. 그때부터 작은 행동 하나도 소홀히 할 수 없게 되었다(그래서 매우 힘들기도 하다!). 수업에 일부러 미리 가서 준비를 한다든지(내 수업은 주로 사범대 학생들을 대상으로 해서 미래 교사들에게 미칠 영향에 대해서도 생각하지 않을 수 없다), 다른 학생들과 이야기를 나눌 때 나의 말투나 톤 같은 것까지도 신경이 쓰이기 시작했다.

학습자들은 학습 장면에서 무엇을 배울까? 일차적으로는 다양한 지식과 기술을 습득한다. 예를 들어 통계 수업에서는 통계와 관련된 지식과 통계를 사용하는 기술을 배운다. 내가 주로 가르치는 상담 관련 과목에서도 상담과 관련한 다양한 이론도 배우고 해당 이론이 현장에서는 어떻게 활용되는지에 대해서도 배운다. 대부분의 교과목은 교과 지식을 가르치는 것을 주된 목적으로 삼지만, 학습자들이 그것만 배우는 것은 아니다. 학습자들은 학습 장면에서 자기가 문제를 만들어 스스로 해결해 가면서 자기주도성이나 자기관리능력도 배운다. 또래들과 협업하면서 협력하는 방법, 갈등을 해소하는 방법 등 대인관계기술도 배운다. 즉, 교과 지식 그 자체는 아니지만, 살아가면서 필요한 중요한 역량을 개발한다. 이러한 요소는 교수자가 수업을 설계할 때 의도적으로 통합시킬 수 있다. 예를 들어 협업능력이 중요한 역량이라고 판단되면 협업하는 형식의 과제를 부여한다든지, 교수자의 개념 설명 이후 해당 내용을 또래에게 설명해 보게 하는 활동을 넣는다는지 하는 식으로 이를 수업 안에 세밀하게 녹여낼 수 있다.

하지만 교수자가 간과하기 쉬운 부분은 바로 교수자가 의도적으로 설계해 넣지 않은 부분이다. 학습자는 교수자가 설계한 수업 안에서 다양한 지식과 기술, 태도, 역량 등을 개발하기도 하지만, 교수자를 통해서도 배운다. 심리학자 반두라Albert Bandura와 동료들은 유명한 보보인형 실험Bobo doll experiment을 통해 인간이 관찰과 모델링을 통해 학습한다는 사실을 밝혔다.[3] 보보인형 실험을 간단히 소개하면, 우선 이 실험은 아동을 대상으로 진행했다. 어른(연구원)이 보보인형(일종의 큰 오뚝이로, 툭 치면 넘어졌다가 다시 일어난다)을 망치로 때리는 것을 관찰하게 한 후 보보인형을 주면 아이들도 똑같이 망치로 때리면서 노는데, 어른의 성별이 아동 본인의 성별과 같을 때 모방효과가 더 크게 나타났다. 이 실험을 통해 인간은 자신과 유사한 타인의 말이나 행동을 자연스럽게 학습하고 그 경향성은 타인과 나의 관계가 긴밀할수록 더 강해진다는 것이 밝혀졌다.

반두라의 이론에 따르면 학습자는 자신의 주변에 있는 어떤 누구라도 관찰하는 동시에 그를 통해 배우게 된다. 특히나 교수자는 학습자 입장에서는 영향력이 큰 존재다. 대부분의 학습자에게 교수자는 지식을 많이 가지고 있는 사람 또는 수업을 관장하는 사람으로 보이기 때문에 그 자체로 영향력을 가진다. 모든 학생이 그렇지는 않을 수 있지만, 많은 경우 학생들은 교수자와 좋은 관계를 갖고 싶어 한다. 그렇기에 학습자들도 알게 모르게 교수자의 행동을 관찰하면서 그것을 모방하게 되고 바람직한 행동에 대한 기준점으로 활용하기도 한다. 그러니 교수자로서 바람직한 행동과 올바른 말을 사용한다면 그 자체로도 학습자들에게는 좋은 학습경험이 될 수 있다.

책과 예시 등에 나오는 등장인물

내 눈앞에 보이는 인물만이 역할 모델이 되는 것은 아니다. 책에 등장하는 인물도 충분히 영향을 가질 수 있다. 예를 들어 '레슨 인 허스토리Lessons in Herstory'라는 앱을 보자. '미국 역사책에 등장하는 여성이 11%밖에 되지 않는다'라는 문제의식하에 만들어진 모바일 애플리케이션으로, 해당 애플리케이션을 설치한 스마트폰을 역사책에 등장하는 남성 인물 가까이 가져가면 동시대에 활약했던 여성 인물들을 보여주는 앱이다. 교육계에는 이와 비슷한 문제의식이 이전부터 존재했다. 교과서에 등장하는 인물들이 대체로 남성이면 여학생의 학습 동기나 진로 동기가 저하될 수 있다는 비판 때문이다. 특히 STEM(Science, Technology, Engineering, Math의 줄임말로, 이공계 학문 영역을 포괄하여 칭하는 용어) 분야에서는 이 점이 많이 논의되고 연구되었다.[4] 지금 이 글을 읽고 있는 여러분도 한번 떠올려 보라. 중고등학교 과학 시간에 이름을 들어본 과학자 중에 여성은 몇 명이었나. 요즘 학생들은 다를 수 있지만, 나와 비슷한 시기에 학교를 다녔던 사람이라면 주로 마리 퀴리Marie Curie 정도를 떠올리거나 좀 더 최근의 과학자로 제인 구달Jane Goodall 정도를 떠올릴 정도로 과학자 중 여성 모델을 찾기가 어렵다. 그 이유는 우리가 학창 시절에 본 과학 교과서에는 주로 남성 과학자들이 많이 등장했기 때문이다.

우리나라에서 진행된 연구 중에도 교과서에 등장하는 인물을 분석한 사례들이 있다. 교과서 삽화에 등장하는 사람의 성별뿐만 아니라 그림 안에 나타난 역할 등을 분석하기도 하는데 과학이나 수학 교과서에는 남성이 여성보다 많이 등장한다.[5] 도덕이나 국어 교과서에도 대체로 남성이 여성보다 많이 등장하는데, 남성은 야외활동을 더 많이 하는 것으로 묘사되는 반면 여성은 가정활동을 보여주는 경우에 더 많이 등장한다.[6] 최근에는 다문화 가정의 증가로 다문화주의 관점에서 삽화를 분석하는 연구도 생겨났는데, 다문화 배경을 가진 인물이나 장애인의 등장 빈도가 현저히 낮다.[7] 교과서의 삽화가 학생의 인생과 인과적인 관계를 가진다고 이야기하기는 어렵겠지만, 반두라의 설명을 빌리면 어느 정도의 영향력은 있을 수 있다. 자기와 비슷한 특성을 지닌 유명 인물이 교과서에 한 번도 등장하지 않는다면, 학생으로서는 '내가 과연 가능할까'라는 의심을 품게 될 수도 있다. 희망적인 사실은 이러한 분석 결과를 바탕으로 교과서는 꾸준히 변화하고 있다는 것이다. 비록 그 속도는 느릴지언정 말이다.

이 사례는 주로 초중등 교과과정 중심으로 진행된 연구이지만, 대학 교육에도 적용될 수 있다. 교과서에 등장하는 인물, 수업 시간에 활용하는 시청각 자료에 등장하는 인물이 어떤 사람들로 이루어졌는지를 비판적으로 점검해 보면 깜짝 놀랄 수도 있다. 나는 강의하는 과목의 성격상 슬라이드에 인물 삽화를 종종 사용하는 편인데, 나조차도 백인 사진을 많이 사용하고 있음에 깜짝 놀랐다. 가족과 관련한 내용을 다룰 때도 전통적인 가족 개념을 보여주는 그림이 대다수였다(남녀 성인 부모에 자녀가 한두 명인 가족). 하지만 요즘에는 가족 형태도 다양해지고 있어서(한 부모 가족, 조손 가족 등), 자칫 그러한 삽화로 인해 누군가의 가족은 '정상적 가족'이 아니라는 메시지를 전달하지는 않을지 생각해 보게 된다. 진로상담 과목을 가르칠 때는 상담 사례에 등장하는 인물의 배경에도 신경이 쓰인다. 혹여나 특정 성별이나 배경을 가진 사람들만 진로 문제를 가진 것처럼 비치지는 않을지 걱정된다. 수업 시간이나 시험 문제에 등장하는 사람의 이름도 한국인 이름뿐 아니라(김 박사), 다양한 외국 이름을 사용함으로써 최대한 모델을 다양화하려고 한다(곤잘레스 박사, 왕 박사 등). 그런 과정에서 다양한 문화권의 인물에 대한 학생들의 수용도도 자연스레 높아질 것이라고 믿기 때문이다.

다양한 사람들과 다양한 생각을 나눌 때
학습효과는 높아진다

다양성이 존중되는 교실을 만든다는 것은 궁극적으로는 다양한 생각과 의견을 주고받을 수 있는 환경을 만든다는 것이다. 고등교육기관의 중요한 기능 중 하나는 진리탐구다. 진리를 탐구하는 과정에서는 가능한 한 많은 의견이 오가는 것이 유리하다.[8] 역사적으로도 중요한 이론이 발견되는 과정을 살펴보면 기존 이론에 대한 회의 또는 반박에서 출발한 경우가 많다. 만약 반대 의견을 가진 사람이 자기 생각을 자유롭게 말할 수 없는 상황이었거나 받아들여지지 않는 환경이었다면, 학문의 발전 정도가 지금과는 달랐을 수도 있다. 고등교육기관이 진리탐구에 보탬이 되지는 못할 망정 방해가 되지 않으려면 구성원들이 진리탐구의 과정에서 다양한 의견을 주고받을 수 있는 환경을 조성해야 한다. 이는 다양한 가치관과 생각이 수용되는 교실을 만드는 것에서 시작한다. 자신이 운영하는 교실 안에서 학생들이 다양한 생각을 주고받을 수 있는 분위기를 조성하는 방법은 다양한데 그중 몇 가지를 알아보자.

질문을 잘 활용하기

학생들이 자신의 의견을 이야기하고 생각을 나누기를 바라는 마음은 어느 교육자든 마찬가지일 것이다. 그런데 교수자가 수업 중 질문을 하거나 학생들의 생각을 물어보면 침묵하는 경우들이 꽤 있다. 학생들에게 생각이 없어서일까? 나는 그렇게 생각하지 않는다. 대학에 들어온 정도의 성인이라면 분명 어떤 생각을 가지고 있을 것이다. 모든 학생이 그렇지는 않더라도 분명 일부 학생들은 그 질문에 대해 자신만의 답을 가지고 있다. 그렇다면 교수자의 역할은 그 대답을 끌어내어 교실 장면에서 말을 할 수 있게끔 하는 것이어야 한다. 그러려면 우선 학생들이 자신의 생각을 이야기할 수 있는 수업 분위기를 만들어야 하는데, 이를 학기 초반에 하는 것이 중요하다.

학기 초반에는 주로 정답이 없는 질문을 하는 것이 좋다. 학생들은 정답이 있는 질문을 물어보면 틀린 답을 할까 봐 매우 조심스러워하며 답변을 꺼리는 경우가 많다. 사실 틀린 답을 해도 상관없는데, 학습 장면에서 학습자들은 이왕이면 잘하고 싶어 하기 때문에 답이 틀릴 수도 있을 것 같다는 생각이 조금이라도 들면 선뜻 답하지 않는다. 물론 교실 안에서 신뢰관계가 잘 형성되고 나면 학생들은 틀린 답이라 하더라도 자신 있게 이야기할 수 있게 된다. 하지만 학기 초반에는 서로 서먹서먹하기 때문에 신뢰 관계를 형성하기 위해서는 정답 없는 질문 위주로 하는 것이 더 효과적이다. 교과 특성상 답이 있는 질문을 할 수밖에 없다면, 답이 하나만 있는 질문보다는 답이 여러 가지인 질문을 하는 것이 효과적이다. 학생 입장에서는 선생님의 질문에 답을 하더라도 잃을 것이 적다는 것을 알게 되어 좀 더 위험 감수risk-taking를 하게 된다. 이 분위기가 잘 만들어지고 나면, 교실 안에서 다양한 생각들이 오가고 창의적인 아이디어들이 나오기 시작한다.

학생들과 상호 작용할 때는 개방형 질문open question을 자주 활용하는 것도 좋은 방법이다. '왜', '어떻게', '무엇을(이)' 등이 그것으로, "이 현상은 왜 일어난 것 같나요?", "이 문제를 해결할 수 있는 방법에는 어떤 것이 있을까요?" 등은 답변에 자유도가 큰 질문들이다. 반대로 폐쇄형 질문closed question은 "예/아니요"로 답변이 가능하거나 답안이 정해져 있다. "이 방법은 효과적일까요?", "XYZ이론은 참 말이 안 되죠?" 등과 같은 질문이다. 개방형 질문이 절대적으로 좋고 폐쇄형 질문이 좋지 않다는 것이 아니다. 더 중요한 것은 상황과 맥락에 맞게 질문하는 것이다. 그런데 초반부터 폐쇄형 질문을 너무 많이 하게 되면 학생들은 답변의 자유도에 제한을 느끼고, 경우에 따라서는 정답을 말해야만 할 것 같은 압박 때문에 답변하기를 꺼릴 수 있다. 이는 자유롭게 답변할 수 있는 분위기를 만드는 데 방해가 되고, 결국 학습자들의 다양한 생각을 이끌어내는 데 어려움을 겪을 수 있다.

자신을 돌아볼 때 폐쇄형 질문을 자주 하고 있다면 혹시 고정관념이나 편견이 많은 것은 아닌지 생각해 볼 필요도 있다. 학생들과 이야기할 때 "여러분은 졸업하고 나면 결혼을 할 거죠?", "~할 때, 화나죠?", "남학생들은 이해 못 하겠죠?"라고 묻는 경우가 많다면, 자신의 머릿속에 '졸업을 하면 결혼을 해야 한다'라든지 '내가 여성이니 남학생은 내 생각에 공감 못할 것이다'라는 식의 고정관념이나 편견을 가지고 있을 수도 있다. 정말로 상대의 생각이 궁금하다면 "여러분은 졸업하면 무엇을 할 건가요?"와 같은 식으로 물어봄으로써 상대의 생각이나 감정을 내가 정하지 않고 상대에게 이야기할 수 있는 권한을 부여하는 것이 맞다. 이러한 과정이 반복되면 학습자들이 자신의 생각과 감정을 더 솔직하고 자유롭게 이야기할 수 있는 분위기가 조성될 수 있다.

학생의 말에 반응해 주기

자유롭게 생각을 주고받을 수 있는 분위기를 만들기 위해서는, 좋은 질문을 던지는 것뿐만 아니라 학생들이 수업 시간에 생각을 말했을 때 반응을 잘해주어야 한다. 이것은 모든 답변에 대해서 다 긍정해 주라는 뜻은 아니다. 교육적 차원에서 적절하지 못한 답변을 하거나 방향성이 어긋났을 때는 바로잡는 것도 필요하다. 하지만 기본적으로 의견을 낸 학생에게 강화reinforcing를 해주는 것은 매우 중요하다. 예를 들어 교수자가 먼저 질문을 했는데 한 학생이 답변을 했다면 "학생은 그렇게 생각했군요", "지금까지 나온 의견과는 다소 관점이 다른 의견이네요", "매우 새로운 시각이네요" 등과 같이 독려해 주는 것이 중요하다. 이는 그 학생의 말이 옳고 그름을 떠나 현재 일어나고 있는 토의에서 학생의 참여가 가치 있는 행동이었음을 보여주게 되고, 학습에 계속 능동적으로 참여하게끔 동기를 부여해 줄 수 있다. 또한 그 장면을 본 다른 학생들은 새로운 시각에서 의견을 내고 싶어 하는 마음도 들게 된다.

학생들이 질문할 때 교수자의 반응도 중요하다. 학기 초반에는 아무래도 질문을 주저하기 쉬운데 그럴 때에도 용기를 내어 질문하는 학생들이 있다. 이때 첫 질문을 하는 학생에게 어떻게 반응하느냐에 따라 교실 분위기가 많이 좌우될 수 있다. 질문의 종류는 상관이 없다. 아주 단순한 질문이더라도 독려하고 강화해 주면 좋다. "선생님, 저번에 말씀하신 과제는 언제까지 해야 해요?"와 같은 질문에 "저번에 말했는데, 그때 안 듣고 뭐 했어요?"라고 답하는 방식은 학생을 탓하는blaming 방식의 진술이다. 가만히 들여다보면 답 안에는 교수자의 짜증이 섞여 있다. 학생들이 모를 것 같지만 교수자의 감정이 어떤지 다 안다. 이런 대답을 듣게 되면 학생들이 그다음부터는 질문을 잘 안 하게 될 확률이 높다. 본인이 창피해지는 것도 싫고 교수자를 불편하게 하고 싶지 않기 때문이다. 이런 경우에는 학생의 질문에 이렇게 답을 하면 된다. "날짜가 헛갈렸군요. 12월 7일까지입니다. 수업 계획서에도 적혀 있으니 참고하세요"라고 말이다. 만약 여기에 좀 더 독려하고 싶다면 "다른 학생들도 헛갈렸을 텐데 대표로 질문을 해주어서 고맙습니다"와 같이 반응함으로써 힘을 더 불어넣어 줄 수 있다.

또래와 상호 작용하는 기회 늘리기

토론과 토의를 활용하는 수업법이 새로운 것은 아니다. 하지만 다양한 의견을 존중하고 수용하는 교실을 만들기 위해서는 더할 나위 없이 좋은 교수법이라는 점을 강조하고 싶다. 교수자가 주로 이야기를 많이 하는 형태의 수업은 아무리 다양한 질문을 통해 학생들의 의견을 받는다고 해도 제한적일 수밖에 없다. 그런 면에서 소그룹 토의나 토론을 자주 하면 학생들은 또래들의 생각을 듣거나 자신의 의견을 나눌 수 있기 때문에, 그 과정에서 자연스레 다양한 관점에 대해 학습할 기회를 가지게 된다.

고등교육 장면에서 교양 수업은 특히나 나와 다른 또래 학생들의 생각을 들어보는 좋은 기회다. 전공이 서로 다른 학생들끼리 하나의 이슈에 대해 이야기하면 저마다 시각이 다르다는 것을 배우게 된다. 그런데 이 기회를 충분히 살리지 못하고 교수자의 강의만 듣고 간다면 학생들은 새로운 지식은 배울 수 있을지 몰라도 다양한 관점을 듣고 배울 기회는 갖지 못한다. 10~15분이라도 옆 사람과 자기 생각을 주고받는 활동을 수업 중간 중간에 배치하면 교수자의 일방적 시선이 아닌 다채로운 시선을 접할 수 있으니, 이런 점을 고려하여 수업을 설계하면 좋다.

조별 프로젝트를 진행하는 수업의 경우에는 각 조에 비교적 다양한 구성원이 포함되도록 하는 것도 하나의 방법이다. 과제의 성격이나 교과 성격에 따라서는 오히려 동질적인 사람들끼리 조를 구성하는 것이 필요할 수도 있다. 하지만 새로운 아이디어를 도출해야 하는 과제라면 다양한 구성원과 작업하는 방식을 한 번쯤은 택해보는 것도 좋다. 물론 여기에는 리스크가 따른다. 구성원이 다양할수록 의사결정에 오랜 시간이 걸릴 수도 있고 학생들 사이에 갈등이 일어날 수도 있다. 하지만 그것도 배움의 일부라고 생각한다. 실제 사회는 동질적이지 않다. 학교를 졸업하고 사회생활을 하게 되면, 내 의지와 상관없이 나와 많이 다른 사람들과 일하게 된다. 그렇다면 오히려 그런 상황을 학교에서 연습해 보는 것이 좋지 않을까? 나와 생각이 전혀 다른 사람과 이야기하면서 답답함도 느껴보고, 그 좌절감을 갖고도 친구로 지낼 수 있다는 것도 경험하고, 갈등이 생겼을 때 해결하는 방법을 배우는 것도 교육이 아닐까? 단 이러한 경험을 교육적으로 의미 있게 만들기 위해서는 주의할 점이 있다. 조별 프로젝트의 '결과'만 평가하면 자칫 '과정'에서 배울 수 있는 것들을 간과할 수 있기 때문에, 결과뿐만 아니라 과정도 가능하면 평가에 반영하는 것이 좋다. 각 조원이 결과물에 어느 정도 기여했는지도 중요한 기준이 될 수 있지만, 얼마나 협력적으로 일했고 얼마나 열심히 다른 사람의 의견을 경청하고 수용하려고 했는지 등의 태도와 자세를 평가할 수 있다면, 이러한 부분을 체계적으로 설계해 넣는 것이 좋다.

다양성을 존중하는 교실을 만들기 위한 교수자의 노력

교수자의 고정관념이나 편견은 수업 내용, 수업 방법, 교수자의 태도 등에 드러난다. 그것이 학습자에게 미칠 수 있는 좋지 않은 영향을 최소화하고 다양성이 존중되는 교실을 만들기 위해서는 교수자 스스로 자신을 끊임없이 살펴보는 수밖에 없다. 자각이 있으면 변화할 수 있는 여지가 생기지만, 자신의 문제를 자각조차 하지 못한다면 아무런 변화도 일어날 수 없다. 자기를 스스로 점검하려면 어떻게 해야 할까?

언어에 담긴 소외의 가능성 인식하기

언어란 본디 추상이고, 다소 복잡할 수 있는 개념을 소통이 용이하도록 한두 가지 말에 함축하여 표현한 것이다. 예를 들어 몇 년 전 생겨난 '썸'이라는 단어는 진지하게 만나는 사이는 아니지만 그렇다고 친구라고 하기에도 애매한 관계를 함축적으로 표현하기 위해 생겨난 단어다. 이렇듯 사람들의 생각을 반영하는 것이 언어다. 그런데 언어는 힘을 지니고 있어서 반대로 언어에 의해 우리의 생각이 영향을 받을 때도 있다. 최근에는 거의 사용하고 있지 않지만, 20여 년 전만 해도 장애인에 대비되는 말로 '정상인'이라는 표현을 많이 사용했다. 대부분의 사람들은 아무 생각 없이 사용했을 수 있지만, 누군가에게는 차별적인 표현이었다. 장애인에 대비되는 말로 정상인이라는 표현을 사용함으로써 암묵적으로 장애인은 비정상적이라는 의미를 전달할 수 있으니 적절하지 않다는 비판이 일었고, 이제는 장애가 없는 사람을 지칭하는 말로 비장애인이라는 표현이 일반적으로 사용되고 있다.

우리가 일상적으로 사용하는 말과 글에도 암묵적인 가정이 많이 스며들어 있다. 일례로 내 수업에서 자녀가 부모의 영향을 받는 여러 경로의 하나로 유전에 대해 이야기하며 "자녀는 부모와 유전적 정보가 유사하기 때문에…"라고 설명할 때가 있다. 이 문장에서 문제점을 혹시 발견했다면, 당신은 다양성 감수성이 매우 높은 사람일 것이다. 여기에 깔려 있는 암묵적인 가정은 '자녀'가 생물학적인 자녀라는 가정이다. 하지만 생물학적 관계가 아니더라도 부모-자녀 관계는 얼마든지 성립한다. 예를 들어 입양을 하거나 자녀가 있는 사람과 결혼할 경우, 생물학적 관계는 없더라도 엄연한 부모-자녀 관계가 만들어진다. 최근에는 가족의 형태가 매우 다양해져서 이런 가정에서 자란 사람이 있을 확률이 전보다 훨씬 높아졌다. 그래서 부모-자녀의 유전적 유사성에 대해 이야기할 때 '생물학적 자녀biological children'라고 구체적으로 짚어서 이야기한다. 또 다른 예로, '비혼'이라는 단어가 있다. '결혼을 아직 하지 못했다'라는 의미의 미혼未婚이라는 표현에는 '결혼'을 당연시하는 가정이 포함되어 있기 때문에 비혼非婚이라는 표현으로 바꾸어 사용하게 되었다. 일상적인 언어에 내재된 (차별적) 가정을 비판적으로 점검하면서 생겨난 변화라고 할 수 있다.

사회과학 분야에서는 논문을 작성할 때, 미국심리학회American Psychological Association, APA 양식을 많이 사용한다. 6차 APA 양식에 이어 가장 최근에 나온 7차 APA 양식에서도 편견을 최소화한 언어bias-free language를 쓸 것을 권고하고 있다. 이 지침에서는 연령, 장애 여부, 성별, 성 정체성, 인종이나 민족 정체성, 사회경제적 지위 등 다양한 각도에서 언어에 담긴 편견을 다루고 있다. 예를 들어 나이가 많은 사람을 지칭할 때는 '연로한elderly' 또는 '어르신seniors'이라는 표현보다는 '나이가 든 성인older adults'으로 표현하기를 권고한다. 아시아인을 지칭할 때는 '오리엔탈Orientals'보다는 '아시안Asians'으로 표기하기를 권고하는 등 역사적으로 특정 집단을 비하하면서 등장했거나 정확하지 않은 표현을 지양하고 가능하면 중립적인 언어를 택하기를 권한다.[9] APA 양식은 사회과학에서 영어로 글쓰기를 할 때의 지침이라 우리나라 맥락에 모든 것이 다 맞지는 않지만, 그런 지침을 만들려는 노력만큼은 본받을 만하다.

학습자, 전문가 그리고 스스로에게 피드백 받기

전문가들은 교수자가 교실 안에서 얼마나 수용적이었는지에 대한 문항을 개발하여 학습자에게서 피드백을 직접 받기를 권한다. 제품과 서비스 판매자가 소비자에게 의견을 물어 제품과 서비스를 개선하듯, 교육을 하는 사람은 교육의 최종 수혜자인 학생에게 의견을 묻는 것이 가장 좋다. 수업 성찰지를 작성해 보는 것도 방법이다. 매 수업이 끝나고, 간단하게라도 오늘 수업에서 누군가가 배제되지는 않았을지, 내가 사용했던 수업 자료는 최대한 다양한 사례를 포함하고 있었는지 등에 대해 돌아보고 기록해 두면 다음 수업을 준비할 때 도움이 될 수 있다. 물론 하루 이틀 만에 문제가 해결되지는 않겠지만, 매번 자신의 교수법을 성찰하는 사람과 그렇지 않은 사람 사이에는 차이가 생길 것이다.

최소한 내가 운영하는 교실 안에서만이라도 모든 구성원이 학습 과정에 포함될 수 있도록 강의를 설계하고 운영하려는 노력을 기울여야 한다. 요즘은 대다수 대학 기관에 교수학습개발원(학교마다 명칭은 다를 수 있음)이 설치돼 있다. 이곳에는 교수학습 방법에 대한 전문가들이 일하고 있어서 강의에 관련된 다양한 자문을 얻을 수 있다. 수업 설계부터 수업계획서 작성, 수업에 활용하는 갖가지 기술 등에 대해서 배울 수 있으니, 이러한 자원을 잘 활용하면 좋다. 사실 '다양성 민감성 기르는 방법' 또는 '다양한 구성원을 수용하는 교실'처럼 '다양성'이라는 주제를 담은 워크숍이 많으면 좋겠지만, 자신이 속한 기관에 따라 상황은 다를 것이다. 그러므로 콕 짚어 '다양성 교수학습법'이라는 주제가 아니더라도, 다양한 교수학습 방법을 배우면서 '다양성'이라는 관점에서 어떤 부분에 신경을 쓰면 좋을지를 고민해 보면 좋다.

이 외에도 동료 교수자나 인터넷 강의 자료를 통해 교수학습 방법을 배울 수 있다. 동료 교수자들과 정기적으로 만나 다양성 관점에서 교수법 사례와 노하우를 공유하는 것이다. 아니면 인터넷에도 교수학습 방법에 관한 자료가 많으니 관련 자료를 찾아보면서 스스로 학습하는 것도 매우 도움이 된다. 꼭 교수학습 방법이 아니더라도, 관심 있는 주제에 대한 특강을 들으면서 강의자의 말과 행동이 다양성 관점에서 문제가 없는지에 주목해 비판적으로 시청하며 배울 수도 있다. 교수자의 의지만 있다면 교수학습 방법을 배울 수 있는 길은 얼마든지 있다. 끊임없이 배우지 않으면 자신에 대해 깨달을 기회도 적어지고, 그 기회가 적어지면 다양성이 존중되는 교실을 만드는 일도 먼 나라 이야기가 되기 십상이다.

마지막으로, 교수자 자신도 한 인간으로서 자신과 다른 특성을 지닌 사람들을 끊임없이 만나고 교류해야 한다. 직접 교류가 어려우면 간접 경험으로라도(책이나 다양한 매체를 통해) 다양한 사람들을 이해하려는 노력이 필요하다. 사람은 아무래도 자신과 비슷한 사람을 만날 때 편안함을 느끼기에 나와 비슷한 사람 위주로 만나게 되는 경향이 있다. 그 자체가 나쁘거나 잘못된 행동은 아니다. 하지만 제한된 사람과 교류하다 보면 이 사회에 다양한 부류의 사람들이 살아가고 있다는 것을 쉽게 잊는다. 그러니 자기만의 방법으로 자기 세계와 다른 세계에 사는 사람들에 대해 관심을 기울이고 그들을 이해하려는 노력을 게을리하지 말아야 한다. 이는 다양성을 존중하는 학습 장면을 만들기 위한 교수자로서의 노력이기도 하지만, 개인적으로는 사람에 대한 이해의 폭을 넓히는 자기 개발의 기회이기도 하다. 교수자 스스로가 조금씩 더 나은 사람이 되는 것만큼 학습자에게 좋은 교육이 또 어디 있을까.

주

1   Steele, C. M. & Aronson, J.. "Stereotype threat and the intellectual test performance of African-Americans". *Journal of Personality and Social Psychology, 69*, 797-811. 1995.

2   Koch, J.. "Gender issues in the classroom". In W. M. Reynolds & G. E. Miller(Eds.), *Handbook of psychology: Educational psychology*, Vol. 7(pp. 259-281). Hoboken, NJ: John Wiley & Sons. 2003.

3   Bandura, A., Ross, D. & Ross, S. A.. "Transmission of aggression through imitation of aggressive models". *The Journal of Abnormal and Social Psychology, 63*(3), 575-582. 1961.

4   Good, J. J., Woodzicka, J. A. & Wingfield, L. C.. "The effects of gender stereotypic and counter-stereotypic textbook images on science performance". *The Journal of Social Psychology, 150*(2), 132-147. 2010.

5   노태희·김소연·차정호, 「성역할 고정관념의 측면에서 7차 교육과정에 따른 중 등과학 교과서의 삽화 분석」, 《한국과학교육학회지》, 24(6), 1181-1188, 2004.

6   정진리, 「중학교 도덕 교과서에서의 여성 대표성 종단 분석: 제3차 교육과정부터 2015 개정 교육과정까지」, 《도덕윤리과교육연구》, 64, 241-270, 2019.

7   염보라·안성호, 「현행 〈영어I〉 교과서의 암묵적인 문화적 가정에 대한 분석: 다문화주의 관점에서」, 《다문화교육연구》, 3(2), 71-96, 2010; 윤문정·승윤희, 「교육과정 변천에 따른 초등학교 음악교과서의 구성 체계 및 교육적 패러다임 변화 관점에서의 인물 삽화 비교 분석」, 《예술교육연구》, 11(3), 43-63, 2013.

8   Stewart, A. & Valian, V.. *Inclusive academy: Achieving diversity and excellence.* MA: MIT Press. 2018.

9   https://apastyle.apa.org/style-grammar-guidelines/bias-free-language

한국 교육에서의 다양화의 이중적 함의

전대원 성남여자고등학교 교사

'다양성'이란 말은 다른 분야와 마찬가지로 교육에서도 매우 긍정적인 의미를 담고 있다. 다양한 교육을 실시하자고 하면 이에 반대하는 의견을 표하는 경우는 많지 않을 것이다. 다양함을 긍정적 함의를 가진 단어로 전제한다면 그 반대에는 획일성이란 말을 떠올릴 수 있다. 획일화된 교육을 찬성할 사람은 거의 없다고 봐도 무방하다. 그렇지만 교육에서 다양화가 뜻하는 함의는 그리 단순하지만은 않다. 만약에 다양성이 일종의 차별로 받아들여지거나 복잡성의 의미로 이해되기 시작하면 사회적으로 부정적 함의가 생각보다 꽤 크게 나타나기도 한다.

이른바 학생부종합전형이 일부 사람들에게 '깜깜이 전형'이란 비난을 받은 것도 다양성이 복잡성의 의미로 이해되기 시작하면서 나타난 현상이다. 커트라인이 몇 점이라고 하던 학력고사 때의 관점으로 현행 입시를 바라보면 각종 수시 전형은 너무 복잡해 이해하기조차 어려워 보일 수 있다. 복잡성이 입시 정보 격차를 가져오고 실제 입시 결과의 격차를 불러올 것이란 두려움으로 전환된 것이다.

교육에서 다양성은 매우 필요하고 당위적 차원에서도 부정될 이유가 하나도 없지만, 이에 대한 부정적 태도가 나타나는 것에는 이런 현실적 상황이 있다. 문제는 그 현실적 상황에 대한 불만이 실재하는 교육의 문제라기보다는 사회에 존재하는 모순이 투영되고 있는 것에 불과하다는 점이다.

현직 교사로서 21세기 교육에서의 다양성이 심화되는 과정과 이를 바라보는 부정적 시선 그리고 그에 대한 반작용이나 후퇴가 이루어진 과정을 살펴보고자 한다. 나아가 한국 교육에서 다양성이라는 가치를 어떻게 지켜나가고 발전시킬 수 있는지를 개인적 경험과 연관 지어 알아보겠다.

2002년 7차 교육과정의 시작

처음 교직에 들어온 건 월드컵 4강 신화의 기적이 있던 2002년이었다. 그때나 지금이나 공립학교 교단에 서기 위해서는 임용고사라는 공개경쟁시험을 통과해야 한다. 당시만 해도 아직 인터넷 강의가 전면적으로 보급되기 전이어서 노량진 고시 학원가에 가서 교육학과 전공 강의를 들으며 시험을 대비했다. 몇백 명을 좁은 강의실에 닭장처럼 몰아넣은 곳에서 수많은 수험생들이 빼곡히 앉아 공부했다. 강사는 설명하고 수강생들은 각자의 노트에 필기를 열심히 받아 적는 전형적인 고시 문화가 미래의 교사들을 키워내고 있었다. 21세기의 학생들을 가르쳐야 할 교사들을 뽑는 시험을 대비하는 곳이었지만, 여전히 20세기의 획일성이 교사 임용 문화의 주류를 형성하고 있었던 것이다.

당시에는 IMF 외환위기의 충격파가 아직 남아 있었고 20세기를 벗어난 지 얼마 되지 않은 때였다. 새로운 대통령을 뽑는 선거가 계획되어 있었고 세계인의 축제가 예정되어 있던 그때 고등학교에는 새롭게 7차 교육과정이 도입되었다. 임용고사에는 당연히 7차 교육과정 내용이 시험 범위에 들어가 있었고, 여기에는 구성주의 교육관과 자기주도학습, 선택형 교육과정의 도입 등이 강조되고 있었다. 임용시험을 준비하는 학원가의 강의실 분위기와 새로운 교육과정의 내용은 사실상 불일치했다.

다행히 시험을 통과하고 이듬해 3월 교단에 서게 되었다. 개인적으로 행운이 작용했던 것이 2001년에 김대중 정부가 발표한 '7·20 교육여건개선계획'이었다. 여러 내용이 있었지만 교육 현장에 가장 크게 다가온 것은 학급당 학생 수를 35명 이하로 만든 것이었다. 학창 시절 저학년 때는 2부제 수업을 했고, 교실에서 60명 이상이 바글바글하던 기억이 생생하던 차에 오랜만에 돌아온 학교는 그렇게 변화를 시작하고 있었다. 덕분에 뽑아야 할 교사 규모가 갑자기 늘어났는데, 당시 임용고사 수험생들이 큰 덕을 보았다는 얘기가 시간이 한참 지난 후에도 회자되었다.

그러나 더 큰 변화는 다른 데 있었다. 바로 7차 교육과정이었다. 7차 교육과정은 고등학교에 선택 중심 교육과정을 도입하여 2학년과 3학년에서 운영하게 했다. 당시만 해도 고등학교의 과목 선택은 서구 선진국에서나 운용될 수 있는 제도라고 생각되었다. 아직 콩나물 교실에 대한 기억이 생생하던 때에 선택과목을 어떻게 운영할 수 있겠냐는 반대가 많았다. 학급당 인원을 35명 이하로 획기적으로 줄이는 조치도 고등학교에 본격적으로 7차 교육과정이 도입된 것과 관련이 있었을 것이다. 고등학교에서 과목에 따른 이동수업이 대폭 늘어날 것이 예정되어 있었기 때문이다.

교육에서 다양성을 논함에서 7차 교육과정 시기를 언급하는 이유는, 고등학교를 기준으로 하면 이때 교과목의 다양성이 본격적으로 시작되었기 때문이다.

다음의 표는 7차 교육과정 총론에서 사회과에 해당하는 부분만 발췌하여 정리한 것이다. 특별히 사회과를 예시로 삼은 것은 교과목의 종류가 급격히 늘어나서 선택형 교육과정의 도입을 실감할 수 있는 자료이기 때문이다. 지리 교과에서는 '경제지리' 교과목이 신설되었으며, 일반사회에서는 '법과 사회', 역사에서는 '한국 근현대사'가 새로이 선택과목으로 등장했다.

6차 교육과정까지도 제2외국어 등 과목 선택이 일부 있었지만, 교과목의 다양화와 학생 선택이 본격적으로 도입된 것은 7

고등학교 사회과 선택 중심 교육과정

구분	국민공통 기본교과	선택과목	
		일반 선택과목	심화 선택과목
도덕 사회	도덕(2), 사회(10), 국사(4)	시민윤리(4), 인간사회와 환경(4)	윤리와 사상(4), 전통윤리(4), 한국지리(8), 세계지리(8), 경제지리(6), 한국 근현대사(8), 세계사(8), 법과 사회(6), 정치(8), 경제(6), 사회문화(8)

차 교육과정부터다. 이전까지 선택이라는 것은 기본적으로 학교 단위 선택이었지 학생 개개인 단위의 선택은 아닌 경우가 많았기 때문이다.

선택형 교육과정 도입이 가져온 변화

교육과정에서 선택형 교육과정이 본격적으로 도입되면서 고등학교에는 여러 변화가 나타났다. 무엇보다 가장 큰 변화는 반 편성에서 나타났다. 그동안 고등학교에서 반 편성은 1학년에서 2학년으로 올라갈 때 문과와 이과를 나누는 것에 중점을 두었다. 문과와 이과만 나누면 그다음부터는 기존에 하던 방식인 성적순 반 편성만 하면 되었다. 열 개 반이 있을 때 1등은 1반, 2등은 2반 순으로 가다가 10등을 10반에 배정하고, 다시 11등은 10반에 배정하여 역순으로 가는 것이 기존의 반 편성 방식이었다.

학생의 반별 이동을 최소화하기 위해서는 선택과목이 비슷한 학생들을 같은 반으로 묶어야 했다. 기존 반 편성에서 유일한 기준이었던 성적을 더 이상 적용할 수 없게 된 것이다. 최대한 선택과목 중심으로 반을 편성하고, 그래도 같은 반 내에서 다른 선택군이 나오면 두 반이나 세 반씩 묶어서 이동시켰다. 과거 학교에 등교하면 한 교실에서 계속 수업을 듣던 방식에 변화가 불가피했다.

이런 표면적인 변화보다 더 중요한 것은 문화적인 변화였다. 학교 관료제 사회에서 정량적 담임 평가로 작용했던 학급 성적이 유명무실해졌다. 기성세대들은 담임교사가 학급 평균에 신경을 많이 썼던 기억이 있을 것이다. 정량 평가가 불가능한 교직 사회에서 관료 조직의 압박 수단으로 사용된 것이 바로 학급별 성적이었다. 꼴찌반 담임이 교장실에 불려 갔다고 소문이 돌던 학교 내 전설이 그런 문화의 산물이었다.

그런데 학급 성적이 더 이상 학교 관리자가 담임을 압박하는 수단으로 작용할 수 없게 되었다. 출발점을 동일하게 하지 않고서는 학급별 성적을 비교하는 게 불가능한데, 선택과목별 반 편성이 이런 기제를 불가능하게 만들었다. 가끔 변화된 교육과정을 이해 못 한 관리자가 무리하게 반 평균에 따른 서열화를 시도하는 경우가 없지는 않았으나, 구성원 스스로가 동의하지 못하는 기준이 힘을 발휘하기는 어려웠다. 학교 사회에서 작동하고 있던 획일적 평가 기준 하나가 근본적으로 사라지는 효과가 발생한 것이다.

교육과정의 변화는 연쇄적으로 대학 입시의 변화를 가져왔다. 1994학년도에 처음 도입되어 시행된 대학수학능력시험은 교육과정 변천에 따른 제도적 변화였지만 기본적으로 총점으로 성적을 발표하는 방식을 유지했다. 출제 형식만 달랐을 뿐 성적 산출 방식만 놓고 보면 기존의 학력고사와 크게 다르지 않아, 340점 만점에 대학교 학과별 커트라인이 총점으로 정해지는 방식이었던 학력고사와 유사하게 수능시험을 바라보고 제도를 받아들였다.

대학수학능력시험이 7차 교육과정과 만나면서 시험은 극적인 전환점을 맞이했다. 동일한 과목을 응시하여 총점을 기준으로 1등부터 꼴등까지 전국 단위로 줄을 세우는 시험의 실시가 불가능해졌다. 학생별로 배운 교과목이 다르니 획일화된 시험 자체를 실시하기가 어려워졌기 때문이다. 과목을 선택했으니 응시해야 하는 과목도 선택을 허용하는 체제가 대학입시에서 도입될 수밖에 없었다.

2002학년도에 고등학교 1학년부터 순차적으로 7차 교육과정이 도입되었기 때문에, 이들이 고3이 되어 2004년에 치른 2005학년도 대학수학능력시험부터 이른바 원점수라는 것이 공개되지 않고 백분위와 이에 따른 표준점수 그리고 등급만 표기되는 수능 성적표가 나왔다. 이때부터 선택과목 간 유불리가 수험생의 선택과목 선정에서 매우 중요한 요인이 되었다.

원래는 학생들이 각자 자신의 적성에 맞는 과목들을 선택하면 자연스럽게 선택과목별 수험생들이 섞일 것이라고 보았다. 이들을 상대평가하게 되면 통계적으로 각 과목의 수험생 역량이 평균에 근접할 것이라고 기대한 것이다. 가령 과학탐구에서 물리와 생물을 선택한 학생들 간에 편차가 없을 것이라고 본 것이다.

문제는 제도는 다양성을 전제하는데 사회에서 추구하는 가치가 획일화되면서 본래 다양성이 추구하던 가치가 훼손되고 의도하지 않은 결과를 가져왔다는 것이다. 목표로 하는 대학이 어디든 경제학과 진학을 희망하는 학생이라면 사회탐구 영역에서 경제를 선택하는 것이 바람직하다는 것에는 많은 사람들이 동의할 것이다. 그렇지만 최근에는 경제학과 진학을 희망하는 학생마저 등급제에서 손해를 보게 될까 봐 다른 과목을 선택하여 수능을 보고 경제학과에 응시하는 경우가 꽤 많이 발견된다. 제도의 다양성이 선택의 다양성을 담보하지 못하는 경우가 나타나는 것이다. 이를 교육 제도나 입시 제도의 설계상의 문제로 볼 수 있겠지만, 본질적으로는 대학 입시 유불리에 대한 과도한 집중이 가져온 폐해로 해석해야 한다.

한편으로는 학생들의 문제대처능력 향상이 새로운 문제를 불러일으켰다. 학생들의 점수가 향상되면서 변별을 위한 무리한 킬러 문항 출제가 남발되고 있다. 획일적 문제풀이 훈련이 아니면 고득점이 어려워지는 부작용이 나타난 것이다.

학력고사 시절부터 입학시험을 문제은행식으로 출제하는 것을 고려해야 한다는 말이 많이 나왔었다. 점수에 연연하지 않게 기본적인 학력을 측정하자는 취지일 것이다. 이게 어려운 이유는 한국적 맥락이라는 것이 존재하기 때문이다. 대한민국은 전국 단위의 통일된 시험을 치르기에 안성맞춤인 나라다. 미국처럼 대륙을 횡단할 정도로 국토가 넓지 않고 전국이 표준시 하나로 통일되어 있어서 표준화 시험을 치르기에 최적화되어 있다. 조선시대부터 이어져 온 과거시험이라는 문화적 전통이 이런 표준화 시험에 대한 이해를 깊게 만들어 주는 배경으로 작용했다.

군이 문제은행식으로 여러 차례 시험을 보지 않아도 단 한 차례의 시험으로 당락을 가르는 것이 효율적이고 승복하기도 쉽다. 실제로 수능 초기에 시험 기회를 여러 번 준다는 차원에서 동일 학년도에 두 차례 시험이 실시되기도 했지만 얼마 되지 않아 폐지되었다. 다른 시기에 치러지는 시험의 난이도를 같게 만드는 것 자체가 쉬운 문제가 아니었기 때문이다. 시험 관리의 문제도 컸을 것이다.

참고로 문제은행식 출제가 어려운 것은 세계적 수준의 경쟁력을 갖춘 사교육의 존재 때문이다. 대학 입시에 특화된 사교육의 존재는 문제은행식 출제를 무력화시킬 가능성이 높다. 문제 자체에 대한 적응력을 높여서 점수를 높이는 방식이 일상화된 곳에서 문제은행에서 나온 시험문제는 제대로 된 변별력을 갖출 수 없게 된다. 실제로 미국에서 실시되는 각종 자격시험에서 한국 사람들이 월등히 좋은 결과를 얻을 수 있는 것은 문제은행식 출제에 대한 적응력을 보여주는 것이라고 추정할 수 있다.

교육감 직선제가 가져온 교육 행정의 변화

교육의 다양화와 입시의 문제는 글의 말미에 한 번 더 점검하기로 하고, 학교의 관료 문화와 다양성의 문제를 고찰해 보자.

관료제는 다양성과 배치되는 조직 시스템으로 많이 이야기된다. 관료제는 소품종 대량생산 시대에 적합한 조직으로 이해된다. 우리나라 현대사의 관점에서 보면 1960년대 고도 성장기에 하나의 목표로 전 국민을 동원하고 매진하도록 하는 데 관료제가 매우 효율적으로 작동했을 것이다.

교육 제도와 행정에서도 이와 다를 바 없었다. 〈말죽거리 잔혹사〉라는 영화로 대표되는 획일적 교육 문화도 이런 사회 분위기와 밀접한 연관이 있다. 1970년대 고등학교 풍경을 담은 이 영화가 개봉된 것은 2004년이다. 7차 교육과정이 전면화되는 시기와 정확히 일치한다. 과거의 획일적 교육 방식이 더 이상 유효하지 않다는 것이 문화적 차원에서 지배적으로 공유되는 시기였다. 그러기에 20세기의 학교 문화를 강하게 비판하는 영화가 나올 수 있었을 것이다.

그럼에도 학교 관료제 사회의 변화는 매우 더디게 나타났다. 학생의 선택을 중시하는 교육과정과 대학 입시의 변화가 나타났지만, 이를 담보할 교직 사회의 구조는 바뀌지 않고 있었다. 여러 가지 원인이 있겠지만, 가장 큰 것은 승진 시스템의 잔존과 함께 리더십의 변화가 없었다는 것이었다.

그러나 여기에도 균열의 조짐이 조금씩 나타나기 시작했다. 당시에 지방자치제도에 따라 각 광역자치단체별로 교육 자치도 실시되고 있었다. 각 시·도에 있는 교육청이 자체적으로 교육 행정을 하도록 했지만 중앙정부의 입김이 강하게 작동했고, 교육감 선출도 간선제라서 변화를 가져오기에 매우 미흡

했다. 학교 운영위원 등이 참여하는 간선제는 각 시·도 교육청에 자리 잡고 있는 관료제 라인의 영향력이 강하게 작동할 수밖에 없는 구조였다. 이른바 정치세력화한 지방 교육계 파벌이 돌아가면서 교육감을 한다는 비난이 쇄도했다.

여기에 근본적 변화를 가져온 것이 교육감 직선제였다. 일부에서는 교육이 정치에 종속된다는 이유를 들어가며 교육감 직선제에 부정적인 의견을 내기는 했지만, 교육계 내부의 권력 라인이 무너졌다는 측면에서는 매우 긍정적으로 평가할 수 있는 변화였다.

다양성의 측면에서 보자면 무엇보다 교육감 구성의 다변화를 들 수 있다. 언론에서는 일부 지역에서 진보 교육감이 탄생한 것에 주목했다. 정파적 관점을 떠나 진보적 세력이 일부 존재하고 있는 것이 현실이라면, 교육에서도 그만큼의 지분을 인정하는 것이 맞다. 사회 변화에 토대를 두어야 하는 것이 교육이기에, 교육 역시 사회변화만큼의 변화를 이루어 내야 할 당위성도 있다. 교육의 독자성이 있다 해도 그 자체로 사회 속에 존재하며 동시에 사회의 산물이기 때문이다.

2009년 5월에 경기도에서는 민주화를 위한 전국교수협의회 의장 출신의 김상곤 교수가 교육감으로 당선되었다. 이것은 교육 관료 사회에서 매우 큰 충격을 주었다. 일선 교육 행정을 담당하는 곳에는 보수적 색채가 매우 강하게 드리워져 있었는데, 여기에 큰 변화를 예고했기 때문이다.

정치적으로는 약간 엇박자로 볼 수 있는데, 당시 중앙정부의 경우 10년 동안의 진보 정권이 막을 내리고 이명박 정부가 출범한 상태였기 때문이다. 그렇다고 1997년에 여당에서 야당으로 수평적 정권교체가 처음 이루어졌을 때, 교육에서 특별히 진보적 의제 설정이 강력하게 이루어진 것은 아니었다. 김대중 정부는 출범과 동시에 전교조를 합법화했지만 대북정책에서의 햇볕정책과 같은 정도의 차별화된 교육정책이 나오지는 않았다.

앞서 언급한 '7·20 교육여건개선계획'은 당시에 여러 정치적 논란을 불러왔지만, 내용 자체만 놓고 보면 정치적 입장 차이가 있기는 어려운 내용이다. 학급당 인원을 35명으로 줄이는 것에 어떤 정치적 이념 대립이 나타날 여지는 없기 때문이다. 기껏해야 추진 방식이나 정책 추진의 완급이 논란이 될 수 있었는데, 교육의 본질적 관점에서 보면 부차적이다.

어떻게 보면 이전까지 교육개혁의 큰 틀은 김영삼 정부 시절인 1995년에 나온 '5·31 교육개혁안'에 바탕을 두었고, 이후 정부에서도 이 흐름을 거의 계승했다고 봐도 무방하다. 전교조 등에서는 신자유주의 교육 개혁안이라고 비난했지만, 이후 정부도 이런 비난에서 자유롭지 않았음을 감안할 필요가 있다. 어떤 흐름 자체가 바뀐 것은 거의 없다. 정책 기술 차원의 변화가 대부분이었고 교육이념적 차이에 따른 심오한 변화가 있었다고 보기는 어렵다.

그러나 진보 교육감의 등장은 많이 달랐다. 학생인권조례 제정 등으로 두발 자유화와 체벌 금지, 강제 야자 폐지 등 학생 생활의 자유화가 전면적으로 도입되는 계기가 마련되었다. 지금은 교육 현장에서 상상하기 쉽지 않은 체벌이 10여 년 전만 해도 꽤 만연했다. 고등학교 생활은 아침 일찍 등교하여 저녁 10시 무렵까지 공부하는 게 일상이었다.

이런 천편일률적 학교 문화에 균열 지점을 만든 것이 교육감 직선제였다. 입시 제도와 교육과정상에서만 논의되던 다양화가 학교 문화에서 나타나기 시작했다. 강제 야자는 학생들에게 학습경험의 다양화를 제공하지 못했고, 두발 단속은 생활의 다양화를 막는 조치였다. 체벌은 이런 강제적 환경을 가능케 하는 단속 기제로 작동했다. 이 모든 것이 교육감 직선제 하나로 변한 것이었다. 기존 간선제 시스템에서 나온 관료형 교육감이었다면 나타나지 않았을 장면이었다.

교육감 직선제는 교육 관료 사회에도 다양화를 가져왔다. 교사 승진에서 새로운 통로가 마련된 것인데, 기존에는 두 가지 경로가 있었다. 하나는 오랫동안 점수를 쌓아서 승진하는 시스템이다. 교감-교장으로 이어지는 과정으로 담임 몇 년, 부장 몇 년, 연구점수 몇 점, 농어촌 등 기피지역 근무 등의 점수를 다 더해서 정량화하여 성적순으로 승진 대상자를 선발하는 방식이다. 관료제 사회의 전형적인 방식 중 하나인데, 창의성과 유연성이 있는 사람을 선발하기 어려운 구조라는 근본적 한계를 갖고 있다.

또 하나의 경로는 장학사다. 임용고사처럼 공개경쟁 시험을 통해서 장학사를 선발한다. 임용시험과 달리 승진시험에서 크게 문제가 되는 점은 시험이란 제도가 높은 차원의 능력을 검증하기엔 적합하지 않다는 것이었다. 일선에서 교육을 담당할 교사를 뽑는 것에서는 일정 부분 지식의 양적 능력을 측정하는 것이 필요할 수 있지만, 교육의 전반적인 부분을 기획하고 리더로서 학교를 이끌어 갈 사람을 선발할 때조차도 시험이란 방식을 이용하는 것은 인재 채용의 획일성을 심화시키는 문제가 될 수 있다.

학교장 공모제가 활성화되고 장학사 선발에서도 평판 조사를 하거나 면접 등을 통해 선발하는 제도가 도입되었다. 오랫동안 승진을 준비해 온 기존 시스템 준비자들 입장에서는 파이를 나눠야 해서 불만이 제기되었지만, 새로운 인재 유형이 승진 라인에 들어간다는 측면에서 긍정적으로 평가할 수 있을 만하다.

개인적 경험에서 평가하자면 그동안 승진 라인에 서 있는 사람들의 성향이 한쪽으로 치우치고 있다는 느낌을 강하게 받았다. 좀 더 다양한 인재들이 들어갔으면 하는 자리에 관료제적으로 상명하복에 충실한 사람들이 가득했다는 뜻이다. 물론 관료제가 안정적으로 돌아가는 것도 필요하고 그만큼의 안정성 또한 담보되지만, 그만큼의 경직성과 창의적이지 못한 일처리를 감수해야 하는 부분도 있다.

일부 사람들에게는 이런 변화가 교직 사회의 안정성을 해치는 행위로 받아들여졌다. 그래서 극렬한 저항도 있었다. 특히 정치적 당파와 맞물리면서 큰 대립을 야기하기도 했다. 보수적인 중앙정부와 진보적인 교육감의 동거는 이런 상황을 증폭시켰다.

현재 교육계 내부에서 논란이 되고 있는 내부형 공모 교장에 대한 대립이 이런 연장선에 있다. 승진 점수를 쌓아놓지 않은 평교사를 교장으로 임명하는 시스템에 대한 반발이다. 한국교총 등 보수 교육계에서는 이를 무자격 교장이라고 명명하면서 반대하고, 내부형 공모제의 확대를 주장하는 측에서는 교육 관료의 다양한 충원이라는 관점에서 옹호한다.

고등학교의 다양화

보수 교육계가 다양화 논리로 강하게 추진할 수 있었던 정책은 고교 다양화였다. 초중등 교육에서의 다양화를 어디까지 인정해 줄 것이냐의 경계선을 두고 많은 논란이 있다. 만약 이 부분이 이념적 차이와 연계되면 논란은 증폭되고 대립은 격화된다. 이명박 정부에서 교육과학기술부 장관을 역임한 이주호 전 장관이 저술한 『평준화를 넘어 다양화로』라는 책은 그 제목이 꽤 의미심장하다. 평준화가 다양화의 대척점에 있다는 것을 제목에서 나타내고, 이를 통해 평준화 정책에 대한 반대를 공식화하고 있음을 알 수 있다.

여러 부침이 있긴 했지만 현재 우리나라에서 고교평준화 정책은 많이 깨졌다. 중학교 3학년 학생들이 꽤 다양한 학교 선택지를 두고 고민하고 있다. 외국어고, 국제고, 영재고, 과학고 등 특성화된 교육과정을 가진 고등학교가 있고, 여기에 자율형 사립고(자사고)라는 선택지가 더해진다.

이런 다양화에 대한 강력한 반대 논거는 정말로 고등학교가 다양화되었냐는 비판이다. 외국어고등학교가 외국어 인재를 길러야 하는데, 한동안 의대 진학생이 많다고 해서 비난의 표적이 되었다. 특별한 목적이라는 것에 맞는 교육과정이 있어야 하는데, 그냥 대학에 잘 보내기 위하여 우열반 가리듯이 우열 학교를 가리는 기능 이외에 더 무엇이 있냐는 것이 핵심이다.

이런 의미에서는 자사고가 교육과정 다양화 측면에서 비난을 피해 가기가 어렵다. 모 고등학교는 의대 사관학교가 아니냐는 비아냥을 받기도 했다. 어떨 때는 이런 비아냥이 오히려 학교를 홍보하는 효과를 가져오기도 한다. 자연계에서 의대 진학을 목표로 하는 학생들에게 가야 할 코스로 인식되는 측면이 있기 때문이다.

고교 다양화로 시작되었던 정책이 강력한 저항에 부딪히게 된 것은 역설적으로 다양성을 보장해 주지 못하는 사회 구조에서 비롯된다. 한동안 외고 돌풍이 몰아치고 외고에 들어가기 위한 사교육비 부담이 사회문제화된 것도 같은 맥락이다. 외국어 인재가 그렇게 많을 리는 없고, 오직 대학 입시에 대한 유불리 차원에서 고등학교 선택이 좌우되면서 벌어진 문제였다. 외국어가 좋아서 외고에 진학한다는 순진한 경로가 먹혀

들지 않았던 것이다. 이는 앞서 언급한 수능에서 선택과목 체제의 도입을 둘러싸고 벌어진 부작용과도 같은 맥락이다. 사회 구조가 다양성을 허락하지 않는 상황에서는 교육의 순기능을 전제하고 시작한 다양화 시도가 획일화의 함정에 빠져버리는 악순환이 되풀이된다.

여기에 교육이 교육 자체로 평가받지 못하는 기제도 한몫을 한다. 특목고 선호 현상이 교육의 특수한 목적 자체가 아니라 입시 자체에 대한 성과에 집중되면서, 교육이 아닌 학생 선발에 치우치게 만드는 결과를 낳았다. 하나의 기준에서 우수한 학교와 열등한 학교를 나누려는 시도는 그 자체로 다양성을 훼손한다. 특목고는 자기 과시적인 스노브 효과snob effect와 선발 효과에 집중한다는 측면에서 시장적 가치도 실현하지 못하고 교육의 본래 목적도 달성하지 못하는 결과를 낳는다. 오직 입시 성과가 존재의 의의를 자가발전으로 만들어 낼 뿐이다.

이런 상황은 애초에 달성하려던 다양화의 목적 자체를 훼손한다는 측면에서 많은 아쉬움을 남긴다. 외국어 인재가 갈 수 있는 학교, 특별한 교육 목적을 달성하기 위한 자율형 사립고 등의 존재는 필요한 법인데, 이를 부작용이 가려버리는 불상사를 낳는다. 다양화의 측면에서 새롭게 도입된 고등학교 체제가 자율형 공립고다. 사립고에만 자율성을 주는 시스템이 공립 고등학교에 대한 역차별이 될 수 있으니 그에 맞는 공립 고등학교 체제로 도입된 것이다.

선발효과 측면에서 보자면 꽤 성공적이었다. 우수한 교장 선생님을 내부형 공모제 형태로 모셔 오고, 주위의 우수한 선생님을 초빙 형태로 채용한다. 공립학교에도 일반적인 인사 시스템으로 전보하는 것이 아니라 학교장이 특별히 우수한 교사를 초빙해 오는 시스템이 있다. 바로 초빙교사제도라는 것인데, 일반 고등학교보다 자율형 공립고에는 불러올 수 있는 초빙교사 인원이 훨씬 많이 배정된다.

여기에도 동전의 앞뒷면처럼 하나의 문제가 발생한다. 한정된 우수 자원의 교사가 자율형 공립고에 집중된다는 것이다. 그리고 스노브 효과에 따른 선발 효과를 톡톡히 누린다. 교육의 질적 경쟁이 아니라 포장재 경쟁이 공립 고등학교 내부로 연장되는 부작용이 나타난다는 것이다.

교육에서의 다양성의 가치

결국 한국 교육의 문제는 입시의 문제로 귀결된다. 이명박 정부에서 야심 차게 도입되었던 입학사정관 전형은 의도치 않은 부작용을 일으켰다. 입학사정관들이 학생들의 다양한 역량을 평가하여 입학 사정에 활용하는 취지는 좋았는데, 새로운 획일화 압력에 직면했고 과열 양상을 보였다. 입학사정관에게 보여줄 자료라며 천편일률적인 자료가 무지막지하게 생성되었다. 자기의 실적을 보여주겠다면서 박스 한 상자 분량의 자료를 준비하는 경우도 보았다. 그게 모두 학생의 역량을 나타내는 자료라면 좋으련만, 그러지 못한 경우가 부지기수였다. 내 앞에서 어느 학생이 신문을 복사한 A4용지에 원본 대조필 도장을 찍은 것을 목격한 일도 있었다. 자신이 한 스크랩을 증명한다는 것이었다. 창의성 있는 인재를 구하려는 입시제도 앞에서 획일적인 대책으로 승부하려는 모습이었다. 물론 이렇게 한다고 합격되는 것은 아니겠지만, 무한경쟁에 내몰린 불만들이 터져 나오는 건 어쩔 수 없는 일이었다.

이런 부작용을 겪은 끝에 입학사정관 전형은 학생부종합전형으로 바뀌었다. 부모 찬스를 이용하여 해외 봉사활동을 다녀오는 등의 보여주기 식 학교 밖 스펙 경쟁이 무한대로 치달았기 때문이다. 이는 부모 찬스가 심해진다며 세간의 불만을 높이는 기폭제가 되었다.

학생부종합전형이 한국형 입학사정관제로 정착하면서 교사들의 업무량이 폭증했다. 이런 면 때문에 개인적으로 학종 전형에 대하여 약간의 불만을 가지게 되었는데, 이게 긍정적으로 바뀐 것은 대학의 반응 때문이었다. 처음에는 정부가 독려하니까 이 제도를 도입하는 것 같더니, 어느 순간부터 대학에서 자율적으로 학종을 확대하는 것이 보였기 때문이다. 대학에서 나름대로 각자 인재상에 맞는 학생을 모집하기 위한 제도로 학종이 진화하고 있는 것이다.

때마침 학종이 확대되던 시기에 농어촌 지역에서 근무하게 되었다. 도시 지역에 비해 지역적 불편이 있는 곳이었는데, 입시에서 의외로 성과를 거두는 학생들이 있었다. 학생부종합전형으로 학생들이 생각보다 좋은 대학에 곧잘 입학했다. 학생부종합전형이 나름 좋은 효과를 발휘한 것이었다. 그러나 여기에도 다른 측면을 비판하고 나서는 사람들이 있었다. 이른바 '깜깜이 전형'이라는 비판이 그것이다. 사실 기준을 단순하게 하려면 수능 성적순이 깔끔하다. 수능 등급제나 백분위 점수보다 더 확실한 것은 과거 학력고사 시절의 총점순이 될 것이다.

우열을 가리는 확실한 기준이 제시되면 제시될수록 획일화의 정도는 심해질 수밖에 없다. 확실한 기준이 있다는 것 자체가 잣대를 단일화한다는 의미를 갖게 된다. '깜깜이'라는 말에는 복잡하다는 뜻이 담겨 있다. 확실히 학력고사 시절에 비하여 복잡성이 더해지기는 했다. 나만 해도 같은 대학의 과 친구들은 대략 비슷한 점수대에서 모집되었다. 커트라인이 높든 낮든 대충 해당 점수대의 학생들이 모인 것은 분명하기 때문이다.

이런 명확성 자체가 오늘날의 입시에서는 존재하기가 어렵다. 정시와 수시로만 나눠지는 것이 아니라 수시 내에서도 여러 전형들이 존재하기 때문이다. 그나마 논술전형이라고 하면 입시를 잘 몰라도 글쓰기로 대학을 간다는 상식 정도의 추정이 가능한데, 학생부종합전형이라고 하면 어떻게 뽑는지 난감하게 여겨질 가능성이 높다. 여러 복잡성이 다양화의 취지로 이해되지 않고 불공정성이라는 의미로 다가갈 때 제도에 대한 반작용은 심해진다.

여기에 더해 우리 고등학교 교육은 또 한 차례의 전환을 앞두고 있다. 바로 고교학점제다. 7차 교육과정에서 도입된 선택과정이 질적으로나 양적으로 전면화되는 제도라고 볼 수 있다. 이에 대비하여 고등학교에서는 교과 교실을 확충하고 있다. 사회과 교실, 과학실, 국어과 교실 등의 이름을 가진 교실들이 다수 만들어지는 것이다. 학생들의 다양한 지적 성장 과정을 인정하자는 취지에서 도입되는 것인데, 7차 교육과정으로 처음 선택형 과정이 도입될 때처럼 우려의 목소리가 높은 실정이다.

7차 교육과정 도입기보다 한결 나은 점이 있다면 저출산의 여파로 학급당 인원이 20명대 초반으로 주저앉았다는 것이다. 2002년에 무리하게 35명으로 줄인다고 비판을 받았던 것에 비교하면 격세지감이다. 그러나 어김없이 반작용도 존재한다. 여전히 입시의 문제에 부딪힌다. 고교학점제와 조화롭기 어려운 수능 중심의 정시 체제를 확대하기로 정책 방향이 결정되어 있기 때문이다. 입시 제도가 그대로인 상황에서 실시되는 고교학점제는 유명무실하게 될 가능성이 높다. 7차 교육과정이 전면 시행되면서 수능 시스템이 크게 변화했는데, 고교학점제 시대에 수능을 어찌할 것인지에 대한 청사진은 아직 나오지 않고 있다.

일부 이공계 전공자들 중심으로 선택형 교육 체제에 대한 이의제기가 많이 나오고 있다. 고등학교에서 쌓아서 와야 할

지식들을 제대로 축적하지 않고 들어오는 대학 신입생들이 많다는 것이다. 하지만 이는 절반의 진실만 보여준다. 이른바 상위권 대학의 이공계 진학생들에게는 필요한 것들이 다른 학생들에게는 전혀 그렇지 않기 때문이다. 이공계 상위권에 갈 학생들에게 물리 과목이나 수학의 모든 영역에 대한 공부가 필요하다고 해서, 그렇지 않은 학생들에게까지 필수화하라고 할수는 없다. 각자의 적성과 실력에 맞는 자기만의 교육과정이 필요한데, 이를 획일화로 해결하려 하면 할수록 다른 부작용이 나타날 수밖에 없다.

교육에서 다양성이라 하면 결국은 다양한 학생의 존재를 인정하는 것이다. 이른바 목소리가 큰 집단은 학벌에서 상위권 대학 출신일 경우가 많은데, 이들은 모든 지식의 표준을 자신을 기준으로 하면서 오류를 범할 때가 많다.

이른바 '인서울' 대학에 입학할 수 있는 등급은 평균 2등급 이내다. 2등급은 상위 11% 이내를 가리키는데, 확실히 다수는 아니다. 게다가 상위권 대학으로 한정하면 상위 5% 이내의 극소수가 된다. 지식 자체가 인식의 끝을 지향하기 때문에 서로 다르게 구성된 세계를 자신의 것으로 표준화를 강제하는 기제가 된다. 다양성이란 그런 인식의 한계를 넘어서 서로 다름을 인정하는 것이고, 무엇보다 교육이란 분야에서 그것을 필요로한다.

모든 정책이 그렇듯이 선한 목적 자체가 그 실현을 담보해주지 않는다. 교육 정책에서 다양화의 시도는 여러 부작용과 반발에 부딪혔다. 그러나 그런 반발과 어려움이 있다고 해서 다양성 자체를 포기할 수는 없다. 다양성의 측면에서 한국 교육은 조금씩이나마 변화해 왔으며 점진적으로 발전해 온 것도 사실이다.

교육에서 당위를 실현하는 것이 생각보다 쉽지는 않다. 교육은 공공재인 동시에 개인의 신분 상승 수단으로 작용하기 때문이다. 그 복잡한 기제를 잘 다루면서 공공선을 이루어 나가야 할 책무가 교육 전문가와 참여자 모두에게 있다. 다양함을 위해 복잡성을 이해하고, 수준 높은 공정성을 위해 낮은 차원의 공정성을 발전적으로 극복하려는 노력이 우리 사회에 절실히 요구된다.

#일하다

모두를 위한 혁신은 가능하다

과학기술은 왜 더 많은 여성을 필요로 하는가

임소연 숙명여자대학교 인문학연구소 연구교수

"29.3%", "20.0%", "10.0%", "6.6%".

이 숫자들은 모두 과학기술 분야의 여성과 연관되어 있다. 각각의 숫자와 이 숫자들의 나열은 무엇을 뜻할까? 맨 앞부터 시작해서 순서대로 이 네 개의 숫자는 각각 국내 자연공학계열 입학생 중 여성 비율, 과학기술 연구개발인력 중 여성 비율, 과학기술 연구개발인력 관리자 중 여성 비율 그리고 10억 원 이상 연구과제책임자 중 여성 비율에 대한 2018년 통계다.[1]

이 숫자들은 과학기술 분야의 여성에 대한 중요한 세 가지 사실을 말해준다. 첫째, 과학기술 연구개발인력이 되기 위해서 최소한 학사학위 이상이 필요하다는 전제하에 29.3이라는 숫자는 애초에 과학기술 분야의 진로를 꿈꾸는 여성들이 전체의 3분의 1도 채 되지 않는다는 사실이다. 둘째, 과학기술 연구개발인력으로 경력을 쌓아가는 과정에서 29.3이 20으로, 20이 다시 10으로 떨어지는 것은 과학기술 분야에 들어온 여성조차 유지는커녕 지속적으로 이탈하는 현실을 보여준다. 수도관 틈새로 물이 새어 나가듯이 여성 인력이 빠져나가고 있는 것이다. 셋째, 대규모 연구과제를 책임지는 관리자급 연구자 중 여성 비율을 나타내는 숫자 6.6은 과학기술 분야의 여성이 탁월한 능력을 발휘하기 힘든 구조, 즉 '유리천장'의 존재를 암시한다. 결국 여성 과학자와 엔지니어가 이렇게 적은 이

한눈에 보는 2018년도 여성과학기술인력 현황

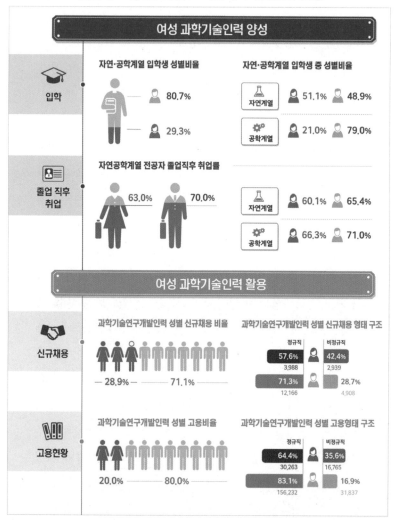

여성 과학기술인력 양성

입학

자연·공학계열 입학생 성별비율
- 80.7%
- 29.3%

자연·공학계열 입학생 중 성별비율

| 자연계열 | 51.1% | 48.9% |
| 공학계열 | 21.0% | 79.0% |

졸업 직후 취업

자연공학계열 전공자 졸업직후 취업률
- 63.0%
- 70.0%

| 자연계열 | 60.1% | 65.4% |
| 공학계열 | 66.3% | 71.0% |

여성 과학기술인력 활용

신규채용

과학기술연구개발인력 성별 신규채용 비율
- 28.9%
- 71.1%

과학기술연구개발인력 성별 신규채용 형태 구조

	정규직	비정규직
	57.6% / 3,988	42.4% / 2,939
	71.3% / 12,166	28.7% / 4,908

고용현황

과학기술연구개발인력 성별 고용비율
- 20.0%
- 80.0%

과학기술연구개발인력 성별 고용형태 구조

	정규직	비정규직
	64.4% / 30,263	35.6% / 16,765
	83.1% / 156,232	16.9% / 31,837

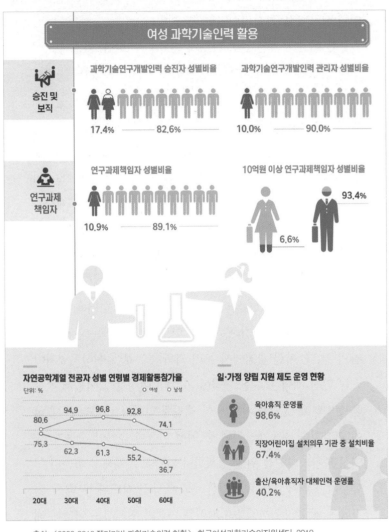

여성 과학기술인력 활용

승진 및 보직

과학기술연구개발인력 승진자 성별비율
17.4%　82.6%

과학기술연구개발인력 관리자 성별비율
10.0%　90.0%

연구과제 책임자

연구과제책임자 성별비율
10.9%　89.1%

10억원 이상 연구과제책임자 성별비율
93.4%　6.6%

자연공학계열 전공자 성별 연령별 경제활동참가율
단위: %　○ 여성　● 남성

80.6　94.9　96.8　92.8　74.1
75.3　62.3　61.3　55.2　36.7

20대　30대　40대　50대　60대

일·가정 양립 지원 제도 운영 현황

육아휴직 운영률
98.6%

직장어린이집 설치의무 기관 중 설치비율
67.4%

출산/육아휴직자 대체인력 운영률
40.2%

출처: 〈2009-2018 젠더기반 과학기술인력 현황〉, 한국여성과학기술인지원센터, 2019.

유는 대학과 기업, 국공립 연구기관 등 과학기술계 전반에 만연한 성차별적 구조 탓이라고 볼 수 있다.

물론 이 숫자들은 전혀 다르게 해석될 수 있다. 이를테면 여성이 남성에 비해서 과학기술 연구자나 관리자로서의 자질과 능력이 부족해서 나온 자연스러운 결과라는 해석이다. 적성에 맞지 않아 대학 진학 시 이공계 전공을 선택하지 않는 것이며 전공을 살려 취업을 했다고 해도 중간에 스스로 그만두는 것이 아닐까? 애초에 여성 인재의 풀pool 자체가 넓지 않으니 위로 올라갈수록 숫자가 적어지는 것은 당연해 보인다. 게다가 승진이나 대형 과제 수주 등에서 여성 비율이 극도로 적어지는 것은 공식적인 평가 절차에 따른 결과일 뿐이다. 요즘 세상에 누가 여성이라는 이유로 차별을 할까? 게다가 논문이나 특허 등 실적이 중요한 과학기술 분야에서라면 더더욱 여성이기 때문에 교수가 되지 못하거나 연구비를 못 받는 일은 벌어질 수 없다. 이런 관점에서 보면 과학기술 분야가 성차별적이라는 앞선 해석은 현실 왜곡에 가깝다. 여성들이 이공계 전공을 선택하고 실력을 기르면 다 해결될 일이다. 그렇다면 왜 굳이 과학기술 연구개발인력 중 여성 비율이 높아야 하는지, 즉 여성 과학기술인을 위한 정책이나 기관이 존재해야 하는지 이유부터가 의아해진다. 동일한 숫자에 대한 상반된 두 해석, 이 간극은 왜 존재할까? 그리고 이를 좁히기 위해서는 어떻게 해야 할까?

여성을 대상으로 한 정책 및 교육의 의의와 한계[2]

과학기술 분야에서 소수자인 여성에 대한 지원은 정책과 교육의 영역에서 활발하게 논의되고 실행되었다. 우리나라의 여성 과학기술인 정책은 2002년 '여성과학기술 육성 및 지원을 위한 법률' 제정으로 시작하여 2004년부터 5년마다 수립되는 '여성과학기술인 육성 및 지원 기본계획'(이하 기본계획)을 중심으로 펼쳐졌다. 2019년부터 제4차 기본계획이 시행 중이며 지금까지 각 기본계획에서 추구했던 목표는 다음과 같다.

- 제1차 기본계획(2004~2008): 여성과학기술인과 함께하는 조화로운 과학기술 중심사회 구현
- 제2차 기본계획(2009~2013): 여성과학기술인이 선도하는 창의적 과학기술사회 구현
- 제3차 기본계획(2014~2018): 양성이 함께 이끄는 과학기술과 창조경제
- 제4차 기본계획(2019~2023): 여성과학기술인의 잠재가치가 발현되는 사회

제3차 기본계획에서 '양성'이 언급되기는 했으나 이 기본계획에서 집중한 것은 여성 과학기술인이다. 여성 과학기술인의 숫자를 늘려서 성비 불균형 문제를 해소하는 것이다. 그렇다 보니 여성 과학기술인의 유입을 늘리고 경력 이탈을 막기 위

한 사업이 많이 수행되었다. 예를 들어 여학생 멘토링, 일-가정 양립 및 경력 단절 예방을 위한 직장 보육시설 확대, 복귀자나 재취업자를 위한 지원 사업 등이 눈에 띈다. 이러한 노력의 결과, 2000년에 10%대였던 과학기술 연구개발인력 중 여성 비율이 2018년에는 20%로 두 배가 되었다. 이 속도대로라면 언젠가는 여성 비율도 50%가 넘고, 더 시간이 지나면 결국 10억 원 이상의 연구비를 따는 비율도 남성과 비슷해질까?

실제로 과학기술 분야 성비 불균형이 시간이 지나면 자연스럽게 해결될 것이라고 보는 이들이 없지 않다. 과거와 현재를 비교하며 미래도 현재보다 나아질 것이라고 보는 것이다. 일리가 있다. 단, '자연스럽게' 그렇게 되지는 않을 것이다. 과거의 10%가 현재의 20%가 되기까지 5년에 한 번씩 새로 목표를 세우고 여러 사업을 추진해 온 정책적 노력이 있었다는 점을 잊어서는 안 된다.

문제는 '여학생의 진로 지도 및 역량 강화를 위한 특별 프로그램을 마련하며, 직장에 보육시설을 확충하거나 남성에게도 육아휴직을 적극 권장하고, 출산과 육아로 경력이 단절된 여성이라 할지라도 언제든 다시 취업할 수 있게 도와주는 정책만으로 충분한가?'라는 것이다. 이러한 정책적 노력이 불필요하다거나 그 노력을 폄하하려는 것이 아니다. 지금까지 여성 과학기술인 육성 및 지원 정책이 양적인 성장에 성과를 내온 만큼 이제 질적인 도약을 고민해 보면 어떨까 싶은 것이다.

여성 과학기술인을 대상으로 한 지금까지의 지원 사업에서 핵심은 '여성'이었다. 여성은 사회 및 과학기술계의 성차별적 구조 탓에 남성에 비해 불리한 위치에 있고, 분야에 따라 차이는 있으나 대체로 소수자로 존재해 왔다는 것이 여성 과학기술인을 지원하는 정책의 존재 이유였다. 사실상 여성에 대한 결핍 모델에 근거한 것이다. 이 결핍 모델은 과학기술 분야 여성의 소수자성을 개인의 선호와 능력 중심의 평가에 따른 자연스러운 귀결로 보는 이들이 수긍할 만한 것이기도 했다. 결국 여성들이 구조적인 차별을 받는다고 보는 입장이든 여성들이 이공계 진로를 선택하지 않는 것뿐이라고 보는 입장이든, 남성에 비해서 힘든 상황에 처해 있는 소수자 여성들을 따로 교육하고 지원하는 사업에 반대할 명분은 거의 없었을 것이다.

그러나 결핍 모델에 근거한 여성 대상 사업에 문제가 없는 것은 아니다. 여학생 공학교육 선도대학 사업을 분석한 한경희 등에 따르면,[3] 여학생만을 대상으로 한 사업은 여학생 집단을 부각시킴으로써 남녀 학생 모두에게 저항감을 불러일으키는 역효과를 가진다. 남학생은 여학생에게만 주는 특혜로 보고 역차별이라며 문제 삼고, 여학생은 여성을 특별한 배려가 필요한 열등한 존재로 바라본다는 생각에 참여를 꺼린다는 것이다.

비슷한 고민이 이공계 교육에서도 시작되었다. 이공계 대학의 성인지 교육은 수적으로, 그리고 문화적으로 소수인 여학생들의 특성을 반영함으로써 대학교육에서 성평등을 실현하려는 목적을 갖는다. 이공계 전공은 과학적 추상성과 엄격한 논리, 수학적 사고 등에 가치를 두기 때문에 유연한 사고나 주변 사람에 대한 배려가 없는 비인간적 학문으로 알려졌다. 이 공계 문화는 관계보다는 지식이나 논리 등을 우위에 두는 남성적 속성을 갖는다고 인식되기도 한다. 이런 상황에서 이공계 교수들은 여학생들을 과도하게 보호하고 배려하거나 남학생에 비해서 기대치를 낮추는 방식으로 여학생과 상호 작용해 왔다.[4] 이런 분위기에서 여학생들은 과학기술학도로서 자신의 능력에 대한 자신감을 갖기 어려워진다.

최근까지 주로 실행된 성인지적 교육은 남학생과는 다른 여학생의 특성을 이해하고 그에 맞는 교수법을 개발하는 데 초점을 맞춘다. 예를 들어 여성은 협동적 과정을 중요시하고 자기 확신보다는 외부의 인정에 의존하며 암시적 의사소통과 맥락적·직관적 사고를 하는 반면, 남성은 경쟁적 결과를 중요시하고 자기 홍보에 적극적이며 직접적 의사소통과 분석적·논리적 사고를 하는데, 이러한 차이가 존재함에도 여성과 남성을 동일하게 대하면 사실상 여성을 배제하는 결과로 이어질 수 있다는 것이다. 따라서 남녀 차이가 실재함을 인정하고 문화적으로 소수자인 여학생을 배려하는 교수법을 개발하고 실천하자는 것이 기존 성인지적 교육의 주된 내용이다.

이러한 성인지적 교육에서는 주로 수업을 운영하는 방식이나 교수가 학생을 대하는 태도 등을 통해서 남녀 차이가 배려되고 여학생들의 결핍이 해소될 수 있다고 본다. 예를 들어 남녀를 구분하는 표현이나 여성을 차별하는 농담을 하지 않도록 주의하거나, 문제가 발생했을 때 여학생이 지나치게 자신을 탓하거나 자신의 능력을 과소평가한다는 것을 이해하고 능력을 발휘하게끔 도와주는 한편 눈물을 보일 경우 단호하게 지도하는 것 등이 구체적인 사례다.

　물론 이러한 방식의 성인지적 교육은 나름의 교육적 성과를 거두었다. 남녀 사이의 현실적인 차이를 애써 외면하면서 명목상의 평등을 추구하기보다 그 현실을 인정하고 기존 교육을 변화시켜야 한다는 관점은 여전히 유효하다. 그러나 남녀 차이에 기반을 둔 성인지 교수법은 젠더정체성을 고착시키고 개별 학생의 차이 및 다양성을 간과하는 한계를 가진다. 여성 과학자가 특유의 모성과 섬세함으로 과학을 더 잘할 수 있다는 주장이 여성성을 여전히 모성이나 섬세함 등으로 전형화하는 문제점을 갖는 것처럼, 여학생의 소극적인 태도나 낮은 자신감 등에 주목하는 교육은 여성이 남성에 비해 결핍되거나 열등한 존재임을 당연시할 위험성이 있다.

　그렇다면 특혜도, 특별한 배려도 아닌 방식으로 여성 과학기술인을 육성하고 성장시킬 수 있는 방법은 없을까? 현실적으로 존재하는 남학생과 여학생의 차이를 인정하면서도 그 차이를 젠더정체성으로 본질화하지 않는 새로운 성인지적 교육을 할 수는 없을까?

문제가 여성이 아니라면?

여성 결핍 모델을 전제로 하는 여성 대상 정책이나 남녀 차이를 배려하는 교육은 그 성과만큼 한계도 분명하다. 과학기술 분야 여성의 문제를 '여성'에 집중하여 해결하려는 정책과 교육은 결핍 모델과 성차 본질주의에 대한 저항에서부터 역차별 논란까지 여러 문제점을 드러냈다. 그렇다면 과학기술 분야 여성의 문제에 어떻게 다르게 접근할 수 있을까? 도대체 이것이 여성의 문제가 아니라면 무엇이 문제일까? 과학기술 분야 여성의 문제가 여성의 문제가 아니라면 남은 것은 '과학기술'의 문제다. 고쳐야 할 것, 바꾸어야 할 대상이 여성이 아니라 과학기술이라면?

"실력만 있으면 된다. 누가 남녀를 따지나." 과학기술 분야 여성 문제에 대한 이야기를 하다 보면 이런 반응에 자주 맞닥뜨린다. 이런 말을 하는 사람들에겐 29.3%, 20.0%, 10.0%, 6.6%처럼 위로 올라갈수록 뚝뚝 떨어지는 숫자가 그리 큰 문제가 아니다. 실력에 따른 결과일 뿐이니 받아들이든지, 실력을 더 쌓아서 숫자를 바꾸면 될 일이다. 그런데 과학기술인은 정말 능력과 실력으로만 평가받을까?

1960년대 미국의 과학사회학자 로버트 머튼Robert Merton 은 과학자 사회에는 '공유주의communism', '보편주의universalism', '무사공평주의disinterestedness', '제도적 회의주의 organized skepticism'라는 네 가지 규범이 있다고 말했다.[5] 공유주의는 과학의 성과를 개인이 사유화하는 것이 아니라 과학자 사회 전체의 것으로 공유한다는 의미이고, 보편주의는 과학 활동이 성별, 인종, 계급, 사상, 명성 등 개별 과학자의 특수한 요소가 아니라 과학적 사실만을 대상으로 비인격적으로 평가된다는 의미다. 무사공평주의는 과학 연구가 특정한 이해관계나 사리사욕을 얻기 위해 수행되어서는 안 된다는 것이며, 제도적 회의주의는 최종적으로 사실로 받아들여지기 전까지 판단을 보류한 채 엄밀한 기준에 따라 철저한 검증을 거쳐야 함을 뜻한다.

이후 머튼이 제시한 과학자 사회의 규범 네 가지는 여러 학자들에게 비판을 받았다. 예를 들어 영국의 과학사회학자 마이클 멀케이Michael Mulkay는 이 규범들을 실제 과학 활동이 작동하는 모습에 대한 기술이 아니라 과학자들 스스로가 만들고 믿는 이데올로기라고 보았다.[6] 학자들의 비판을 더 예로 들 것도 없이, 우리가 보고 듣고 경험하는 과학기술 분야를 잠깐만 떠올려 보면 이 네 가지 규범에 대한 반례를 얼마든지 찾을 수 있다. 이제 과학적 성과는 특허로 사유화되고 과학자의 명성은 과학적 사실 평가에 영향을 준다. 기업의 이해관계에 맞는 결론으로 연구 결과를 조작해서 법정에 서는 과학자도 있고, 재연할 수 없는 실험이 동료 심사peer review를 통과하여 논문으로 실리는 경우도 많다. 머튼의 규범이 과학자 사회에서 갖는 의미가 여전히 큰 것과는 별개로 이 규범들은 사실상 잘 지켜지지 않는다. 그런 와중에 보편주의 규범에 입각하여 성별이 과학 활동의 평가에 아무런 영향을 주지 않는다고 주장하는 것은 설득력이 떨어진다. 자, 그럼 본격적으로 과학기술의 문제를 파헤쳐 보기로 하자. 특히 과학자 사회의 보편주의를 염두에 두고 말이다.

과학은 태어나는 그 순간부터 보편과는 거리가 멀었다. 역사적으로 과학은 유럽 백인 남성의 발명품이었다. 애초에 근대과학 이전에 자연을 탐구했던 철학자들, 즉 자연철학자들부터 이미 남성이었지만 말이다. 실험이 지식 생산에서 중요하다는 것이 근대과학의 가장 큰 특징이자 과학을 자연철학과 구분 짓는 핵심이었다. 자연철학이 인간의 이성적 사유로 자연과 만물의 본질을 파악하려는 활동이었다면, 현대 과학기술의 기원인 근대과학은 자연에 개입하고 자연을 인위적으로 조작해서 사실을 만드는 것이다. 그것은 '실험'이라고 불리는 방법론이었다. 우리에게는 "아는 것이 힘이다Knowledge is power"라는 격언으로 잘 알려진 영국 정치인이자 철학자 프랜시스 베이컨Francis Bacon은 실험을 근대과학의 새로운 방법론으로 만든 인물이다. 근대과학의 정신적 지주라고 할 만하다.

베이컨이 쓴 글 중에 출판이 되지 않아 잘 알려지지 않은 에세이가 있는데, 그 제목이 "시간의 남성적 탄생Masculine Birth of Time"이다. 이 글에서 베이컨은 과학을 인간 이성과 자연과의 신성한 결혼으로 묘사했고 실험을 자연에 대한 심문에 비유했다. 자연은 고대 문명기부터 여성으로 상상되었으나, 그때의 여성은 인간이 통제하거나 예측할 수 없는 독자적인 힘을 지닌 여신으로 형상화되었다. 예를 들어 고대 이집트 신화에서 이시스Isis는 나일강 그 자체이자 나일강을 지배하는 자연법칙이기도 했다. 그러나 근대과학의 탄생과 함께 자연은 실험을 통해서 조작이 가능한 대상이 되었고, 과학을 통해서 수줍게 혹은 에로틱하게 자신의 속살을 드러내 보이는 여성으로 대상화되었다. 17세기에 쓰인 천문학 책에서 요하네스 헤벨리우스Johannes Hevelius는 여신과 선배 천문학자들 앞에 무릎을 꿇고 천문학 발견을 제단에 바치는 자신의 모습을 그렸다. 그러나 18세기에 쓰인 화학책에서 여신은 높은 제단에서 내려와 상체를 드러낸 채 의자에 앉아 수줍은 듯 손가락으로 옆에 놓인 화학자의 초상화를 가리킨다. 천문학자와 화학자는 모두 변함없이 남성이지만, 한 세기를 지나며 자연은 과학자들을 거느린 위풍당당한 여신에서 과학자가 베일을 걷어 진리를 발견해 주기만을 기다리는 여인이 되었다. 물론 지금은 어떤 과학책에서도 자연을 여성으로 묘사하지 않는다. 19세기 이후 과학책과 저널에서 자연은 철저하게 물질로만 등장한다. 그러나 변하지 않는 사실은 과학자의 이미지는 그때나 지금이나 남성이라는 점이다.

1966년에서 1977년 사이 미국의 초등학생들이 그린 과학자 그림 5,000여 점 중 여성 과학자는 단 28점에 불과했다. 전체 과학자 중 무려 99.4%가 남성이었던 셈이다. 2000년대에 들어서야 여성 과학자 그림의 비율이 대략 20%대가 되었다. 흥미로운 사실은 과학자를 그릴 때 여성을 그리는 비율은 여학생에서 훨씬 높게 나타났다는 점과 어린이들이 커갈수록 과학자를 남성으로 상상하는 비중이 높아진다는 점이다. 예를 들어 2016년의 한 조사에서는 여자아이들 그림의 58%가 여성 과학자를 주인공으로 삼은 것으로 나타났다. 2018년 조사에 따르면, 여섯 살 아이들이 여성 과학자를 그린 비율은 절반 정도였으나 열여섯 살 청소년의 경우 해당 비율이 20%에 불과했다.[7]

그저 지나간 역사일 뿐이라거나 아이들의 무지에서 비롯한 상상일 뿐이라고 넘길 수 있을까? 여성 과학자의 대명사 마리 퀴리가 여성이라는 이유로 1903년 노벨상 후보에서 제외될 뻔한 것은 어떤가? 1962년 노벨상을 받은 DNA 이중나선 구조 발견의 역사에서, 정작 이중나선 구조를 보여주는 엑스레이 회절 사진을 찍은 여성 과학자 로절린드 프랭클린Rosalind E. Franklin이 한동안 잘 알려지지 않았던 것은 무엇 때문일까? 불과 몇 년 전 한국을 방문했던 영국의 남성 노벨상 수상자는 공개적인 자리에서 여성은 실험실에서 연애를 하거나 울기나 할 뿐이라며 자신의 실험실에서는 남성을 선호한다고 밝혔다가 물의를 빚은 사례도 있다. 여성을 역사에서 지우고 현장에서 배제해 온 과학기술 분야의 관행과 문화 속에서, 과연 여학생들은 자유롭게 이공계 전공을 택하고 사회에 나와 남성과 동등한 평가와 대우를 받는다고 단언할 수 있을까? (임신, 출산, 육아 등의 장애물을 넘는다고 해도 말이다.)

전국 160개 고등학교를 대상으로 대입에서 전공을 선택한

고3 학생들을 조사한 결과를 통해서 이 질문에 대한 답을 짐작해 보자.[8] 이과에서 이공계, 이과에서 비이공계, 문과에서 이공계를 지원한 세 집단을 비교해 본 결과의 성별 차이는 놀라웠다. 이과에서 이공계로 진학한 학생들 가운데 남녀의 비율은 일정했다. 이과에서 비이공계로 진학한 학생들 중에서는 여학생 비율이 20% 정도 더 높았고 문과에서 이공계로 진학한 학생들 중에서는 남학생 비율이 20% 정도 더 높았다. 이 글을 시작하면서 통계와 함께 언급했던 여성 누수 현상은 대학 진학 이전에 이미 일어나고 있었다. 더욱 의미 있는 발견은 이러한 교차지원의 동기가 과학 점수보다는 진로와 연관되어 있다는 사실이다. 비이공계로 전환한 이과 여학생과 이공계로 전환한 문과 남학생의 선택에 현재의 과학점수보다 미래의 진로가 영향을 주었다는 사실은 이 분야가 여성보다는 남성에게 친화적임을 다시 한번 상기시킨다.

이제 과학기술을 이야기하자

그런데 진짜 문제는 따로 있다. 과학기술에 대한 이야기는 사실 지금부터 시작이다. 과학기술 분야에서 여성이 소수자라면 주류는 남성이다. 비단 한국 과학기술만의 문제가 아니다. 거의 전 세계적으로 예외 없이 남성들이 주도해 온 지금까지의 과학기술은 과연 어떤 모습인가? 아니, 사실상 서구 백인 남성에 의해서 주도되고 그들을 추격하는 각 나라의 남성에 의해서 추진되어 온 과학기술의 발전은 어떤 지점에 도달해 있는가? 굳이 생태여성주의의 논의를 빌리지 않더라도 우리는 과학기술로 만들어 온 인류 역사가 처한 위기를 목도하고 있다. 전쟁과 핵무기, 쓰레기와 미세먼지, 플라스틱 문제를 거쳐 이제 기후위기와 코로나19까지 인류의 안녕과 존재를 위협하는 많은 문제들이 사실상 과학기술의 문제이자 과학기술이 변화시킨 자연과 사회의 문제다. 과학기술에 대한 이러한 문제의식은 이미 1980년대 페미니스트 과학학feminist science studies에서 동시다발적으로 제기되었다.

샌드라 하딩Sandra G. Harding은[9] 과학과 여성의 문제를 여성의 문제가 아니라 과학의 문제로 볼 것을 제안한 대표적인 페미니스트 과학철학자다. 지금까지 과학 지식의 생산에서 여성이 소외되고 주변화된 경험이 반영되지 않았다는 것이다. 여성뿐만 아니라 인종, 계급, 문화 등의 차이를 가진 다양한 집단의 입장 역시 반영되지 않았다. 삶이 앎과 분리될 수 없다면, 우리가 무엇을 아는가는 우리가 사회 속에서 어떻게 살아가는가에 달려 있다. 또한 모든 인간의 사고는 특정한 역사와 문화의 영향을 받기에 부분적일 수밖에 없다. 대부분이 (서구 백인 이성애자 비장애인) 남성으로 구성된 과학자 사회가 내세우는 보편주의는 결코 보편이라 불릴 수 없는 것이다. 이 허약한 객관성을 강하게 만들 수 있는 것은 여성을 포함하여 지금까지 배제되었던 이들의 삶에 기반을 둔 '앎'이다. 하딩의 논의를 확장해 보면 과학자 사회의 다양성이 높아질수록 과학이 '강한 객관성strong objectivity'에 근접할 수 있음을 알 수 있다.

비슷한 시기 『사이보그 선언문Cyborg Manifesto』을 쓴 것으로 잘 알려진 페미니스트 과학학자 도나 해러웨이Donna J. Haraway 역시 과학 지식의 객관성에 문제를 제기한다.[10] 해러웨이는 과학의 객관성이 어디에도 위치 지어지지 않는 신의 시선을 전제로 하고 있는 허구라고 말한다. 신이 아닌 이상 그 누구도 어떤 대상의 실체를 객관적으로 재현할 수 없다. 그런 의미에서 모든 지식은 '상황 지어진 지식situated knowledge'이며, 그렇기 때문에 어떠한 경험도 인식론적 특권을 가질 수 없다. 객관성은 상황 지어진 지식이 갖는 부분성의 연결을 통해서 추구될 수 있을 뿐이다. 하딩과 해러웨이의 논의를 종합한다면, 과학의 객관성은 그 무엇보다 지식의 부분성, 즉 주류 과학의 객관성 뒤에 숨겨진 남성 중심성을 겸허하게 인정하는 것으로부터 시작된다.

1980년대 페미니스트 과학학 연구자들의 목소리가 과학기술 연구개발의 현장에 도달하기까지는 20년이 넘는 시간이 필요했다. 결정적인 계기가 되었던 것은 과학의 남성 중심성이 여성의 건강에 실질적인 위해를 가할 수 있음을 보여준 일련의 사건들이었다. 1997년부터 2000년 사이에 미국식품의약국인 FDA는 이미 판매 승인된 의약품 10종을 회수했다. 치명적인 부작용이 발견되었기 때문이었다. 그중 8종은 남성보다 여성에게 더 큰 부작용이 있는 것으로 판단되었다. 도대체 어떻게 이런 일이 일어난 것일까? 이 약품들이 개발되는 과정에서 주로 수컷 동물과 남성 피험자 등을 대상으로 임상시험을 진행했기 때문이었다. 더 조사를 해보니, 세포생리학 학회지에 실린 논문 중 75%가 세포의 성별을 표기하지 않았고, 표기한 경우 남성이 20%인 반면 여성은 5%에 불과했다.《네이처Nature》등에 실린 논문을 대상으로 한 조사에서는 실험에 사용된 동물 중 5분의 1만이 암컷이었으며 심혈관 질환 관련 임상시험의 피험자 중 여성은 31%에 그쳤다. 심혈관 질환의 경우 환자와 사망자 수에서 여성의 비율이 남성보다 높음에도 말이다. 약한 객관성이라는 인식론적 문제가 어떤 물질적인 효과를 초래할 수 있는지 분명히 보여주는 상징적 사건이었다. 극히 일부 의약품에서 벌어진 일이라 할지라도 남성의 몸을 표준으로 하는 연구 관행 때문에, 혹은 수컷 동물만 사용하는 것이 더 효율적이기 때문에 큰 고민 없이 수행한 연구들이 초래한 결과 앞에서, 이제는 과학기술의 객관성을 '제도적으로 회의'해 봐야 하지 않을까?

바로 이러한 문제의식에서 시작된 것이 '젠더혁신gendered innovation'이라는 프로젝트다. 2009년 미국 스탠퍼드대학교의 페미니스트 과학사학자 론다 시빙어Londa Schiebinger는 연구개발 초반부터 성·젠더 분석을 도입하여 새로운 지식을 창출하고 새로운 기술을 개발할 것을 제안하는 젠더혁신 프로젝트를 주도했다. 시빙어는 연구개발 과정에 내재된 성과 젠더에 대한 편견을 제거함으로써 과학·의학·공학 분야에서 더 우수한 성과를 낼 수 있다고 보았다. 초기 비용이나 시간이 많이 들어 비효율적으로 보일 수도 있지만, FDA 의약품 승인 철회 사건처럼 문제가 생긴 이후에 처리하는 사회적 비용을 생각하면 오히려 효율성을 높이는 절차일 수 있다. 기존 연구 분야에 성·젠더 분석을 접목하게 되면 새로운 시각을 갖게 되고 새로운 연구 질문을 개발할 수 있게 되며 새로운 연구영역을 발굴할 수 있다. 궁극적으로 성·젠더 분석은 창의력을 일깨워 준다. 젠더혁신은 미국과 유럽의 과학기술 학계에 신속하게 영향력을 발휘했다. 2011년 유럽연합 집행위원회는 '젠더를 통한 혁신'이라는 전문가 집단을 만들었고, 2012년 미국국립과학재단National Science Foundation도 젠더혁신 프로젝트에 참여하기 시작했다.

젠더혁신에서 지금까지 공식적으로 발표한 20여 개의 사례 중 공학 분야의 사례 두 가지를 보자.[11] 첫 번째 사례는 기계번역 분야다. 기계번역은 글로벌화되는 세계에서 더욱 중요해지고 있다. 현재 시중에 나온 번역기의 오역률은 아직은 높은 편이지만 기계번역의 정확도는 날이 갈수록 개선되고 있다. 기존 기계번역 시스템의 오역은 비점진적인 해결법을 필요로 하는 기초적인 기술의 문제에서 비롯되는데, 이런 기술적 문제 중 하나는 젠더와 연관이 있다. 구글 번역기와 같은 첨단 기계번역기는 인칭대명사를 원문에서 단어가 쓰인 맥락과는 무관하게 대부분 'he'나 'him'과 같은 남성 대명사로 번역하는 오류를 보였다. 이것은 젠더 편견의 문제일 뿐만 아니라 기계번역기의 정확도 및 신뢰도에 대한 문제이기도 하다. 기존 번역기는 원본에서 언급된 사람의 젠더를 구별하지 않은 채, 여러 이중 언어 텍스트 중 원본과 가장 가까운 의미를 가진 번역어 구절을 모두 찾는다. 그중에서 사용 빈도수 등 다양한 요소를 바탕으로 번역본 구절 하나를 찾아 원본에 대응matching시키는 방법으로 번역을 한다. 따라서 인터넷에서 많이 사용되는 남성 대명사로 번역하게 된다. 기존 번역기를 개발하는 데 사용된 텍스트 자료에 남성 대명사가 남용되어 있기에, 번역기가 번역한 내용에도 남성 대명사가 많은 것이다.

2012년 7월 젠더혁신 프로젝트에서 이 문제에 대한 해결 방안을 논의하기 위해 워크숍을 개최했다. 기존 텍스트 자료에서 남성 대명사와 여성 대명사의 비율을 맞춘다고 해도 문제를 해결할 수 없었다. 번역기가 젠더를 구별하지 않고 무작위로 젠더와 대명사를 대응시켜 원문에 있는 사람의 젠더와 다른 대명사를 사용해 번역할 수 있기 때문이다. 따라서 원문에서 언급된 사람의 젠더를 구분할 수 있는 알고리즘을 개발해, 이 알고리즘으로 젠더를 파악한 후 번역본이 생산될 수 있도록 하는 것이 중요하다. 이런 알고리즘의 개발을 통해 자동적으로 남성 대명사로 번역하는 현상을 피할 수 있으며 번역 자체의 질도 높일 수 있다.

젠더혁신의 두 번째 사례는 비디오 게임 분야다. 지난 50년 동안 비디오 게임 개발자, 프로그래머 및 게임 이용자는 대부분 남성이었다. 최근 들어 여성들도 활발하게 비디오 게임을 이용하지만, 아직까지도 비디오 게임은 남성적이라는 고정관념은 팽배하다. 하지만 비디오 게임은 개인의 행동, 사회적 가치, 젠더 규범 등에 영향을 미칠 수 있는 강렬한 스토리를 가지고 있고 게임 이용자와 상호 작용 관계를 갖기 때문에, 비디오 게임에 대한 고정관념은 우려의 대상이 된다. 게임 디자이너는 지금까지 대략 둘로 구분되는 전략을 써서 여자 어린이들을 위한 게임을 만들어 왔다. 하나는 남녀 불문하고 모두를 위한 게임을 개발하는 것이다. 하지만 이런 게임들은 대부분 자동적으로 비디오 게임 시장의 주요 소비층인 남자 어린이를 대상으로 디자인된다. 이 전략은 남성 위주로 개발된 게임을 이용하기 위해 여자 어린이에게 필요한 능력을 개발하도록 장려한다. 다른 하나는 여자 어린이를 대상으로 게임을 개발하는 것이다. 예를 들어 드레스를 입은 공주가 등장하거나 핑크색 계열로 꾸며진 게임을 개발하는 식이다. 이 전략은 젠더에 대한 고정관념과 젠더 본질주의적인 사상을 강화시키며, 남녀의 젠더 차이를 더 부각시킬 수 있다.

젠더혁신 프로젝트에서 제시하는 방법은 이 둘 어디에도 속하지 않는 제3의 전략이다. 전형적인 젠더 규범을 전제하지 않고 어떤 젠더에 속하든 흥미를 가질 수 있는 게임을 개발하는 것이다. 이 전략을 사용한 게임 디자이너들은 시중에 나와 있는 비디오 게임 여러 종을 분석하여 어떤 유형의 게임을 남녀 아이들이 모두 좋아하는지 찾아냈다. 흥미로운 사실은 성별에 따라 호불호가 갈리는 게임에 비해서 남녀 어린이가 모두 선호하는 게임이 게임 시장에서 가장 인기가 높았다는 점이다. 이로써 젠더혁신을 통한 기술은 젠더 편견을 전제하지도 강화하지도 않을 뿐만 아니라 가장 잘 팔리는 기술이 될 수 있음이 입증된 셈이다.

여성 과학기술인이 더 많아져야 하는 과학기술적 이유

이 글은 여성 과학기술인을 키우는 데 특별한 지원을 해야 한다고 믿는 이들과 개별 남녀의 선호와 능력에 따라 과학기술인이 되는 과정에서 생긴 성비 불균형이 왜 문제가 되는지 의아한 이들을 모두 설득하겠다는 목표로 시작되었다. 일단 이 두 입장 모두 과학기술 분야에서 여성이 남성에 비하여 열등한 위치에 있음을 전제로 한다는 공통점을 갖는다. 물론 여성 결핍 모델에 대해 전자는 구조적 불평등의 결과로 바라보며 정책과 교육으로 개선되어야 한다고 보는 반면, 후자는 성비 불균형의 원인이자 인위적인 개입이 필요하지 않은 문제로 여긴다는 차이점은 존재한다. 특히 후자의 입장을 가진 사람들에게 왜 여성 과학자와 엔지니어가 적은 것이 문제가 되는지 설득이 필요하다는 점에서 이 차이점은 여전히 중요하다.

이에 대한 답으로, 이 글은 과학자와 엔지니어 대부분이 남성이라는 사실이 과학 연구와 기술 개발에 부정적인 요소로

작용할 수 있음을 간접적으로 보였다. 젠더혁신이라는 프로젝트는 과학자와 엔지니어에게 남성 중심의 연구개발 관행에서 벗어나 의식적으로 생물학적·사회문화적 성의 차이를 고려할 것을 요구한다. 그렇다면 젠더혁신은 과학자와 엔지니어가 여성이든 남성이든 상관없는 것 아닐까? 맞다. 바로 그 점에서 이 프로젝트는 남녀 차이에 대한 본질주의적 전제에서 자유로울 수 있다. 그러나 동시에 젠더혁신은 주체로서, 대상으로서 오랫동안 과학기술에서 배제되었던 여성에게 훨씬 더 매력적으로 작동할 수 있다.

선행 연구들이 이미 보여주었듯이, 남학생이 과학기술 그 자체에 흥미를 느끼는 반면 여학생들은 사회적으로 유용하고 사람과 관련된 일로서 과학기술에 융합적으로 접근하는 것에 관심이 높다고 한다.[12] 실제로 과학기술의 객관성을 의심하고 개선하려는 이들은 공교롭게도 여성이 대부분이다! 하딩과 해러웨이 그리고 시빙어를 포함하여 과학기술의 남성 중심성을 문제 삼고 대안적인 과학기술을 고민한 대부분의 학자들이 여성이다. 2015년 얼굴인식 인공지능이 자신의 얼굴을 제대로 인식하지 못한다는 사실을 발견하고 인공지능의 젠더 및 인종 편견을 연구하기 시작한 연구자 역시 흑인 여성이다. 앎과 삶은 분리될 수 없기 때문일까? 성인지 역량이 연구방법론의 필수 요소인 젠더혁신과 같은 프로젝트에서 여성 과학자와 엔지니어가 더 뛰어난 능력을 보일 것이라는 예측도 해볼 수 있다. 젠더혁신과 같은 대안적 연구개발 프로젝트가 일상화되면, 여성 과학기술인의 경쟁력과 혁신의 원천은 소통능력이나 감수성이 아니라 여성으로서의 삶에 근거한 성인지 역량이 될 것이다. 유색인종 여성, 비서구권 여성, 장애를 가진 여성, 노동자 계급 출신 여성 등 여성 안의 교차성, 그리고 여성과 남성이라는 범주를 아우르는 차이와 다양성까지 더해질 때 과학기술은 그제야 생동감 있는 보편성을 획득할 수 있을 것이다.

젠더혁신이란 결국 과학기술의 다양성을 추구하는 프로젝트다. 과학기술은 서구 백인 비장애인 남성을 중심으로 발전할 때보다 비서구 유색인종 장애인 여성까지 포용할 때, 더 보편적이고 더 효과적이며 더 시장성이 높다. 그러한 방향으로 과학기술을 혁신할 수 있는 이들은 곧 다양한 차이를 가지고 있는 사람들 그 자신이다. 다양성이 혁신의 원천인 셈이다. 그런 과학기술에 다양한 차이를 가진 여성들이 흥미를 느끼지 않을 리 없다. 과학기술 연구개발에서 다양한 차이가 반영될수록 더 많은 여학생이 과학기술 분야에 들어오고, 더 많은 여성이 과학자와 엔지니어로 활약하며, 더 많은 여성 연구자들이 탁월한 능력을 인정받아 과학기술 분야의 리더로 성장하게 될 것이다.

과학기술 분야 여성의 이야기는 과학기술의 다양성에 대한 이야기이자 혁신에 대한 이야기다. 과학기술 분야에서 더 많은 여성들이 활약하는 모습을 보고 싶다면, 이제 여성이 아니라 과학기술을 바꾸자! 더 많은 여성 과학기술인이 편견과 차별 없이 그들의 능력을 발휘하게 하는 것이야말로 과학기술이 혁신과 다양성으로 나아가는 가장 확실한 첫걸음이 될 것이다.

주

1　〈2009-2018 젠더기반 과학기술인력 현황〉, 한국여성과학기술인지원센터, 2019. https://www.wiset.or.kr/contents/information01.jsp?sc_type=3&sc_tab=2

2　여기에서 소개하는 성인지적 교수법의 내용은 저자가 공저자로 참여한 서울여자대학교 여성공학인재양성사업단 《성인지적 공학교육을 위한 교수용 가이드북》(2018) 중 일부를 발췌하고 수정한 내용임을 밝힌다.

3　한경희·박준홍·강호정, 「공학과 젠더: 공학교육에 어떻게 적용할 것인가?-여학생 공학교육 선도대학(WIE) 사업 분석과 운영 경험을 중심으로」, 《공학교육연구》, 13(1), 38-51, 2010.

4　민무숙·이정희, 「공학 분야 전공 여성들의 교육과 직업경험 분석」, 《교육사회학연구》, 15(2), 65-93, 2005.

5　Merton, R. K.. The sociology of science: Theoretical and empirical investigations. Chicago, IL: University of Chicago Press. 1973.

6　Mulkay, M. J.. "Norms and ideology in science". Social Science Information, 15(4- 5), 637-656. 1976.

7　Terada, Y.. "50 years of children drawing scientists". Edutopia. 2019. Retrieved from https://www.edutopia.org/article/50-years-children-drawing-scientists

8　하민수·신세인·이준기, 「계열과 다른 대학 전공으로 진학한 고등학교 3학년 학생의 과학학습동기의 특성 탐색」, 《한국과학교육학회지》, 36(2), 317-324, 2016.

9　Harding, S. G.. The science question in feminism. Ithaca, NY: Cornell University Press. 1986.

10　Haraway, D.. "Situated knowledges: The science question in feminism and the privilege of partial perspective". Feminist studies, 14(3), 575-599. 1988.

11　두 사례에 대한 설명은 '젠더혁신 홈페이지'를 참조했다. http://genderedinnovations. stanford.edu

12　Sible, J. C., Wilhelm, D. E. & Lederman, M.. "Teaching cell and molecular biology for gender equity". CBE—Life Sciences Education, 5(3), 227-238. 2006.

다양하지 않음에 질문을 던지다

윤석원 테스트웍스 대표

．．．．．

　2000년대 초 미국에서 직장 생활과 학업을 마치고 한국 대기업에 소프트웨어 엔지니어로 입사하여 한국의 IT 생태계를 접하게 되면서, 나는 미국과는 다른 특이한 현상들을 발견하게 되었다.

　첫 번째는 여성의 비율이 상대적으로 낮다는 점이었다. 당시 실무자 수준에서도 여성 소프트웨어 엔지니어는 부서 내 10%를 넘지 않았다. 여성 엔지니어 출신의 임원도 찾기 힘들었다. 사석에서 남성 임원들에게 여성 엔지니어와 일하는 것을 선호하지 않는 이유를 물어보면 "여성이어서 불편하다", "육아 등으로 인해 회사생활에 집중하지 못하거나 회사를 그만둘 가능성이 높기 때문이다" 등의 대답을 들었다.

　실제로 여성의 소프트웨어 분야 참여는 남성에 비해 현저히 낮다. 2015년 기준으로[1] 국내 여성의 대학 진학률은 74.6%로 남학생 67.3%보다 7.4% 높고 여성 고용율도 49.9%에 달했지만, 국내 소프트웨어 관련 전공 학위를 취득한 여성의 비중은 18.8%에 그쳤다. 졸업 후에는 직종 전환, 출산 및 육아 등 다양한 이유로 소프트웨어 분야 직군의 여성 비중이 12.5%로 더 낮아진다.[2] 미국 22.9%, 영국 19.1% 등 다른 나라의 소프트웨어 분야 종사 여성 비율과 비교해도 낮은 수치이며, 이는 우리나라 STEM 분야의 젠더 다양성 수준을 여실히 드러낸다. 또한 우리나라의 경력단절여성 중 상당수의 학력은 대학 졸업 이상이다(서울시 경력단절여성의 경우 75.3%가 대학 졸업 이상이다).[3] 이들이 사회 복귀를 위해 지자체에서 운영하는 관련 기관에 문의하는 경우 일반 사무원, 요양보호사, 조리사, 보육 교사, 사회복지사 등 이전 경력과 상관없는 직종을 권하는 경우가 대부분이다. 경력 단절 전에 전문성 있는 분야에서 일을 해 온 고학력 여성들이 일할 수 있는 기회는 많지 않다.[4]

두 번째, 보이지 않는 장벽과 차별은 여성에게만 적용되는 것이 아니었다. 국가의 장애인 의무채용 제도에도 불구하고 장애인 역시 STEM 분야 회사에서 거의 찾아보기가 어려웠다. 국내의 대표적인 ICT 기업인 삼성전자의 경우, 2017년도에 2,800명의 장애인을 의무적으로 고용했어야 함에도 약 1,500 명만 고용하여 429억 원을 고용부담금으로 납부했으며 5년 연속 장애인 고용부진 1위의 불명예를 차지했다.[5] 공공기관으로서 장애인 고용의무에 충실해야 할 STEM 분야 정부출연연구소의 경우, 장애인 고용률이 2017년 기준 1.65%에 불과해 의무채용 비율 3.2%의 절반 정도에 그쳤다.[6]

오랜 기간 나는 국내외 대기업에서 소프트웨어 엔지니어로 근무하면서 STEM 분야의 다양성 문제를 중간 관리자의 입장에서 해결하려 노력했지만, 조직의 변화를 이끌어 내는 것에는 뚜렷한 한계가 있었다. 먼저 대기업의 실무 책임자는 가시적인 성과가 보장되지 않는 한 다양성을 확보하기 위한 새로운 시도에 심한 거부감을 나타냈다. 경영진이 자사 소프트웨어 테스터와 개발자의 1%를 발달 장애인으로 고용하겠다는 의지를 밝힌 SAP의 사례[7]와 달리, 경영진의 지원 없이 대기업 중간관리자가 사내에서 다양성을 위한 여러 실험을 추진하는 것에는 한계가 있었다. 이 때문에 높은 연봉이 보장된 안정된 대기업을 떠나 STEM 분야의 다양성을 실험하고 실천하기 위해 사회적기업을 창업하기로 결심했다.

2015년 테스트윅스를 설립하면서 입증하고자 했던 가설은 '잠재력 있는 다양한 집단(경력단절여성, 장애인 등 주변화된 집단)이 STEM 분야 내의 적합한 직무를 찾아 적절한 직업 교육과 사회적응 훈련을 받는다면 지속적인 성장이 가능한 양질의 직업을 가질 수 있다'라는 것이었다. 사회적 문제를 기업 방식으로 해결하고자 하는 사회적 경제를 접한 후, 다양성을 확보한 STEM 분야 사회적기업을 성공시키기 위해 여러 실행 방안을 고민하게 됐다.

다양성을 실천하는 지속 가능한 사회적기업 : 실행 방안

국내에는 약 2,300여 개의 사회적기업이 있으며 약 4만 5,000여 명의 근로자들이 사회적기업에서 근무하고 있다. 이 중 약 60%인 2만 8,000여 명이 장애인, 고령자, 저소득층 등 고용노동부에서 분류한 취약계층이다.[8] 사회적기업의 근간이 된 사회적기업 육성법은 애초부터 자활 기업의 연장선에서 취약계층 고용을 촉진하려는 의도가 강했다. 그러나 취약계층을 채용하고 활용하는 과정이 매우 복잡하고 시간과 비용도 많이 소요되기 때문에 상당수의 사회적기업이 인적 자원에서 경쟁우위를 갖지 못하고 생존을 걱정해야 하는 상황에 처하기도 한다. 취약계층을 고용한 기업은 종종 노동생산성 저하나 원가 절감 실패로 경쟁력 있는 제품과 서비스를 출시하기 어려운 구조를 가지게 된다.

이러한 사회적기업의 한계를 극복하기 위해 나는 테스트윅스의 고용 대상을 '취약계층'이 아닌 '잠재력이 있지만 기회를 가지지 못했던 분들'로 정의하며 이분들이 가진 한계와 제약보다 장점에 주목하고자 했다. 또한 STEM 분야의 지속 가능한 사회적기업으로 성장하기 위해 장점 기반의 직무 개발 및 교육 제공, 시범 프로젝트 적용 및 고객 만족 확보, 성장을 중시하는 조직 문화 구축이라는 실행 방안을 정하며 이를 실천하기 시작했다.

실행 방안 1. 장점 기반의 직무 개발 및 교육 제공

소프트웨어 테스터 STEM 영역에서 소프트웨어 분야는 요구사항 분석, 설계, 구현coding, 검증testing 등의 공정을 거쳐 제품을 출시하며, 소프트웨어 규모가 커질수록 여러 직무의 엔지니어를 필요로 한다. 마이크로소프트 등 대부분의 글로벌 기업에서 소프트웨어 개발 관련 직군은 소프트웨어 제품 개발을 위해 요구 사항 분석 및 프로젝트 관리를 하는 프로젝트 매니저PM, Project Manager, 요구 사항에 맞게 소프트웨어를 설계하고 구현하는 소프트웨어 개발자SDE, Software Development Engineer, 구현된 소프트웨어가 요구 사항에 맞게 개발되었는지 고객과 사용자 입장에서 검증하는 소프트웨어 테스터STE, Software Test Engineer 등으로 구분된다. 테스트웍스는 이 중 소프트웨어 테스터 직무가 경력단절여성과 장애인에게 가장 적합하다고 판단했다.

소프트웨어 테스트는 대부분 짧은 시간에 대규모로 이루어지며, 반복적 실행과 사용자 입장의 시스템 분석이 필요한 객관적인 검증 과정이다. 따라서 제품의 명세와 요구 사항을 구조적·체계적으로 이해할 수 있는 논리력, 제품에 대한 호기심과 고객의 입장에서 제품의 결함을 찾아내는 공감능력 및 창의력, 결함이 수정될 때까지 개발자 및 프로젝트 매니저를 설득할 수 있는 소통능력 등이 요구된다. 경력단절여성들은 업무상의 소통을 경험해 보았기 때문에 사용자 중심의 사고와 업무에 대한 책임감에서 강점이 있다고 판단해 소프트웨어 테스터 직무를 할 수 있을 것이라 생각했다.

**인공지능
데이터 라벨러**
장애인과 소프트웨어 분야 직무의 적합성과 관련해서, 덴마크의 사회적기업인 스페셜리스테른Specialisterne의 성공 사례를 주목할 필요가 있다. 스페셜리스테른은 월등한 지능, 관찰력, 집중력, 반복 작업에 애정을 가지고 있는 자폐 장애인을 소프트웨어 테스터로 교육한 후, SAP의 소프트웨어 테스터로 취업을 연계하는 프로그램을 성공적으로 수행하고 있다. 테스트웍스도 자폐 장애인의 장점에 주목하고 외국계 회사인 A사와 함께 자폐 장애인 취업을 위한 소프트웨어 테스터 양성 교육을 제공했다. 그러나 소프트웨어 테스터의 경우 보안상의 이유로 실제 개발자와 같은 공간에서 근무해야 하는 제약이 있어, 국내에서 자폐 장애인을 대상으로 한 소프트웨어 테스터 직무를 개발하는 데는 한계가 있었다. 따라서 자폐 장애인의 장점을 살리면서 향후 성장 가능성이 높은 다른 직무를 물색하게 되었고, 새롭게 발굴한 직무가 바로 인공지능 데이터 라벨러data labeler였다.

인공지능 데이터 라벨링은 다양한 형태의 데이터를 인공지능이 학습할 수 있는 데이터 형태로 변형하거나 가공하는 과정을 의미한다. 사람은 자동차가 찍혀 있는 사진을 보면, 사진 속 사물이 자동차라는 사실을 쉽게 파악할 수 있다. 하지만 컴퓨터는 이를 자동차로 인식하지 못하기 때문에 사진 위에 자동차의 위치와 크기를 입력하고, 그 위치와 크기 안에 있는 이미지를 '자동차'라고 표시하는 작업이 필요하다. 이런 일련의 과정이 바로 데이터 라벨링이다. 데이터 라벨링은 난이도가 낮고 반복적인 작업이 많아 'AI 눈알 붙이기'라고 표현하는 경우도 있다. 그러나 인공지능은 가공된 데이터를 학습하기 때문에 정확한 데이터 라벨링과 고품질 데이터 세트data set는 인공지능 학습률 및 성능 향상에서 매우 중요한 부분이다.

데이터 라벨링 업무의 특성이 정확하고 정직하며 반복 작업에 쉽게 질리지 않는 자폐 장애인의 장점과 잘 부합될 수 있을 것이라 판단하고, 2016년 국내 최초로 자폐 장애인을 위한 데이터 라벨러 직무를 개발하게 되었다.

경력단절여성과 자폐 장애인에게 적합한 직무를 발굴하면서 병행돼야 하는 일은 이분들에게 적합한 교육을 제공하는 일이었다. 경력단절여성의 경우 40대 이상으로, 10년 이상 경력 단절을 겪은 분들이 대부분이며 소프트웨어 분야를 처음 접한 경우도 많기 때문에 기초 이론을 쉬운 내용으로 풀어서 교육하고 동일한 내용을 실습과 함께 세 번 이상 반복해야 했다(소프트웨어 테스트 교육의 경우 약 200시간이 소요되며 60% 이상이 실습으로 구성된다). 이러한 반복 교육을 통해 처음에는 이해하지 못했던 내용도 자연스럽게 습득하게 되었다.

자폐 장애인의 경우 더 긴 기간의 실습을 통해 업무에 대한 규칙적인 습관을 만드는 것이 중요했다. 이론 교육을 제외하고 학습자의 발전 속도에 따라 3개월에서 6개월 정도까지의 실습 기간을 거치며, 규칙적인 출퇴근 시간 엄수, 업무 시간과 휴식 시간 준수, 균질적인 업무성과 여부 판단 등을 통해 교육 성과를 측정했다. 특히 자폐 장애인의 경우 규칙적인 생활 습관이 업무성과에도 영향을 미치기 때문에 부모님을 대상으로 수면, 식사, 운동 등의 규칙적인 생활 습관에 대해서도 확인했다.

실행 방안 2. 시범 프로젝트 및 고객 만족 확보

적합한 직무를 개발하고 교육하는 것보다 더 어려운 일은 이분들에게 일자리를 줄 수 있는 고객을 확보하는 일이었다. 대기업 엔지니어로 근무하면서 한 번도 영업을 해본 경험이 없어 기업의 사회공헌 관점이 아닌 실제 실무에서 취약계층을 활용하는 사례를 만들기 위해 고객을 확보하는 것은 쉽지 않은 일이었다.

그런 와중에 외국계 회사인 H사의 부장님을 소프트웨어 테스트 관련 세미나에서 만나 이야기를 나누게 된 것은 큰 행운이었다. 그분은 프로젝트를 관리하면서 가장 어려운 점 중 하나가 숙련된 인력의 이탈이라고 했다. 외주사의 테스트 인력이 1~2년의 근속 기간을 채우지 못하고 나가는 사례가 많아 연속적인 프로젝트 관리가 어렵다는 것이었다. 그래서 경력단절여성을 대상으로 한 테스터 교육에 대해 소개하면서 교육을 수료한 분들의 재취업 의지와 근면함 그리고 사회 복귀에 대한 절박함과 경험을 쌓고자 하는 열망 때문에 장기근속 가능성이 높다는 점을 강조했다. 그 결과 H사로부터 경력단절여성이 참여할 수 있는 3개월의 시범 프로젝트 기회를 얻었고 교육생 중 세 분이 참여하게 됐다. 3개월 동안 이분들이 보인 업무 이해력, 근면성, 책임감 등이 높은 평가를 받게 되어 우리 회사는 경력단절여성으로 구성된 테스트팀으로 H사와 정식으로 계약을 맺게 되었다.

인공지능 데이터 라벨링 사업의 경우 2주 정도의 단기적인 시범 프로젝트를 거친 후 바로 고객과 계약을 하여 프로젝트를 수행하면서 다양한 시행착오를 겪었다. 고객사인 S사 대표께서 우리 회사의 사회적 가치에 크게 공감하여 자폐 장애인들이 업무에 투입되는 데이터 라벨링 외주 계약을 맺고 업무가 진행됐으나 약 2개월 후 고객사 PM(프로젝트 매니저) 피드백이 좋지 않아 계약이 해지되는 위기 상황이 왔다. 시범 프로젝트 기간에 보여준 자폐 장애인의 업무성과를 믿고 본 사업이 시작된 후에 데이터 가공 결과를 별도의 검수 과정 없이 바로 고객사에 전달한 것이 원인이었다. 데이터 라벨링 업무 결과의 품질이 일정치 않아 고객사 PM이 재차 검수하는 일이 많아지자 결국 계약 해지 의사까지 밝히게 된 것이다.

　　이러한 고객의 불만을 접하면서 사회적 가치를 추구하고 실행하고자 하는 진정성보다 우리가 수행하는 업무의 품질을 확보하는 것이 더욱 중요하다는 것을 깨닫게 되었다. 이 사건 후 우리 회사는 태스크포스를 가동하여 고객사에 최종 산출물이 전달되기 전까지의 과정 전반을 검토하며 품질을 높이기 위한 개선 사항을 파악하고 이를 실천에 옮기기 시작했다. 먼저, 고객사 PM에 대응하기 위한 자체 PM을 선정하여 고객과의 소통을 원활히 했다. 자폐 장애를 가진 사원들의 일일 성과 관리, 자가 리뷰, 동료 리뷰 등을 통해 라벨링을 마친 데이터의 초기 품질을 확보하고, 고객에게 데이터가 전달되기 전 검수자가 리뷰를 통해 최종적으로 품질을 확인하는 절차를 거치도록 했다. 또한 자폐 장애인들의 업무성과가 규칙적인 생활 관리와 밀접한 연관이 있다는 것을 발견하고, 경력단절여성을 데이터 라벨링 팀의 관리자로 배치하여 자폐 장애인과 함께 업무를 수행하며 그들의 생활 관리를 돕도록 했다. 소통능력이 뛰어난 경력단절여성의 장점과 정확함, 세부 사항에 대한 높은 집중력을 보이는 자폐 장애인의 장점을 결합한 것이다. 경력단절여성과 자폐 장애인이 가지고 있는 다양한 장점이 업무 체계 안에서 통합되어 시너지 효과를 발생시키면서 업무 생산성이 높아졌다. 데이터 품질도 향상되어 고객의 만족도도 높일 수 있었다. 그 결과 품질에 대해 확신하지 못하던 S사가 장기 고객사로 전환됐고 현재까지도 협력 관계를 유지하고 있다.

실행 방안 3. 성장을 중요시하는 조직 문화 구축

회사가 성장하고 직원들이 다양해지면서, 무엇보다 중요한 것은 직원들이 테스트웍스에서 일하는 의미와 이유를 명확히 이해하고 회사의 핵심 가치를 공유하여 이를 끊임없이 실천할 수 있는 토대를 만드는 일이었다. 테스트웍스의 슬로건 "Growing with Employees, Customers & Society 직원, 고객, 사회와 함께하는 성장"처럼, 개인의 성장이 고객의 성장으로, 고객의 성장이 회사의 성장으로 이어지고, 회사가 추구하는 사회적 가치를 지속적으로 높이다 보면 직원들이 조직을 통해 더 나은 사회를 만드는 것에 기여할 수 있다는 공감과 헌신이

우리 회사의 미션은 무엇인가요?

- 충분한 잠재력을 가졌지만 좌절했던 이들에게 스스로 증명할 수 있는 기회를 제공하여 자부심과 성장의 기쁨을 느끼게 합니다.
- 우리는 우리 스스로를 테스트하고 우리 스스로를 증명하기 위한 기술 기반의 사회적기업입니다.

우리 회사는 어떠한 목적으로 설립되었나요?

- 우리는 (공정한) 기회를 제공하기 위해 설립된 회사입니다. 우리는 일자리가 곧 밥벌이가 아니며(즉 경제적인 보상이 유일한 보상 기제가 아니며), 나답게 사는 기회, 나를 증명하는 기회, 품격 있는 삶의 기회, 성장과 자아실현의 기회라고 믿습니다. 따라서 우리 회사는 다음과 같은 다섯 번의 기회 선순환을 통해 차별 없고 공정한 사회를 만들어 나가고자 합니다.

  1) 발견: 적성에 맞는 전문 직무의 발견 기회
  2) 준비: 현실적 역량을 갖출 수 있는 교육 기회
  3) 경험: 유급 경제 활동 기회
  4) 성장: 사회적 · 직무적 성장 기회
  5) 확장: 능동적 · 이타적 삶의 기회

우리 회사의 행동 강령은 무엇인가요?

- 협업: 우리는 각자의 단점에 주목하기보다 장점을 기반으로 시너지를 만들기 위해 최고의 팀워크를 만듭니다.
- 임팩트: 우리는 우리의 직원, 고객 회사를 위해 실질적이고 정량적인 임팩트(사회적 가치)를 창출하며 보다 나은 세상을 만드는 일에 참여합니다.
- 변화: 우리는 우리의 변화와 발전을 위한 어려움과 도전을 피하지 않습니다.
- 성장: 우리는 더 많은 다양한 분들에게 더 많은 공정한 기회를 드리기 위해 성장합니다.

필요했다. 이를 위해 다음과 같이 회사의 미션과 설립 목적 그리고 행동 강령을 명문화하고 직원들과 회사의 핵심가치를 공유하기 시작했다.

회사의 핵심 가치를 공유하면서 성장을 중요시하는 조직문화를 구축하기 위해 회사 차원에서 직원의 개인적 성장을 독려할 필요가 있었다. 이를 위해 단순히 회의에서 그런 메시지를 전달하는 것 외에 구체적인 방법을 제시했다. 예컨대 주기적인 커리어 개발 워크숍에서 각자의 커리어 비전 선언문을 작성하여 본인이 어떻게 성장해야 하는지에 대해 고민하는 시간을 갖고, 한 해 업무를 계획하는 시기에 업무 목표 및 수행 계획과 함께 개인적 커리어 비전을 실천하기 위한 구체적인 방법을 관리자와 협의하도록 독려했다.

열심히 노력하며 스스로를 성장시키고 성과를 내는 직원들에 대한 적극적인 보상과 칭찬도 아끼지 않았다. 초기 기업의 특성에 맞게 연공서열보다는 업무성과 및 역량성장 속도에 따라 보상하고, 필요시 성과가 좋은 직원들을 관리자로 승진시켜 다른 회사에 비해 연차 대비 더 많은 권한을 가질 수 있도록 했다.

다양성 실천의 긍정적 효과

창업 후 2년 동안 다양성 기반의 고용을 창출하고 초기에 세운 가설을 검증하기 위해 실행 방안을 실천하면서 증명된 효과는 크게 세 가지였다. 첫째, 시범 프로젝트의 성공을 바탕으로 초기 고객과의 신뢰를 구축했다는 점이다. 앞서 사례로 언급했던 소프트웨어 테스트 분야의 H사와 인공지능 데이터 라벨링 분야의 S사의 경우, 첫 계약 후 1년 이내에 프로젝트 규모가 확장되며 장기 계약으로 전환되었다. 둘째, 일할 수 있는 기회를 제공하고자 했던 취약계층 고용의 확대다. 2017년 경력단절여성 다섯 명, 발달 장애인 세 명, 청각 장애인 한 명을 더 고용하면서 2016년 대비 취약계층 직원의 수가 두 배 이상 증가했다. 또한 여섯 명(여성 엔지니어 두 명 포함), 전문 인력 한 명 등을 추가로 고용하며 인적 구성의 다양성을 높였다. 셋째, 직원의 장기근속을 통한 업무 숙련도 확보다. 3개월 실습 기간 내 퇴사자를 제외한 취약계층 직원 보유율은 약 90% 이상이며, 늘어난 근속 기간에 따라 업무 숙련도가 높아지고 생산성 및 품질이 향상되어 가격 경쟁력과 고객 만족을 동시에 달성할 수 있었다.

기술을 기반으로 사회적 가치를 추구하고 다양성 문제를 해결하기 위해 설립된 사회적기업도 기업이라는 정체성을 가지고 있으므로 경제적으로 성장하는 것이 중요하다. 사회적기업이 지속 가능하기 위해서는 시장에서 경쟁력을 확보하고 영업 활동을 통해 꾸준한 매출을 발생시켜야 한다. 기업의 외형적인 성장이 이루어져야 사회적 가치도 높아질 수 있다. 테스트웍스는 이러한 측면에서 사회적 가치와 경제적 성장을 동시에 실현하고 있는 국내 대표적인 사회적기업으로 인식되고 있다.

테스트윅스의 매출은 2016년 2.5억, 2017년 6.1억, 2018년 13억, 2019년 45억 등 매년 두세 배 이상 꾸준히 증가하고 있고, 고객사도 2020년 약 80여 개로 늘어났다. 이 가운데 인공지능 데이터 라벨링 사업의 경우 약 80% 이상의 고객이 프로젝트 재계약을 통해 장기 고객으로 전환되어 안정적인 매출 확보로 이어지고 있다.

테스트윅스가 STEM 분야 사회적기업으로 자리 잡으면서 다양성을 추구하는 것이 경제적인 성장으로 이어질 수 있다는 것을 증명하고 있지만, 이미 오래전부터 기업이 경쟁력 강화를 위해 다양성을 추구하는 것은 필수적인 전략이 되고 있다. 다양성은 곧 혁신, 성과 확보와 직결되기 때문이다. 혁신을 위해서는 새로운 문제에 대해 지속적으로 질문하여 답을 찾아가는 용기와 창의력이 필요하다. 다양성이 결핍된 동종 집단은 매번 동일한 질문을 반복적으로 할 가능성이 높지만, 다양성이 풍부한 집단은 다른 관점과 시각에서 새로운 질문을 던지며 답을 찾아갈 가능성이 높다. 다양성을 추구하는 기업은 능력 있는 직원을 더 많이 채용할 수 있다. 실제로 전 세계의 글로벌 기업이 군집해 있는 실리콘밸리에서 다양한 인종의 엔지니어를 쉽게 찾아볼 수 있으며 애플, 구글, 마이크로소프트 등의 기업들은 다양성 확보를 위한 채용 프로그램을 실행하고 있다. 이는 다양성 확보가 곧 기업의 경쟁력과 직결된다는 것을 의미한다. 맥킨지 보고서에 따르면, 성별 다양성을 추구하는 회사gender-diverse company는 그렇지 않은 회사보다 약

15% 이상의 높은 성과를 내고 있으며 인종다양성을 추구하는 회사ethnically-diverse company는 그렇지 않은 회사보다 약 35% 이상 높은 성과를 내고 있다.[9]

다양성을 통해 답을 구하다

경력단절여성, 장애인, 취약계층 등의 용어에는 이들을 수혜자로 바라보고 상대적인 열등이라는 꼬리표를 붙이는 시각이 담겨 있을 수 있다. 이러한 꼬리표는 무의식적으로 이들에 대한 부정적인 생각이나 편견을 떠올리게 하고, 함께해야 할 대상이 아니라 복지의 수혜자로 분리해서 다루어야 할 대상으로 인식하게 한다. 우리가 '다양성'에 주목해야 하는 이유는, '다름'이 '틀림'이나 '불가능'이 아니고 단지 다른 사람과 구별되는 색다른 강점과 재능을 가지고 있는 것으로 해석할 수 있게 하기 때문이다. 실제로 자폐 장애를 연구하는 일부 학자들은 자폐 장애를 신경다양성neurodiversity의 한 범주로 인식하며, 병리학적 관점에서 '뇌가 고장 난 사람'으로 보는 것이 아니라 '사물과 분석능력에 특화된 특별한 재능을 가지고 있는 사람'으로 본다.[10]

실제 발달 장애인들과 함께 업무를 해보면 이들의 관심사는 사람보다 사물에 집중되어 있다는 느낌을 받는다. 우리가 우리의 관심을 한쪽 극단에는 사람, 다른 한쪽 극단에는 사물로 놓는다면 대부분 사람들의 관심사는 사람과 사물의 가운데에 존재할 것이다. 사람에 조금 더 관심 있는 사람은 친화력이 좋고 공감능력이 뛰어나다. 이와 반대로 사물에 관심 있는 사람은 사물에 대한 강한 집중력을 보이며 사물을 분해하고 체계화하는 것에 뛰어난 능력을 발휘한다. 토머스 암스트롱Thomas Armstrong에 따르면, 공감은 예측 가능한 것이 아니며 확실성도 떨어진다. 반면 체계는 예측할 수 있고 제어할 수 있다. 이 사물과 체계 영역의 가장 극단에 있는 것이 자폐 장애인이다. 자폐 장애인들은 특정 대상에 대해 유별난 관심을 보이며, 지하철역을 빠짐없이 외우거나 특정 연도와 날짜의 요일을 빠르게 계산하는 등 뛰어난 암기력 및 수학적 자질을 드러낸다.

이렇게 사물에 대한 관심에 치우친 사람들에 대해, 우리는 '공감능력과 사회성이 부족하고 우리와는 다른 상식 체계를 갖고 있다'라며 선을 긋고 '자폐自閉' 장애인이라고 부른다. 그러나 사람에 대한 관심에 치우친 다른 극단의 사람들, 즉 체계화 능력이 현저히 부족한 분들을 과도공감 장애인 혹은 '타폐他閉' 장애인이라고 부르지는 않는다. 자폐 장애인이라고 구분하는 것 자체가 우리와 '다름'을 '틀림'으로 인식하는 것이 아닌지 진지하게 고민할 필요가 있다.

'잠재력이 있지만 기회를 가지지 못한 분들'에게 새로운 기회와 경제적인 자립을 지원하는 것에서 더 나아가, 다름에 대한 우리 사회의 사고 체계 자체를 전환하는 것이 필요하다. 그러므로 다양성을 추구하는 것은 개인의 선행과 도덕 관념의 차원을 넘어서 기업과 정부 그리고 사회의 영역으로 확산되어야 하며, 선택 사항이 아니라 당연히 해야 할 일이 되어야 할 것이다.

주

1   〈2016 통계로 보는 여성의 삶〉, 통계청, 2016.
2   〈여성 SW 인재 양성을 위한 정책 동향〉, 소프트웨어정책연구소, 2016. https://spri.kr/posts/view/21288?code=industry_trend
3   〈서울시 30·40대 경단녀들의 실태는?〉, 서울연구원, 서울인포그래픽스, no. 262, 2018년 6월 8일. https://www.si.re.kr/node/59621
4   〈고학력 경력보유 여성 맞춤형 지원 '절실'〉, 《여성신문》, 2018년 9월 11일. http://www.womennews.co.kr/news/articleView.html?idxno=144485
5   〈장애인 고용할 바에야 '429억 돈'으로 때우겠다는 삼성전자〉, 《인사이트》, 2018년 10월 14일. https://biz.insight.co.kr/news/182077
6   〈과학기술분야 출연(연) 장애인 고용 활성화방안 수립을 위한 기획연구〉(정책연구-2018-06), 국가과학기술연구회, 2018.
7   "SAP introduces program to hire autistic people". *The Korea Times*. 2015. 04. 28. http://www.koreatimes.co.kr/www/tech/2020/02/133_177941.html
8   〈통계로 보는 2019년 사회적경제 현황〉, 《라이프인》, 2019년 12월 30일. http://www.lifein.news/news/articleView.html?idxno=5645
9   "Why diversity matters". McKinsey & Company. 2015. 01. https://www.mckinsey.com/business-functions/organization/our-insights/why-diversity-matters
10   토머스 암스트롱, 강순이 옮김, 『증상이 아니라 독특함입니다: 부모와 교사를 위한 신경다양성 안내서(The power of neurodiversity)』, 새로온봄, 2019.

돌을 날라 산을 옮기다

윤태웅 고려대학교 전기전자공학부 교수

공과대학에 입학했을 때의 일이다. 40년 전쯤이었는데, 좀 이상하다 싶었다. 여학생이 보이지 않았기 때문이다. 800여 명의 신입생 가운데 여학생은 다섯 명뿐이었고, 내가 다닌 학과엔 한 명도 없었다. 학부와 대학원 석사과정을 마칠 때까지 6년 동안 나는 전공 강의실이나 실험실에서 여학생과 함께 수업을 듣거나 실험을 해보질 못했다. 아무리 이공계 공부를 주로 남학생이 해왔다고 해도, 여학생이 주변에 그리 없다는 건 적어도 자연스럽다 할 순 없는 상황이었다.

15년 뒤 다시 공과대학에 들어갔다. 이번엔 교수로. 20세기 말이었지만 80명 가까운 교수 가운데 여성은 한 명도 없었다. 여성 교수가 부임한 건 몇 년 뒤였는데, 그는 꽤 오랫동안 공과대학의 유일한 여성 교수였다. 여전히 이상했다. 내가 학생이던 시절에 견주면 여학생은 눈에 더 띄었지만 말이다. 교수가 모두 남성인 강의실에서 여학생들은 어떤 생각을 하며 미래를 꿈꾸었을까?

그러고 보니 이상한 일이 더 있었다. 휠체어 탄 이를 교정에서 목격한 적도 거의 없었다. 또한 박사과정 나이쯤 되면 임신한 학생도 있을 법한데, 비장애인 남성을 빼면 보이는 사람이 별로 없었다. 정말 이상하지 않은가?

혐오와 차별

2021년 5월, 국가인권위원회는 혐오표현에 관한 인식 조사를 모바일로 진행했다.[1] 조사 보고서에 따르면, 응답자의 70.3%가 최근 1년 사이 온라인(62.0%)이나 오프라인 실생활(53.2%)에서 혐오표현을 겪은 바 있다고 한다. 2019년 결과인 64.2%보다 6.1% 증가한 수치다. 혐오표현의 대상은 오프라인에선 노인(69.2%), 특정 지역 출신(68.9%), 여성(67.4%), 페미니스트(64.8%) 순이며, 온라인에선 여성(80.4%), 특정 지역 출신(76.9%), 페미니스트(76.8%), 노인(72.5%) 순이다. 2019년보다 대상자별 혐오표현 경험 비율도 올라갔다. 혐오표현의 심각성은 오프라인과 온라인에서 각각 67.2%와 79.3%가 인식하고 있었고, 59.5%는 코로나19 이후 한국사회의 혐오와 차별이 증가했다고 생각했다. 혐오표현이 사회갈등을 심화하고(90.2%), 범죄로 이어지며(87.7%), (소수자의) 표현의 자유를 위축시키고(79.5%), 차별 현상을 공고히 할 거라는(79.2%) 견해도 드러냈다. 45.8%에 해당하는 이들은 자신이 혐오표현을 사용한 적이 있다고도 했다. 또한 46.8%는 정치인들의 혐오표현이 과거보다 증가했으며, 46.6%는 이들이 혐오표현을 확대·조장한다고 생각했다. 언론이 혐오표현을 과거보다 더 많이 한다는 데는 45.5%가, 혐오표현을 확대·조장하는 역할을 한다는 데는 49.6%가 공감했다.

혐오표현이 이토록 만연하게 퍼져 있는 현상을 어떻게 설명해야 할까? 혐오표현의 대상은 차별받는 소수자 집단이다.[2] 성소수자, 장애인, 이주민처럼 말이다. 전체 숫자로는 세상 사람의 반 정도를 차지하지만 여성도 소수자다. 공공의 공간에서 얼마나 보이지 않는지가 절대적인 숫자보다 더 중요한 논점이기 때문이다. 여성을 향한 혐오표현이 심각한 수준임은 국가인권위원회의 이번 조사에서도 분명하게 드러났다. 혐오표현은 소수자 개인이나 집단에게 극심한 정신적 고통을 안기면서 안전을 위협하고, 기존의 차별 구조를 더 강화한다. 허용해선 안 되는 일이다. 「미디어가 재현하는 성소수자」에서 박지훈 교수는 차별금지법이 소수자에게 가해지는 편견과 혐오에 대한 제도적 안전망이 될 수 있을 거라 했다. 동감한다.

선량한 차별주의

상황이 꽤 심각하지만, 혐오표현을 용인하지 않는 문화가 언젠가는 자리를 잡으리라 믿는다. 그렇게 되도록 모두 최선을 다한다는 전제 아래서 말이다. 물론 혐오표현을 하지 않는다고 해서 혐오와 차별의 마음까지 다 사라지진 않으리라. 하지만 그런 마음을 대놓고 드러낼 수 있는 것과 품기만 하는 것 사이엔 큰 차이가 있다.

한편으론 스스로 공명정대하다고 생각하는 이들도 없지 않다. 아니, 많다. 선한 의지를 지닌 사람들이다. 하지만 복잡한 사회관계망 속에 놓인 인간은 그만큼 다면적인 존재다. 여러 정체성이 중첩되기도 하고, 맥락에 따라 특정한 정체성이 돌출하기도 한다. 흑인 트랜스젠더처럼 소수자성이 교차하며 중첩되는 경우도 있고, 백인 여성처럼 젠더 관점에선 소수자이지만 인종 관점에선 다수자의 위치에 서는 경우도 있다. 모든 상황에서 공명정대하기란 실현하기 어려운 이상에 가까울지도 모를 일이다. 포기하자는 건 물론 아니다. 정의로움과 공평함 같은 이상엔 힘과 가치가 있으니까. 또 이상을 추구해야 자신의 한계도 대면할 수 있지 않나 싶다. 문제는 이상과 현실의 거리를 인지하지 못하는 경우에 생긴다.

스스로 진보적이라고 선언하고 나면 그러지 않았을 때보다 덜 진보적으로 행동하는 경우가 있다 한다.[3] 평가서를 작성하는 과정에서 인종이나 젠더에 관한 편견 없이 객관적으로 판단하겠다고 표기하게 했더니, 외려 특정 인종이나 젠더에 치우친 평가를 했다는 연구 결과도 있다. 선언 한마디가 마치 선언대로 행동하지 않아도 된다는 허가증license처럼 작용할 수 있다는 말이다. 선의를 지닌 사람이 뜻하지 않게 차별에 가담하고 있음을 스스로 인지하지 못하는 것도 문제지만, 차별하지 않는다는 확신이 차별을 더 쉽게 하도록 한다는 것은 무섭기까지 했다. 내게도 물론 해당할 수 있는 이야기다. 김지혜 교수는 그런 보통 사람을 '선량한 차별주의자'라 했다.[4] 선량한 차별주의자가 되지 않는 길은 스스로 차별하지 않는다고 믿는 대신 차별할 수 있는 사람임을 받아들이는 것이다. 자기 자신에 대한 확신을 합리적 의심으로 바꾸는 일, 그게 바로 성찰이리라.

선의가 늘 좋은 결실로 이어지진 않는다는 사실도 기억할 필요가 있다. 의도하지 않은 결과는 예외가 아니다. 예컨대 평등을 지향하며 '피부색이나 인종 같은 단어를 사용하지 않기로 하는 전략color-blind/race-neutral policy'은 구조적인 불평등을 제대로 다루지 못하거나 심지어는 악화시키는 결과를 초래할 수도 있다고 한다. 의도했던 바와는 반대로 피부색 무시 전략이 백인 우대 정책처럼 작동하거나 기존의 권력 구조를 유지하는 수단이 될 수도 있다는 의미다.[5] 자신의 행동을 선의로 정당화하려만 한다면, 선량한 차별주의에서 벗어나기 더 어렵지 않겠나 싶다. (이른바 블라인드 정책이 다 실패하리란 이야기는 아니다. 상황과 맥락, 시기에 따라선 차별에 효과적으로 대처하는 과도적 전략이 될 수 있다. 이를테면 뉴욕 필하모닉 오케스트라엔 1960년대까지 여성 연주자가 거의 없었지만, 1970년대엔 10%로 늘었다 한다. 블라인드 오디션 덕분이다. 지금은 여성 연주자 비율이 45%를 웃돈다 한다.)[6]

다양성의 힘

다르다는 이유로 차별하면 왜 안 되는지는 추론의 대상일 수 없다. 마치 수학의 공리처럼 자명하게 참인 명제이기 때문이다. 차별이 나쁘니 차별하지 않는 건 나쁘지 않은 행위다. 하지만 형식 논리를 넘어서면 이게 나쁘지 않을 뿐만 아니라 좋은 일이라는 사실도 추론할 수 있다. 차별로 말미암은 고통을 동료 시민이 더는 받지 않게 될 테니 말이다. 고려대학교 다양성위원회는 이런 당연한 논리에서 좀 더 나아가길 원했다. 다양한 사람들이 함께하면 어떤 멋진 변화가 생기는지를 구체적으로 말하고 싶었다. 공부가 더 필요했다.

2021년 8월, BBC는 다양성과 관련해 미국 나스닥이 상장사에 요구할 새로운 규정에 관해 보도했다.[7] 앞으로 상장사들은 한 명 이상의 여성과 한 명 이상의 과소 대표 소수자(Under-Represented Minority나 LGBTQ+)를 이사회에 참여시켜야 한다는 것이다. 다양성 관련 통계 자료도 공개해야만 한단다. BBC는 같은 기사에서 영국 금융행위감독청FCA, Financial Conduct Authority의 계획도 전했다. 이사회의 40% 이상을 여성으로 구성하고, 백인이 아닌 소수자도 적어도 한 명 이상 포함해야 한다는 내용이다. (여기서 여성엔 스스로 여성이라 생각하는 이들이 포함된다.) 미국 나스닥과 영국 FCA는 대체 왜 그랬을까? 다양성이 기업의 경쟁력을 높이는 데 필요한 핵심 요소이기 때문이다. 좋은 기업이라는 평가를 받거나 시민들의 마음을 폭넓게 두루 얻는 일도 중요하다. 조직 구성이 다양할수록, 또 다양성에 대한 구성원의 수용도가 높을수록, 다른 사람이나 집단에 대한 고정관념이 줄고 정보는 더 개방적으로 교환된다. 서로 다른 관점이나 문제해결 방식이 창의적으로 융합되는 결과로 이어질 것이다. 조직의 창의성과 더불어 변화에 대한 적응력도 높아진다. 물론 다양한 사람들이 모여 있다고 해서 이런 다양성의 힘이 저절로 발휘되진 않는다. 조직 문화를 잘 관리할 필요가 있다는 뜻이다. 창의적인 팀을 성공적으로 이끈《포천 Fortune》선정 500대 기업의 리더들 인터뷰도 흥미롭다. 조직의 다양성이 성공의 주요 요인이라 여기는 이들이었다. 그들은 서로 다른 특성을 지닌 직원들이 모인 게 조직 창의성의 핵심 토대였고, 그게 성공과 직결되었다고 응답했다.[8]

다양성이 조직의 성과에 기여한다는 사실은 해외 기업의 사례에만 그치지 않는다. 국내 기업과 기관을 대상으로 한 연구 결과도 학술지에 꽤 보고되고 있다. 다양성과 조직 공정성에 대한 인식이 문제해결능력에 보탬이 된다는 것, 다양성 수용도가 높아질수록 갈등이 줄어들고 그에 따라 조직 몰입도가 높아진다는 것, 구성원들이 서로의 차이점을 긍정적으로 인지할수록 더 높은 성취가 가능하다는 것 등. 다양성의 힘을 보여주는 이야기는 차고 넘친다.

공부와 연구도 사회적 활동이다. 혼자서 책을 보며 하는 학습도 저자들과 소통하는 과정이라는 점에서 다르지 않다. 이른바 확산적 사고나 창조적 사고란 충돌할 수도 있는 다양한 관점을 이해하고 그걸 바탕으로 새로운 관점이나 문제해결방법을 제안할 수 있다는 걸 의미한다. 그렇게 창의성을 정의한다면, 이는 다양성의 논점과 연결될 수밖에 없다. 실제로 다양성 수용도가 커질수록 폐기학습unlearning과 협동학습 역량이 강화돼 창의성이 높아진다는 연구 결과도 있다고 한다. 여성의 참여가 다른 분야보다 저조한 과학기술의 영역에서도 젠더 다양성이 클수록 더 나은 성과가 창출될 수 있다.[9] 개발된 신약이 여성에게 더 많은 부작용을 일으켰다거나 인공지능이 흑인보다 백인을 더 잘 인지했다는 게 과거의 이야기에 머물게 하려면, 더 많은 여성과 소수자가 과학기술 활동에 참여해야 한다. 임소연 교수가 「과학기술은 왜 더 많은 여성을 필요로 하는가」에서 전한 메시지도 바로 이것이었다. 과학기술에 더 많은 여성이 필요한 이유는 과학기술을 더 좋게 만들기 위함이기도 하다.

기업이든 정부조직이든 대학이든 연구소든 다양성을 확대하며 포용적 문화를 구성하고 관리하는 건 이제 조직 경영의 핵심 전략이다.

지금 서 있는 곳

고려대학교 다양성위원회 김채연 위원장의 「여는 글」은 무지개 이야기로 시작한다. 무지개는 다양성의 상징이다. 차이가 차별의 이유가 아니라 힘의 원천이 되는 무지갯빛 공동체, 그게 바로 우리가 각자의 자리에서 바라봐야 할 등대다. 가야 할 곳을 정하고 나면, 이제 어떤 경로를 선택해야 할지 살펴야 할 것이다. 그리고 그건 지금 우리가 어디에 있는지에 따라 달라지리라.

"29.3%", "20.0%", "10.0%", "6.6%". 「과학기술은 왜 더 많은 여성을 필요로 하는가」에 나오는 숫자인데, 각각 국내 이공계 입학생, 과학기술 연구개발인력, 연구개발인력 관리자, 10억 원 이상의 과제를 수행하는 연구책임자 중 여성이 차지하는 비율을 뜻한다. 특별한 설명을 붙이지 않더라도 이런 숫자는 이미 많은 이야기를 하고 있다. 이제 내가 있는 곳의 현재를 봐야 할 차례다.

고려대학교 다양성위원회는 2019년 6월부터 10월까지 30여 개 부처의 인적 구성과 제도·정책 관련 자료를 수집했다. 9월 2일부터 2주 동안은 모든 구성원을 대상으로 '2019 고려대 다양성 의식 조사'라는 제목의 온라인 설문을 진행했다. 조사 결과 고려대학교라는 운동장이 얼마나 기울어 있는지가 여실히 드러났다.[10]

고려대학교의 여학생 비율은 학부생이 45.7%, 대학원생이 41.8%다. 공과대학과 이과대학의 여학생 비율이 각각 21.3%와 30.1%임을 헤아리면 전공별 편차가 꽤 있음을 알 수 있다. 이공계라고 다 비슷하진 않다. 생명과학 전공자는 50.2%가 여학생이다. 성별은 남성/여성/기타로 물었는데 0.7%에 해당하는 학생들이 기타 항목에 응답했다. 성소수자 관련 정보를 구체적으로 파악할 수 있도록 좀 더 적극적으로 질문하면 어땠을까 싶기도 했다. 장애인 학생 비율은 학부생이 0.7%, 대학원생이 0.1%다. 경제적 소외계층의 비중은 매우 낮고, 특목고 출신 비중은 높다.

여성 교수는 얼마나 될까? 16.2%였다. 여학생 대비 여성 교수 비율이 0.35인 셈이다. 교수들이 학생이었던 시절의 여학생 비율이 지금보다는 낮았다는 사실을 감안하더라도 0.35라는 숫자는 너무 작다. 이보라 교수가 「다양성이 존중되는 학습 장면 만들기」에서 언급한 고정관념 위협stereotype threat과 역할 모델의 중요성을 여기서 떠올려 본다. 교무위원 중 여성 교수 비율은 5% 미만이었다. 여성 직원은 42.4%이고, 부장급 이상에선 17%였다. (참고로 하버드대학교, 예일대학교, 스탠퍼드대학교, MIT의 여성 교수 비율은 53%, 56%, 55%, 40%라 한다.)

교수들은 학교의 다양성 수준은 떨어진다고 판단하면서도 자신의 다양성 의식은 높게 평가하는 경향을 보였다. 이런 인식은 학교의 다양성을 확대하는 동력일 수 있지만, 선량한 차별주의의 일면일 수도 있다. 두 가지가 중첩된 경우도 물론 있겠고. 성별에 따른 차별의 정도 등 포용성과 형평성에 관해서는 여성들의 평가가 더 부정적이었다. 고려대학교 밖에서 본 고려대학교의 이미지는 '유능하고 공정하지만, 미래지향성이 부족하고 다양성의 가치가 더 필요한 대학'이라 요약할 수 있다.

고려대학교 다양성위원회는 2019년 보고서에 실린 현황 자료를 바탕으로 중장기적인 전략 등을 마련해 2020년 보고서에 담았다.[11]

임계 비율

숫자 이야기를 좀 더 해야겠다. 특정 속성을 공유하는 집단에 속한 사람들(예컨대 여성이나 흑인)의 비율이 어느 값 이하가 되면 그들은 개인이 아니라 집단의 대표자(토큰token)처럼 보이는 경향이 있다 한다. 경계가 되는 그 값을 임계 비율critical mass이라 일컫기로 하자. 여성 이사가 한 명뿐인 이사회를 상상해 보자(실제론 여성 이사가 전혀 없는 회사들이 더 많겠지만). 이사가 열 명이면, 여성 비율은 10%다. 그 정도면 임계 비율 아래라 할 수 있으리라. 이사회의 유일한 여성이 어떤 발언을 하면 남성들은 자신과 같은 이사 개인이 아니라 여성의 말로 받아들이기 쉽다는 거다. 여성 이사는 이런 상황에서 압박을 느낀다. 그러다 스스로 여성을 대표한다는 느낌을 주지 않으려 애를 쓰기도 하고, 여성 친화적인 정책에 능력주의라는 이름으로 반대하게 되기도 한다. 상황이 예전보단 나아졌겠지만, 지금도 토큰의 압박이 있다는 점만큼은 다르지 않을 것이다. 이른바 토크니즘tokenism 문제다.

임계 비율은 어느 정도일까? 20%라는 견해도 있고 35%라는 주장도 있다. 20%든 35%든 그 너머에 이르면 개인은 이제 집단의 대표로 인지되는 토큰의 압박에서 벗어나 자유로운 존재로 활약할 수 있다. 집단에 대한 (잘못된) 고정관념도 줄어든다 한다.[12] 다양성이 본격적으로 힘을 발휘할 수 있게 되는 분기점이라 할 수도 있을 것이다. 작게 잡아도 20%인, 이 임계 비율이라는 숫자가 중요한 까닭이다.

고려대학교의 여성 교수 비율인 16.2%는 임계 숫자에 미치지 못한다. 공과대학은 4%다. 적극적 조치affirmative action가 필요하다고 판단했다. 흔히 소수자 우대 정책이라 부르기도 하는데 이는 오해의 소지가 있는 표현이다. 능력주의라는 이름으로 반대하는 이들이 많기에 더 그렇다. "교수를 뽑는데 연구와 강의 능력을 먼저 보지 않고 여성이라고 우대하면 곤란하다"라는 식이다. 허수아비 공격이다. 적극적 조치의 근거는 이미 살펴보았듯이 다양성의 확대가 조직의 역량 강화로 이어진다는 데 있다. 차별이 옳지 않기 때문임은 물론이고. 여성 교원 초빙을 위한 적극적 조치는 말 그대로 더 많은 여성이 적극적으로 지원할 수 있도록 유도한다. 고려대학교 이공계열에선 2014년 전기전자공학부를 시작으로 세 차례 여성 교원 초빙에 나선 바 있다. 아쉽게도 전기전자공학부는 여성 교수를 실제로 초빙하는 데까진 이르지 못했다. 하지만 교수회의에서 여성 교수 초빙 공고를 내기로 합의하는 과정은 그 자체로 소중한 경험이었다.

지금까지 교수 두 명이 이공계 여성 교수 초빙 제도를 통해 부임했는데, 2019년 이후엔 이 제도가 더 활용되지 못하고 있다. 여성들만 지원할 수 있도록 하는 게 적극적 조치의 바람직한 형태인지를 두고 고려대학교 안팎에서 논란도 있었다. 이를테면, 적극적 조치의 필요성엔 공감하지만 지원 자격을 여성으로 제한하는 방식엔 문제가 있다는 견해도 있다. 존중한다. 생산적 토론이 가능한 지점이라 여긴다. 어떤 해법이든 상황과 맥락, 시점에 따라 알맞은 것이 될 수도 있고, 그렇지 않을 수도 있을 테니 말이다. 다만 일부의 비난은 그냥 격렬했을 뿐이다. 고장 난 시계 같아서 공감할 수 없었다. 임계 비율에 미치지 못하는 상황은 심각하게 기울어진 운동장에 견줄 수 있다. 평평해지게 하려면 반대 방향으로 힘을 주어야만 한다. 그게 바로 적극적 조치다. 의도하지 않은 결과의 가능성을 헤아리며 다양한 방식의 적극적 조치를 함께 모색하면 좋겠다.

우공이산

때에 따라 그에 알맞은 선택을 해야겠지만, 기본적으론 멀리 보고 가야 할 길이다. 다양성의 효과와 관련한 자료가 차고 넘친다 했지만 사실 우리 주변에서 눈에 잘 띄지는 않는다. 나스닥의 새로운 다양성 관련 규정에 관한 소식도 전했는데, 그 규정을 이미 만족하는 기업은 지난해 기준으로 상장사의 25%에도 미치지 못한다 한다. 고려대학교 다양성위원회는 정말 열심히 해왔지만, 고려대학교의 오늘은 아직 다양성과 거리가 꽤 있다. 그러니 산을 옮기기 위해 돌을 하나씩 드는 우공이 되어야 할 수밖에. 참고로 2021년 6월에 진행된 고려대학교 다양성 조사 결과에 따르면 이제 여성 교수 비율이 17.2%가 되었다 한다. 2019년에 16.2%였으니, 이 1%라는 숫자가 바로 고려대학교가 지난 2년 사이에 나른 돌의 일부였던 셈이다.

수많은 삶의 영역에서 다양성의 힘을 보여주는 구체적인 이야기를 생생하게 듣고 싶었다. 사람들이, 자신이 서 있는 자리에서, 자신이 하는 일에서, 자신과 함께하는 이들과 섞여 사는 공간에서 다양성이 삶의 중요한 요소임을 확인할 수 있기를 바랐다. 차이가 차별의 근거가 되고, 다양성 대신 획일성이 지배하는 현실을 전하는 방식이 되더라도 말이다. 고려대학교 다양성위원회가 《디베르시타스》라는 이름의 책자를 만든 이유다.

《디베르시타스》는 2020년 창간돼, 매달 두 편의 글을 실어 왔다. 2021년 12월호까지 서른여덟 명의 필자가 함께해 준 것이다. 다양성이라는 열쇠 말고는 공통점이 크게 없다 할 정도로 다양한 글들을 한 권의 책으로 엮는 작업은 간단할 수 없었다. 동아시아 출판사 편집부에서 멋진 솜씨로 몇 가지 안을 제시했고 그중 하나가 지금 이 책이다. 여기에 나온 글의 저자 열한 명을 포함한 서른여덟 명의 필자들께 편집위원으로서 고마움을 전한다.

참, 우공은 끝내 산을 옮겼다 한다.

주

1 〈온라인 혐오표현 인식 조사〉(11-1620000-000840-01), 국가인권위원회, 2021.

2 홍성수, 『말이 칼이 될 때: 혐오표현은 무엇이고 왜 문제인가?』, 어크로스, 2018.

3 A. J. Stewart and V. Valin. *An Inclusive Academy: Achieving Diversity and Excellence*. MIT. 2018.

4 김지혜, 『선량한 차별주의자』, 창비, 2019

5 D. G. Smith. *Diversity's Promise for Higher Education*. Johns Hopkins University Press, 2nd ed.. 2015.

6 캐럴라인 크리아도 페레스(Caroline Criado Perez), 황가한 옮김, 『보이지 않는 여자들: 편향된 데이터는 어떻게 세계의 절반을 지우는가』, 웅진지식하우스, 2020.

7 Daniel Thomas. "US stock exchange sets diversity rules for listed companies". BBC. 2021. 8. https://www.bbc.com/news/business-58123730

8 Egan, T. M.. "Creativity in the context of team diversity: Team leader perspectives". Advances in Developing Human Resources. 2005.

9 Mathias Wullum Nielsen et al.. "Gender diversity leads to better science". PNAS, vol. 114, no. 8. 2017.

10 〈고려대학교 다양성보고서 2019〉. https://diversity.korea.ac.kr/diversity/research/report.do?mode=view&articleNo=266665

11 〈고려대학교 다양성보고서 2020〉. https://diversity.korea.ac.kr/diversity/research/report.do?mode=view&articleNo=266669

12 주석 5번과 동일.

민지영　라디오 PD. 전남 영암에서 나고 자라 서울에서 공부했고, 지금은 부산에 살면서 부산의 다국적 주민들을 위한 영어 라디오 방송을 제작하고 있다. 재미있는 동시에 의미 있는 일을 하며 살고 싶은 사람이다.

허태균　고려대학교 심리학부 교수. 고려대학교 심리학과를 졸업하고 미국 노스웨스턴대학교에서 사회심리학 박사학위를 취득했다. 주요 연구 분야는 사회적 판단에서의 합리성, 착각과 오류, 한국인의 심리적 특성, 여가심리학 등이다. 저서로는『어쩌다 한국인』(2015),『가끔은 제정신』(2012) 등이 있다.

신혜린　고려대학교 미디어학부 교수. 서울대학교 영문학과 학사학위, 미국 스탠퍼드대학교 비교문학(미·한·일) 박사학위를 취득하고 미국 밴더빌트대학교에서 영문학·동아시아학·미디어학 조교수로 재직했다. 포스트휴머니즘, 기술과 인종 담론, 기계학습의 창조성 등에 대한 논문을 저술했으며, 인공지능의 윤리학에 대한 책을 준비 중이다.

박지훈　고려대학교 미디어학부 교수. 미국 펜실베이니아대학교에서 커뮤니케이션학으로 박사학위를 받았다. 영상 재현에 대한 관심을 중심으로 미디어 생산자, 텍스트, 수용자를 폭넓게 아우르는 연구를 수행해 왔다. 다큐멘터리, 다문화, 인종, 젠더 및 섹슈얼리티 등이 연구를 아우르는 키워드들이다.

이대현　한국일보 기자, 문화부장, 논설위원을 거쳤고 영화진흥위원, 한국영화평론가협회 이사 등을 역임했다. 언론학 박사로 지금은 국민대 언론정보학부 겸임교수와 글 콘텐츠랩 '씨큐브' 대표로 활동하고 있다. 저서로는『유아 낫 언론』(2020),『소설 속 영화, 영화 속 소설』(2016),『열일곱, 영화로 세상을 보다』(2010),『영화로 소통하기, 영화처럼 글쓰기』(2012, 공저) 등이 있다.

신지영 고려대학교 국어국문학과 교수. 말소리 연구로 시작하여 언어가 비추고 있는 사회, 언어에 담긴 이데올로기, 언어가 드러내는 권력의 문제에 두루 관심을 가지고 연구 중이다. 최근에는 성별, 연령 등 사회적 변수가 언어에 미치는 다양한 영향 관계를 연구 중이며, 연구 결과를 저술과 방송을 통해 시민사회로 확산하기 위해 힘쓰고 있다. 이러한 공로를 인정받아 2020년 국가로부터 대통령표창을, 아나운서협회로부터 장기범상을 수상했다.

유지원 글문화연구소 연구소장, 타이포그래피 연구자. 서울대학교에서 시각디자인을 전공하고, 독일국제학술교류처(DAAD)의 예술 장학생으로 독일 라이프치히 그래픽서적예술대학에서 타이포그래피를 공부했다. 민음사에서 디자이너로, 산돌커뮤니케이션에서 연구자로 근무했고, 2013년 국제타이포그래피 비엔날레 타이포 잔치의 큐레이터로 활동했으며, 홍익대학교 디자인학부 시각디자인전공 겸임교수를 역임했다. 저서로는 『글자 풍경』(2019)과 물리학자 김상욱 교수와 공저한 『뉴턴의 아틀리에』(2020)가 있다.

이보라 고려대학교 교육학과 교수. 미국 펜실베이니아주립대학교에서 인간발달과 가족학으로 박사학위를 받았다. 회사와 학교를 번갈아 다니면서 사람들이 자신의 진로를 어떻게 만들어 나가는지에 관심이 생겨 진로발달탐구에 발을 들였다.

전대원 성남여자고등학교 교사. 경희대학교 사회학과를 졸업하고 성공회대학교에서 사회학과 박사 과정을 수료했다. 20년 동안 고등학교에서 정치와 법, 경제, 사회문화 등을 가르쳐 왔으며, 저서로는 『고등어 사전』(2012), 『세상을 보는 경제』(2010), 『나의 권리를 말한다』(2008) 등이 있다.

임소연 숙명여자대학교 인문학연구소 연구교수. 서울대학교 자연과 학부를 졸업하고 미국 텍사스공과대학교에서 박물관학으로 석사학위를, 서울대학교 과학사 및 과학철학 협동과정에서 과 학기술학으로 박사학위를 받았다. 저서로는 『과학기술의 시대 사이보그로 살아가기』(2014), 『21세기 사상의 최전선』(2020, 공 저), 『포스트휴머니즘과 문명의 전환』(2017, 공저) 등이 있다. 과 학기술과 젠더 및 다양성, 인간향상기술, 신유물론 페미니즘 등에 관심을 갖고 연구 및 강의를 하고 있으며, 〈한겨레신문〉 에 '여성, 과학과 만나다'를 연재했다.

윤석원 소셜벤처 테스트웍스 대표이사. 고려대학교 미디어학부 졸업 후 미국 코넬대학교 컴퓨터과학 석사학위를 취득했으며 삼성 전자 및 마이크로소프트 등 국내외 글로벌 기업에서 소프트웨 어 엔지니어로 근무했다. 다양성 문제 해결을 위해 삼성전자 를 퇴사하고 2015년 인공지능 데이터 전문기업 테스트웍스를 창업하여 대표이사로 재직 중이며 현재 약 120명의 직원을 고 용하고 있다.

윤태웅 고려대학교 전기전자공학부 교수. 옥스퍼드대학교에서 제어 이론으로 박사학위를 받았다. 강의실과 연구실에선 주로 수학 적 사유와 논리적 소통에 관해 이야기한다. ESC(변화를 꿈꾸는 과학기술인 네트워크) 초대 대표를 지냈으며, 『떨리는 게 정상이 야』(2018)를 썼다.

다름과 어울림

공존을 위한 사회적 다양성

ⓒ고려대학교 다양성위원회, 2021. Printed in Seoul, Korea

초판 1쇄 펴낸날 2021년 11월 5일
초판 2쇄 펴낸날 2022년 10월 19일

기획	고려대학교 다양성위원회 김수한·김신곤·김현준·윤태웅
지은이	민지영·허태균·신혜린·박지훈·이대현·신지영·유지원·이보라·전대원·임소연·윤석원·윤태웅
펴낸이	한성봉
편집	최창문·이종석·강지유·조연주·조상희·오시경·이동현
콘텐츠제작	안상준
디자인	정명희
마케팅	박신용·오주형·강은혜·박민지
경영지원	국지연·강지선
펴낸곳	도서출판 동아시아
등록	1998년 3월 5일 제1998-000243호
주소	서울시 중구 퇴계로30길 15-8 [필동1가 26] 2층
페이스북	www.facebook.com/dongasiabooks
전자우편	dongasiabook@naver.com
블로그	blog.naver.com/dongasiabook
인스타그램	www.instargram.com/dongasiabook
전화	02) 757-9724, 5
팩스	02) 757-9726

ISBN 978-89-6262-395-6 03300

※ 잘못된 책은 구입하신 서점에서 바꿔드립니다.

만든 사람들

책임편집	신종우
크로스교열	안상준
디자인	김창금